本项目由四川省哲社重点研究基地文旅融合发

沉浸式旅游视角下的
旅游新体验和 新感受研究

主 编◎罗 枫 王 喆

副主编◎甘俊伟 刘 芳

四川科学技术出版社

图书在版编目（CIP）数据

沉浸式旅游视角下的旅游新体验和新感受研究 / 罗枫，王喆主编. -- 成都：四川科学技术出版社，2025. 4. -- ISBN 978-7-5727-1766-6

Ⅰ . F590

中国国家版本馆 CIP 数据核字第 202513YW70 号

沉浸式旅游视角下的旅游新体验和新感受研究

CHENJINSHI LÜYOU SHIJIAO XIA DE LÜYOU XINTIYAN HE XINGANSHOU YANJIU

主　　编	罗　枫　王　喆
副 主 编	甘俊伟　刘　芳
出 品 人	程佳月
策划编辑	戴　玲
责任编辑	吴　文
助理编辑	董望旺
封面设计	墨创文化
责任出版	欧晓春
出版发行	四川科学技术出版社
	成都市锦江区三色路238号　邮政编码　610023
	官方微信公众号：sckjcbs
	传真：028-86361756
成品尺寸	170 mm × 240 mm
印　　张	14.75
字　　数	280千
印　　刷	成都壹起印数码印刷有限公司
版　　次	2025年4月第1版
印　　次	2025年6月第1次印刷
定　　价	65.00元

ISBN 978-7-5727-1766-6

邮　　购：成都市锦江区三色路238号新华之星A座25层　邮政编码：610023
电　　话：028-86361758

前　言

QIANYAN

在当今时代，旅游已不再是简单的走马观花，而是一场寻求深度体验和心灵触动的探索之旅。本书以沉浸式旅游为研究对象，通过文献溯源和案例分析，从中引出环境沉浸旅游疗愈、小众旅游心理特质沉浸体验、智能旅游增强替代等课题。通过这些课题维度，研究分析并验证沉浸式旅游视角下的新体验，并梳理、发掘在沉浸式旅游背景下旅游者的新感受。人们对个性化体验的不断追求使沉浸式旅游应运而生，为旅游者带来了全新的旅游新体验和新感受。

本书聚焦于沉浸式旅游这一前沿领域，深入探讨其在旅游行业中的兴起、发展与变革。从理论层面剖析旅游模式的概念、定义，旅游态度和心理特征，沉浸式旅游和旅游认可，为读者构建起一个清晰的认知框架。同时，运用CiteSpace软件对旅游文献进行可视化分析，揭示研究热点、合作网络及实际应用价值，助力旅游学科与行业认知。通过丰富的旅游模式、不同的旅游态度以及多样的沉浸体验等案例分析，展示了世界各地在沉浸式旅游方面的研究内容和研究成果，其中涵盖传统观光、生态旅游、文化体验等旅游模式，喜好倾向、情绪感受、心理感知等旅游态度，魅力艺术、体验教学、视觉洗礼等沉浸体验。在沉浸式旅游的视角下，旅游不再仅仅是对风景的观赏，更是一种全身心的投入和参与。旅游者可以穿越时空，走进古老的历史场景，与古人对话，感受岁月的沉淀；也可以融入自然，与山水互动，领略大自然的神奇与美妙；还可以沉浸在主题世界中，释放内心的童真与梦想。旅游者不仅能在这种全新的旅游体验中欣赏美景，还能收获知识、情感和成长。

在快节奏的现代生活中，我们常常会被各种压力和焦虑所困扰。有时候，我们需要的不仅仅是一处安静的空间，而是一次彻底的放松和心灵的疗愈。旅行，就像一剂良药，能带给我们惊喜和愉悦，让我们从焦虑中解脱出来，重新拥抱生活的美好。旅行治愈焦虑的原理主要有两个方面。首先，当我们离开熟悉的环境踏上旅途时，我们的大脑会放松警惕，压力会随之降低。其次，当我们置身于美丽的自然风景中时，大脑会释放出多巴胺和内啡肽等化学物质，这些物质有助于缓解焦虑和压力，让我们感到愉悦和放松。为了达到治愈焦虑的目的，我们往往需要选择一个适合个人实际情况和需求的目的地。如果你喜欢文化探索和历史遗迹，那么古城或博物馆可能是不错的选择；如果你喜欢大自然和户外活动，那么可以选择山区、海滩或森林公园等；如果你喜欢轻松愉悦的氛围，那么可以选择阳光明媚的度假胜地。总之，选择一个符合个人兴趣和爱好的目的地，可以让旅行更加愉快和舒适，旅行治愈焦虑的良药源自我们在旅途中所获得的放松、惊喜和成长。通过选择合适的旅行目的地、撰写精彩的旅行日志，我们可以更好地品味旅行的意义与价值，从而拥抱更加美好的生活。另外，小众旅游正成为新潮流。参与者通常具有追求独特、渴望探索未知的心理特质。在小众旅游中，远离喧嚣，全身心投入别样的风景与文化中，旅游者更易获得沉浸体验。感受自然的宁静，发现鲜为人知的魅力，满足内心对新奇的渴望。让我们背起行囊，踏上治愈心灵之旅！

在当今时代，旅游智能化的发展趋势日益显著，其中模仿增强和替代淘汰成为两个重要的方面。一方面，模仿增强在旅游智能化中表现得尤为突出。随着科技的不断进步，一些成功的旅游智能化应用被广泛模仿和推广。例如，智能导览系统的出现，为游客提供了便捷的景点讲解和导航服务，旅游企业看到其优势后，纷纷效仿开发类似的系统，从而使智能导览在旅游行业中得到更广泛的应用。这种模仿增强不仅提高了旅游服务的整体水平，也为游客带来了更好的旅游体验。智能预订平台的普及也是模仿增强的体现，方便游客快速预订机票、酒店和景点门票等，提升了旅游的便利性和效率。另一方面，旅游智能化也带来了替代淘汰。一些传统的旅游服务模式和手段在智能化的冲击下逐渐被淘汰。比如，传统的纸质地图和导游讲解在很大程度上被智能手机应用所取代，游客只需通过手机就能获取详细的地图信息和专业的讲解，不再依赖传统的纸质地图和人工导游。同时，一些低效率的旅游服务流程也被智能化系统优化和替代。例如，传统的酒店入住手续烦琐，而现在的智能酒店可以通过人脸识别等技术实现快速入住，提高了服务效率。旅游智能化中的模仿增强和替代淘汰是一个不可避免的过程，这既为旅游行业带来了新的机遇，也带来了挑战。旅游企业需要积极面对智能化趋势，不断创新和改进服务，以适应市场的变化。同时，也需要关注游客的需求和体验，确保智能化的发展能够真正提升游客的旅游体验。

本书以旅游沉浸、旅游疗愈与智能旅游为导向，以社会中出现的不同旅游具体现象为对象展开了案例研究。在研究过程中，充分运用计量科学的研究方式和方法，深刻践行理论联系实际、学术联系生活的科研精神，以实事求是为原则，为旅游从业者、研究者以及广大旅游爱好者提供有益的参考和启示。希望通过对沉浸式旅游的深入探讨，推动旅游行业的创新与发展，为旅游者带来更加丰富多彩的旅游体验。让我们一起踏上沉浸式旅游的奇妙之旅，开启属于自己的旅游新体验和新感受。

罗　枫

2024年3月

目 录

MULU

第一章 绪 论

近年来，旅游业振兴发展，与医疗、公共卫生等相关产业的跨界融合不断升级。旅游业也从一开始的"特种兵式旅游"发展到"下沉式旅游"，又拓展到反向旅游、躺平式旅游、盲盒式旅游等新形式，旅游需求开始不断快速变化。

旅游体验对于个体的身心健康有着重要的促进作用，娱乐、教育、逃避、美感、移情五种体验类型分别给个体塑造舒畅而独特的身心体验。以往研究指出，以环境心理学为基础发展而来的疗愈环境理论对提升人类健康水平有着重要作用，如针对老年人身心特点进行特殊设计的疗愈性空间环境，能有效缓和老年人的精神行为症状，延缓病程发展。不同类型的旅游体验能起到不同的心理修复作用。如康养旅游作为一种专项度假旅游，通常以良好的物候条件为基础，能促进人们身心健康，增强人们的幸福感。节庆旅游的一些独特属性，如节庆氛围、互动性、社会交往体验、特殊的景观元素等，能增强人们的休闲体验、社交体验和节庆体验，如今已开始被当作一种减压康复的疗养手段走入公众视野，可显著改善人们的身体与精神状态。生命叙事实践，在共情场域中唤醒和联结情感记忆，并在情感创伤的"外化"过程中获得心理疗愈。中国剪纸、贴年画、刺绣等手工疗愈功能在情绪疏导、自我认识、意识提升、创伤修复等多个方面具有显著效果。基于上述问题，笔者从沉浸式旅游视角出发，深入分析各种旅游模式、旅游心理特质以及沉浸感的相关研究成果。通过开展国内外沉浸旅游关键词共现和聚类分析，全面理解旅游领域的知识图谱，从而有效捕捉相关研究趋势和热点话题。

沉浸式旅游视角下的
旅游新体验和新感受研究

　　旅游企业逐渐意识到旅游中个体的沉浸性感知对其身体和心理具有积极的疗愈作用，并开始通过守护田园、山水、森林、荒野等大自然资源的形式，抑或建设兼具宜居、休闲、生态等多功能的乡村，借此开发各类满足人们深层次身心需求的疗愈项目，达到旅游疗愈的辅助效果。旅游疗愈是指游客通过参与旅游活动达到疗愈其心理和生理疾病的目的。游客们通过参与旅游活动，置身于旅游的场景或环境之中，能够获得愉悦、放松、畅爽等情景式体验，进而促进自身的身心健康，并在一定程度上达到可替代临床医学干预的目的。旅游疗愈中游客的心态是否会影响疗愈的效果？抑或"躺平"的放松心态是否更有利于增强疗愈作用？如果有，这种影响对积极性个体和消极性个体的影响是否相同？沉浸性感知在其中是否起到中介或调节作用？基于上述问题，"躺平"心态、环境场景和沉浸性感知对消极性个体的积极疗愈的影响及其内在机制值得探讨。

　　21世纪以来，旅游成为人们追求诗与远方的生活方式，既能锻炼身体，又能舒缓心灵。近年来，旅游热潮复苏，人们的旅游意愿增强，传统大众旅游模式已无法满足人们的需求，个性化消费和自由化旅行推动小众旅游市场快速扩展。国内旅游出游人数众多，热门景点人满为患，因此，乡村旅游、反向旅游等小众旅游目的地成为新选择。政府通过制定一系列旅游政策，包括加大资金投入、建设基础设施、推动产业融合升级和提高服务质量等，为旅游业发展提供保障。对旅游业从业者来说，了解游客心理特质和沉浸感至关重要，以此满足其需求和期望，提高其满意度和忠诚度。良好的游玩体验和沉浸感还可提升游客的幸福感、满足感和获得感。因此，梳理、比较和总结国内外小众旅游模式、旅游心理特质、沉浸感领域的研究成果和进展，具有重要价值。小众旅游模式是否增加了内向型游客的沉浸感？对外向型游客是否有影响？同时，小众旅游模式对内向型游客沉浸感的影响是否可以通过旅游环境氛围来调节？旅游心理特质和沉浸感之间是否存在显著的正相关关系？旅游环境氛围特征是否调节了旅游心理特质和沉浸感之间的影响？基于上述问题，笔者试图讨论旅游心理特质在小众旅游环境氛围特征下对提高旅游沉浸感的影响机制。

　　在旅游智能化的浪潮中，模仿增强与替代淘汰成为不可忽视的现象。模仿增强指智能化技术通过学习和模仿人类行为，提升旅游服务的效率和质量，为游客带来更加个性化的体验。然而，随着智能化技术的不断进步，部分传统旅游服务和岗位也面临着被替代淘汰的风险。高度自动化的系统可能减少对人力的依赖，导致某些岗位的需求下降。这一现象促使旅游行业必须不断创新，积极应对技术变革带来的挑战。智能化发展过程中人机关系的组成是否影响了人机合作之间的模仿增强和替代淘汰？机器学习的相对智能化与其在人机合作关系中协作和替代之间是否存在关系？这种关系是否会被他们的生理特征关系和行为传递关系影响？基于上述问题，讨论智能化发展对人机模仿增强和替代淘汰的影响机制。

此外，本书也将深入研究旅游概念、旅游模式、旅游态度、沉浸体验旅游、沉浸疗愈旅游、小众旅游和智能化旅游等主题，通过聚焦于多种文献研究维度，具体包括利用数据库进行文献检索、对文献进行可视化溯源、分析案例文献以及钻研理论文献等方式，对6 078篇文献展开了深入分析，归纳出它们之间的关系并梳理出研究热点，深度探讨这些主题所蕴含的内涵、具备的特点、呈现的发展趋势以及对旅游业造成的影响，以此为研究沉浸式旅游新体验感受构建理论基础。从沉浸式旅游视角探索相关成果，开展关键词共现和聚类分析以理解知识图谱、捕捉趋势热点，并探讨"躺平"心态、环境场景等对消极个体积极疗愈的影响机制；小众旅游环境氛围特征下旅游心理特质对沉浸感的影响机制以及智能化发展在人机模仿增强和替代淘汰上的影响机制，为旅游研究与发展提供多方面参考，推动旅游业不断发展。

第二章 研究的基本要素

本章聚焦旅游模式、旅游态度和沉浸式体验。旅游模式多元：体育旅游融合运动与旅行，探险旅游满足冒险精神，研学旅游注重知识获取，自驾旅游带来自由出行体验，文化旅游感受地域文化，反向旅游另辟蹊径。旅游态度和心理特征方面，国内外游客在旅游选择、感知上有所不同，青年人的旅游态度更为积极开放。从旅游心理看，人们渴望新奇体验、自我提升和文化交流。沉浸式体验在旅游中备受认可，涵盖体验、艺术、教育等领域，借助虚拟现实（virtual reality，VR）等技术传播旅游魅力。它让游客全身心投入，增强旅游感知，提升满意度。这些元素共同推动旅游不断创新发展，满足不同人群需求，为旅游产业注入新活力，促进文化交流与传承。

第一节 研究目标和内容

一、研究目标

本书旨在通过文献溯源和案例分析，探讨环境沉浸旅游疗愈、小众旅游心理特质与沉浸体验及智能旅游增强替代等课题，验证沉浸式旅游带来的新体验，并梳理和发掘游客在这一背景下的新感受。

二、研究内容

1.旅游文献可视化分析：运用文献计量学方法对旅游领域的文献进行量化

分析；利用可视化工具展示研究热点、发展趋势及主要研究成果。

2. 旅游模式与态度研究案例：分析不同旅游模式（如探险旅游、文化旅游等）的特点及游客态度；探讨旅游者对不同模式的体验感受和偏好变化。

3. 环境沉浸与旅游疗愈：研究环境因素对旅游者身心疗愈效果的影响；验证特定旅游模式如何促进非积极性人群的疗愈体验。

4. 小众旅游心理特质与沉浸体验：探讨小众旅游模式对不同心理特质游客的沉浸感影响；分析旅游环境氛围对沉浸体验的调节作用。

5. 智能旅游的增强与替代：考察智能化技术（如AI、大数据）在旅游服务中的应用；验证智能化水平与人机合作之间的关系及其对旅游体验的影响。

第二节 研究思路和方法

一、研究思路

首先进行沉浸式旅游的文献溯源，梳理相关理论基础；接着分析旅游研究案例，从中归纳出不同课题方向。针对环境沉浸的旅游疗愈课题、小众旅游心理特质的沉浸体验课题以及智能旅游的增强替代课题分别展开深入研究。通过实际调研和数据分析，验证沉浸式旅游视角下旅游者的新体验，最后梳理和发掘特定背景环境下旅游者的旅游新感受。

二、研究方法

1. 文献溯源：梳理沉浸式旅游及相关领域的研究发展脉络与理论基础。

2. 案例研究：分析具体沉浸式旅游案例，提取实践中的关键要素与经验。

3. CiteSpace文献分析：使用CiteSpace软件对相关文献进行可视化分析，识别研究热点与趋势。

4. 相关性分析：探讨环境沉浸、小众旅游心理特质与沉浸体验等因素之间的关联性。

5.实验研究：设计并开展实验，验证不同旅游模式对游客体验的影响。

6.结构方程模型分析：构建结构方程模型，量化分析各变量之间的因果关系及影响路径。

第三节　旅游模式概念和定义

旅游模式是指旅游者选择的旅游方式和组织形式，包括体育旅游、探险旅游、研学旅游等7种。旅游模式反映了旅游的目的、交通方式、住宿及活动等特点。

一、体育旅游的定义

根据孟尔森基兴的文章可知，体育旅游是指被动或主动参与体育运动的特定旅游，其中体育运动是旅游的动机。在国内，以林章林的《我国体育旅游的发展历程、现实困境与对策建议》为代表的一系列文献指出，体育旅游是以体育运动为核心，以现场观赛、参与体验及参观游览为主要形式，以满足健康娱乐、旅游休闲为目的，向大众提供相关产品和服务的一系列经济活动。在文章中，体育旅游被定义为一种整合了体育活动和旅游体验的行为形式，旨在通过参与和体验各类体育运动或活动，结合旅游探索的过程，为个体提供锻炼身体、参与挑战和休闲放松的机会。这种旅游类型突显了体育运动在旅游中的重要性，鼓励人们在探索新地点的同时积极参与各类体育活动，促进健康和社交互动，同时加深对目的地文化和环境的了解。体育旅游包括多种类型，如徒步远足、极限运动、水上运动、田径比赛以及观赏性体育赛事等，其吸引力在于提供了多样化的活动选择，能够满足不同游客的兴趣和需求。

二、探险旅游

探险旅游（adventure travel）是指游客到人迹罕至或险象环生的特殊环境中进行的充满神秘性、危险性和刺激性的旅行考察活动。在国内，探险旅游通常被理解为以自然环境为场地，带有探险性质并且具有很强体验感的体育活动。

它是户外深度旅行的一个细分领域，其区分于传统户外深度旅行的特征是融入探险元素，选择非传统交通方式出行。

1. 国内学者的定义

王宇娟在《探险旅游中游客情绪满意度、情绪动态变化及其影响因素——以人格为变量》中对探险旅游的定义为：探险旅游是一个具有市场发展潜力的新兴产业，因为探险旅游活动迎合了游客寻求感官刺激、挑战极限的需求，因而备受消费者的青睐。

卢宇龙在《探险旅游安全性与体验度的边界分析》中对探险旅游的定义为：探险旅游指的是在不同寻常的、奇异的、未知的环境下所开展的休闲活动、考察活动，这些活动通常在户外进行，而且强度较高，甚至缺乏安全保障。在这个过程中，游客很有可能遭受一系列安全风险，而风险的产生源于旅游行程或者旅游地所提供的条件和环境，同时风险也会因为地区、气候、旅行路线而产生一定的差异。

2. 国外学者的定义

Peacock Suzanne 在《基于生态动力学视角对探险旅游的分析研究》中对探险旅游的定义为：传统的探险旅游的定义主要集中在探险旅游活动或探险旅游环境上，在这些情况下，活动常与风险和环境相关。对这些定义的批评指出，这种传统观点是有限的。因为客户购买涉及风险和不确定性的冒险体验，而旅行社必须将风险降至最低并强调安全。此外，探险旅游也可以在城市或人类密集的环境中进行。传统的定义大多忽略了探险消费者的生活体验。个人冒险的原因多种多样，包括风险和刺激、健康和幸福、与他人和自然的联系、娱乐体验和个人发展。

加拿大旅游委员会把探险旅游定义为：发生在非同一般的、异国他乡的、遥远与荒野的旅游目的地的活动，涉及一些非传统的交通与各种难度的活动。

3. 探险旅游再定义

本书认为，探险旅游是一种以冒险和探索未知地域、文化和自然环境为主要目的的旅游方式。与传统旅游不同，探险旅游更加注重对冒险和挑战的追求，通过参与各种旅游活动（如徒步旅行、山地攀登等），来感受自然界的壮丽景色和身心的极限挑战。探险旅游注重对环境的保护和可持续发展，强调对当地文化和社区的尊重和理解。同时，它也提供了一个独特的机会，让参与者与自然界亲密接触，体验身心的改变和个人成长。

三、研学旅游

1. 国内的定义

朱立新教授认为，研学旅游的概念可以分为广义和狭义。广义上说，研学旅游是一种以研究性、探究性学习为目标而进行的特殊的旅游，是出于对知识需求而暂时离开居住地点到其他地方进行的一种文化旅游活动。狭义的研学旅游，是指由学校组织学生参与，以学习知识、了解社会和培养人格为目的的旅游活动。

丁运超认为，研学旅行是一种以青少年学生为主体，具有自主、开放、探究和实践的特点，并能够提高学生的技能和知识的新型的综合实践活动课程。

2. 国外的定义

英国学者里奇（Ritchie）等人提出"教育旅游"这一概念，并将其解释为游客（包括过夜游客和远足游客）将"学"作为主要或次要目的的旅游活动。这种旅游活动涵盖普通教育旅游、成人教育旅游、国际和国内大学及学校学生的旅游（语言学校学习、学校远足和交换生项目）等范畴。

Bodger认为，研学旅游是潜在学习者以群体的身份迁移到某个地点，目的是从事与该地点直接相关的学习实践活动的项目。

3. 本书对研学旅游的定义

研学旅游是以学生为主体，以实践性学习为特征，通过参观、考察、实践、交流等方式，使学生获得知识、技能和情感体验的旅游活动。它不仅注重学生的知识获取，更注重对学生的实践能力和综合素质的培养。研学旅游具有教育性、实践性、互动性和自主性等特点，旨在通过丰富的活动形式，使学生获得更真实、更深入的学习体验。

四、自驾旅游

自驾旅游作为一种现代旅游方式，已经成为越来越多旅游爱好者的选择。它不仅仅是一种出行方式，更是现代人追求自由、探索未知、亲近自然的生活态度的体现。自驾旅游是指游客使用私人车辆（如轿车、越野车、房车等）作为主要交通工具，自主规划行程，进行中长距离的休闲度假活动。与传统的跟团旅游相比，自驾旅游具有更高的自由度和灵活性，游客可以根据自己的兴趣爱好、时间和经济条件，随意调整行程安排，体验更为个性化的旅行。

自驾旅游最早可以追溯到汽车普及之初。20世纪初，随着汽车工业的兴起，汽车开始进入普通家庭，为人们的出行带来了前所未有的便利。然而，自驾旅游真正作为大众化的旅游形式，则是在近几十年间迅速发展起来的。特别是在经济全球化和技术进步的大背景下，自驾旅游不仅成为人们休闲娱乐的重要方式之一，还带动了汽车租赁、酒店预订等相关产业的发展。

自驾旅游具有以下优势。①灵活性与自主性：自驾旅游最大的优势在于其灵活性。游客可以根据自己的时间安排和兴趣爱好随意安排行程，无须受制于公共交通工具的时间表。②亲近自然与探索未知：自驾旅游让游客有机会深入那些公共交通难以进入的自然景观之中，体验不同于常规景点的独特魅力。③社交互动与家庭团聚：对于家庭而言，自驾游是增进亲子关系、促进家人之间沟通交流的好机会；对于朋友来说，共同经历一段旅程，也是一种加深友谊的方式。④成本控制：相比于其他类型的旅游，自驾旅游在一定程度上可以实现成本的有效控制，比如通过合理规划，可以在住宿、餐饮等方面节省开支。

为了确保一次愉快且安全的自驾之旅，游客需要掌握一系列相关的知识与技能。①车辆维护与检查：出发前对车辆进行全面的检查，确保各项功能正常。②路线规划：利用地图软件提前规划好行车路线，并考虑可能遇到的路况变化及应对措施。③法律法规：了解并遵守各地的交通规则，特别是跨境自驾时，还需注意不同国家和地区之间的法律差异。④应急处理：了解基本的急救知识，随车携带必要的工具和药品，以便应对突发情况。⑤环境保护：尊重自然环境，减少垃圾产生，保护野生动物，践行绿色出行的理念。

随着社会经济的发展和技术的进步，未来的自驾旅游将呈现出以下几个方面的发展趋势。①智能化与数字化：智能导航系统、无人驾驶技术的应用将极大提升自驾旅游的安全性和便捷性。②绿色环保：新能源汽车的普及将推动自驾旅游向着更加环保可持续的方向发展。③定制化服务：随着消费者需求日益多元化，提供个性化、定制化服务将成为自驾旅游市场的新亮点。④跨界融合：自驾旅游与文化、体育、健康养生等领域的结合将越来越紧密，形成更多元化的旅游产品和服务模式。

综上所述，自驾旅游以其独特的魅力吸引着广大旅游爱好者，它不仅是一种旅行方式，更是一种生活态度的体现。随着社会的发展和技术的进步，相信自驾旅游将会拥有更加广阔的前景和发展空间。

五、文化旅游

文化旅游（cultural tourism）是一种以体验不同地区的文化特色、历史遗迹、艺术表现、民俗风情等为主要目的的旅游形式。它强调游客对目的地独特文化的深入了解和感受。在文化旅游中，游客可以参观历史古迹、博物馆、艺术展览、传统村落等，参与民俗活动、节庆仪式，品尝当地特色美食，欣赏地方传统音乐、舞蹈和戏剧表演等。通过这些活动，游客能够领略到不同地域的文化内涵、价值观和生活方式，丰富自身的文化素养和精神世界。文化旅游不仅促进了文化的传承与保护，也推动了地方经济的发展和文化交流。

寻求文化享受已成为当前旅游的一种风尚。2017年，联合国世界旅游组织将文化旅游定义为"一种游客出于学习、寻求、体验和消费物质或非物质文化吸引物/文化产品的本质动机的旅游活动"，进一步延伸了文化旅游的产业属性。国外学者也做过类似定义，如澳大利亚学者迪克罗和加拿大学者麦克彻对文化旅游的定义为：文化旅游是一种旅游形式，它依赖于目的地的文化遗产资产并将它们转化成供旅游者消费的产品。

综上所述，文化旅游就是以旅游经营者创造的观赏对象和休闲娱乐方式为消费内容，使游客获得富有文化内涵和深度参与旅游体验的旅游活动的集合。

六、随团旅游

随团旅游，也称为跟团旅游或组团旅游，是一种由旅行社组织并提供全程服务的旅游形式。在这种旅游模式下，旅行社负责提供制订旅游线路，安排交通、住宿、餐饮，导游讲解等一系列服务。对于参与者而言，随团旅游意味着只需按照旅行社的安排，即可享受轻松愉悦的旅行。以下是关于随团旅游的详细定义及其相关方面的阐述。

随团旅游是一种集体出游的形式，游客在旅行社的组织下一起参加同一旅游线路的活动。这种方式通常由专业的导游陪同，为游客提供详细的景点介绍和服务。随团旅游因其省心省力、安全性高等特点而受到许多人的喜爱，尤其是初次出游者或是希望在短时间内游览多个景点的游客。

随团旅游的最大特点是其具有组织性，从出发到结束，整个过程都由旅行社统一安排。游客只需按照预定的时间集合，便能享受到全方位的服务，无需担心行程规划、交通安排等问题。随团旅游通常是大批量预订机票、酒店、景点门票等，因此往往能享受到较低的价格。对于预算有限的游客来说，随团旅游是一个性价比较高的选择。专业的导游不仅是旅途中的向导，还能提供丰富的与景点相关的历史文化和背景知识，可以帮助游客更好地理解和欣赏所参观的景点。此外，导游还能协助解决旅途中可能出现的各种问题。随团旅游为来自不同地方的人们提供了一个相互交流的机会。在旅途中结识新朋友，分享旅行经历，对于喜欢社交的游客来说，无疑是一个额外的收获。

随团旅游几乎涵盖了旅游所需的所有服务，从交通、住宿到餐饮、门票等，一切都由旅行社统筹安排，游客只需要跟随团队的步伐即可，极大地简化了旅游的复杂程度。旅行社通常会选择信誉良好的合作商，并为游客购买旅游保险，确保游客的安全。同时，遇到紧急情况时，有经验的导游也能及时提供帮助。随团旅游中的专业导游能够提供详细的历史背景、文化知识等，使旅游不仅仅是观光，更是一次知识的积累。

尽管随团旅游有许多优点，但它也有一些不足之处。①行程固定：随团旅游的行程往往已经预先设定好，缺乏灵活性，不能满足一些游客的特殊需求。②时间紧张：为了确保团队整体进度，随团旅游可能会出现时间紧张的情况，导致游客无法在每个景点逗留太久。③群体行动：随团旅游需要大家协同行动，有时可能会影响到个人的游览节奏。

随着旅游业的发展，随团旅游也在不断进化。一方面，旅行社推出了更多元化的产品，以满足不同年龄层次、不同兴趣爱好消费者的需求；另一方面，科技的应用也让随团旅游变得更加便捷高效。例如，利用在线平台预订、电子票务等手段提高了服务效率。同时，随着消费者对个性化旅游体验的需求增加，旅行社也在尝试提供更多定制化的旅游方案，使随团旅游既有团体的便利性，又能兼顾个人的喜好。总的来说，随团旅游以其便捷、安全、丰富的特点吸引了大量旅游爱好者，随着市场的细分和技术创新，随团旅游的形式也将更加多样化，为消费者提供更加丰富和个性化的选择。

七、反向旅游

反向旅游是一种新兴的旅游模式。与选择传统的热门旅游目的地不同，反向旅游指的是游客避开那些人满为患的热门景点和城市，转而选择相对小众、冷门的非传统旅游目的地。这些地方通常知名度不高，但可能拥有独特的自然风光、宁静的氛围、淳朴的民风以及未被过度开发的原生态环境。反向旅游的游客追求更加宁静、真实的旅游体验，远离喧嚣和拥挤，能够更深入地了解当地的文化和生活方式，享受慢节奏的旅行。这种旅游方式也有助于缓解热门旅游地的压力，促进旅游资源的均衡发展。

反向旅游，顾名思义，是一种与传统旅游方式相反的旅行方式。它打破了传统的"由远及近"的旅游路线，转而选择距离较近且知名度较低的目的地，追求一种别样的旅行体验。这种方式不仅节省了大量的时间和精力，还能让人在旅途中面临更少的商业化和人潮涌动的困扰。简单来说，就是选择旅游目的地时避开人流量大的热门旅游景点，选择一些相对冷门但同样美丽的地方游玩。笔者认为，反向旅游是一种"小众+旅游+交通"的综合型旅游活动形式，以独特的物候条件、良好的交通和朴实的价值为依托，为爱旅、乐旅群体提供优质的体验。

第四节　旅游态度和心理特征

旅游态度包括人们对旅游活动及相关事物所抱有的认知、情感和行为倾向的综合心理状态。旅游心理特征包括寻求新体验、放松身心、探索未知的愿望，以及对文化、自然的欣赏与好奇，还有缓解日常压力的需求。

一、旅游态度

旅游态度包括个体对于旅游活动的看法、感受和行为倾向，它是旅游行为的心理基础，影响着人们选择何种类型的旅游活动、前往哪些目的地以及如何参与其中。旅游态度的形成受到多种因素的影响，包括个人经历、文化背景、社会经济状况等。下面我们将分别探讨国内与国外对旅游态度的定义及相关内容。

1. 国内的旅游态度

文化认同与民族自豪感：在我国，旅游不仅仅是休闲活动，它还承载着文化认同的功能。随着我国经济的快速发展和人民生活水平的提高，越来越多的人选择通过旅游来了解我国的文化遗产，增强民族自豪感。例如，长城、故宫等历史文化名胜不仅吸引了无数国内外游客，也成为国人了解国家历史文化的重要来源。

假期制度与旅游习惯：我国的假期（如国庆节、春节等长假）往往会迎来旅游高峰。这些时期，人们倾向于选择短途或国内长途旅游，以充分利用假期时间。同时，随着带薪年假制度的推广，越来越多的人开始选择在非高峰期错峰旅游，以避免人潮拥挤。

旅游消费观的变化：近年来，随着互联网技术的发展，线上旅游服务平台日益成熟，旅游信息获取更为便捷，这也促进了旅游消费观念的变化。越来越多的人开始重视旅游体验的质量而非仅仅关注价格，愿意为高质量的服务支付更多的费用。

2. 国外的旅游态度

开放性与探索精神：在国外，旅游往往被视为一种探索世界的方式，是拓宽视野、增长见识的重要途径。许多人会利用假期时间前往其他国家和地区，体验不同的文化、风俗习惯，这种开放的心态和探索的精神是国外旅游态度的重要组成部分。

生活方式的选择：在国外，旅游也被看作是一种生活方式的选择。随着远程工作的普及，一些人甚至选择长期居住在国外某个城市，边工作边旅行。这种"数字游牧"的生活方式反映了现代人对于工作与生活平衡的新思考。

对环保的认识：全球气候变化问题日益严重，环保意识逐渐深入人心。在很多国家，生态旅游、可持续旅游的概念被广泛接受。人们在选择旅游目的地和方式时，会更多地考虑到对当地环境的影响，努力做个负责任的旅行者。

3. 影响旅游态度的因素

无论是国内还是国外，影响旅游态度的因素都是多方面的，主要包括①文化因素：不同的文化背景会对个人的价值观、兴趣爱好产生不同的影响，进而影响其旅游态度。②经济条件：经济水平决定了人们是否有能力去旅游，以及能够承受何种档次的旅游服务。③社会环境：社会舆论、媒体宣传等因素都会潜移默化地影响人们的旅游态度。④个人经历：个人以往的旅游经历会对今后的旅游决策产生重要影响，正面的经历往往会导致积极的态度，反之亦然。

旅游态度是连接个人心理与实际行为的桥梁，它不仅反映了个体的价值取向和社会文化背景，还影响着旅游产业的发展方向。随着全球化进程的加快，国内外旅游态度之间的差异正在逐渐缩小，但各自独特的文化内涵仍然保留。未来，随着技术进步和文化交流的加深，旅游态度将继续演变，为人们带来更多样化的旅游体验。

综上所述，旅游态度是指个体对旅游目的地、旅游活动、旅游服务以及旅游体验的态度和看法。它是基于个体对旅游活动的感知、认知、情感等方面构建起来的，反映了个体对旅游行为的态度和行为意愿。

二、旅游心理

旅游心理是指人们在旅游过程中所产生的一系列心理活动和心理状态。在旅游决策阶段，旅游心理表现为：出于对旅游目的地的向往、好奇和期待，或出于缓解日常压力的要求，人们会根据自己的兴趣爱好、需求以及社会文化等因素来选择旅游目的地。在旅游过程中，旅游心理包括对新环境的适应、对美景的欣赏和赞叹、对不同文化的体验和感悟等。同时，旅游还可能引发人们的情感反应，如愉悦、兴奋、放松、感动等。此外，旅游心理也涉及人际交往，如与同伴、当地居民和旅游服务人员的互动等。旅游心理会受到个人性格、生活经历、社会文化背景、旅游目的等多种因素的影响。

在旅游过程中，游客对旅游景观和导游服务的反应不仅取决于景观和服务的客观属性，还取决于游客的主观心理状态。通过国内外相关文献分析对比发现，我国学术界对旅游心理的认识有以下几方面：屠如骥认为"旅游心理是心理学的分支，是将心理学的研究成果与原理应用于旅游研究的一门学科"；贾静、薛群慧认为"旅游心理是研究多层面旅游者心理的产生原因与发展规律的科学"；舒伯阳与叶伯平认为旅游心理应从旅游服务心理原理与服务心理艺术的角度进行分析。外国学者如 Lee、Fujita 认为旅游心理是大脑对旅行的心理意象，可以调节游客的旅游感知；Albert N.Kimbu 认为旅游心理是社会情感的体现，旅游状态对游客的情绪具有长期调控作用和影响力。

笔者认为，旅游心理是游客在旅游活动过程中的心理活动规律和心理倾向。它涉及游客对旅游景观和导游服务的能动反应，包括知觉、需要、动机、态度、兴趣、情绪等心理要素，以及景观观赏心理、导游服务接受心理等心理内容。

三、旅游选择

旅游选择是指游客在进行旅游活动之前，根据自身的需求、兴趣、偏好、预算、时间等，从众多的旅游目的地、旅游方式、旅游产品和服务中进行挑选和确定的过程。在这个过程中，游客会综合考虑各种因素，比如对于自然景观爱好者来说，可能会选择拥有壮丽山水的目的地；对于历史文化爱好者来说，可能倾向于有丰富历史遗迹和深厚文化底蕴的地方。旅游选择也包括对旅游方式的确定，如选择随团旅游、自助旅游、自驾旅游等。同时，旅游选择还涉及对旅游产品和服务的评估，如住宿条件、交通便利性、餐饮特色等。旅游选择的结果直接影响游客的旅游体验和满意度。

国内学者丁娟、赵红艳、杨慧认为，旅游选择是旅游动机、旅游限制、协商策略与旅游意愿之间相互影响的一种决策行为；谢彦君在其研究中认为，旅游选择实际上是游客在面对众多旅游机会时进行选择的过程，旨在达到个人化的旅游需求。外国学者Gilbert在1991年的研究中认为，旅游选择是旅游动机产生、旅游产品信息收集、做出评价以及实施旅游行为等过程，彼此间互相穿插甚至是多个循环模式；Crotts等人认为，旅游选择是游客根据对旅游目的地各项服务、功能和出游成本的评价，理性寻找最能满足其需求的方案。

笔者认为，旅游选择是指游客根据自身的旅游需求和目的，收集相关的旅游信息，并对其进行评估和比较，最终选择旅游目的地、旅游方式、旅游时间、旅游预算等决策的过程。

四、旅游感知

旅游感知是指游客对旅游目的地的各种因素所产生的主观感受和评价。这些因素可以包括但不限于自然环境、文化氛围、服务质量、设施条件、安全性以及价值感等。旅游感知通常受到个人经历、期望、文化背景和个人偏好的影响，并且会直接影响到游客的满意度和未来的旅游决策。在旅游业中，了解和管理游客的感知是非常重要的，因为它关系到品牌形象的建立、顾客忠诚度的培养以及口碑传播的效果。旅游感知研究常常用于评估营销策略的有效性、改进服务质量和提升整体旅游体验。

国外研究者认为，旅游感知的原理是通过接受和处理外界的刺激，人们通过视觉、听觉、嗅觉、味觉、触觉等感官来感知和体验旅游环境。他们强调，理解旅游感知有助于旅游业从业者更好地了解游客的需求和期望，从而提供更优质的服务。国内研究者认为，旅游感知是游客对旅游过程中的各种刺激源的综合性感受和认知，它涵盖了游客对旅游目的地形象、旅游服务质量、旅游活动体验等多个方面的感知和评价。国内研究者强调，旅游感知对于旅游业的发展具有重要意义。旅游感知也是游客对旅游过程中的各种刺激源的感知、理解和反应。旅游感知包括对景观的感知、对服务的感知、对文化的感知以及对旅游过程中个人和社会关系的感知。近年来，国内外学者对旅游感知的研究不断深入。

五、青年旅游态度

于光远1985年提出，旅游是现代社会中居民的一种短期的、特殊的生活方式，这种生活方式的特点是异地性、业余性和享受性。魏向东在其著作《旅游学概论》中提到：旅游是旅游者在自己可自由支配的时间内，为了满足一定的文化享受，如休憩、娱乐、保健、求知、增加阅历等，通过异地游览的方式所进行的一项文化体验和文化交流活动，并由之而导致的一系列社会反应和社会关系。

学术界对旅游的定义及其相关概念多种多样。马丁·杜瓦尔认为，旅游是一种复杂的经历和活动，它包括旅行、游玩、观光、休闲等多种形式，旨在满足人们的精神和物质需求。世界旅游组织则将旅游定义为：非定居者的旅行和暂时居留所引起的现象和关系的总和，包括旅游者、旅游目的、旅游地区和旅游行业。美国密歇根大学的Bert McIntosh和Shaikit Geppert则认为，旅游可以定义为在吸引和接待游客的过程中，旅游者、旅游企业、东道国政府和东道国地区居民之间相互作用所产生的一切现象和关系的总和。

我们对于青年旅游态度的定义是将主体聚焦在青年身上，了解他们通过不同的旅游形式所反映出来的对于旅游行为反应的心理倾向是积极的还是消极的，是主动的还是被动的。不同的旅游形式，游客对旅游的态度也是不同的。旅客对特种兵式旅游的态度是积极的，通常体现出一种冒险和极限挑战的态度；背包客式旅游的态度通常是充满探险精神和开放心态的积极旅游状态；抽盲盒式旅游通常反映出一种寻求未知、渴望惊喜的态度；研学式旅游的态度体现了对于综合性学习和实践体验的追求；沙发客式旅游强调舒适，通常表现出一种轻松、家庭式的态度。当谈到旅游态度时，每个人都有不同的选择，且对每种旅游方式的态度都有其独特之处，反映了旅行者对于旅游体验的不同需求和兴趣。

第五节　沉浸式体验和旅游认可

沉浸式体验是指人们在进行某项活动时，全神贯注投入其中，完全融入活动情境中，从而进入一种高度专注、愉悦和忘我的状态。

一、沉浸式体验

沉浸式体验（flow theory）是由契克森米哈赖在 20 世纪 70 年代首先提出的，他在 1988 年进一步指出：人依照心理驱动力去做自己想做的事，沉浸式体验即为意识动机的外显。国外的 Webster、Trevino 和 Ryan 认为，沉浸式体验是指控制、注意力集中、好奇心、内在兴趣这四大构件。以上四位学者都是沉浸式体验领域研究的重要代表人物，他们的定义都强调了沉浸式体验的特点，即沉浸式体验是人依照心理驱动力去做自己想做的事。

山东工艺美术学院的周贵芸教授认为，沉浸式体验是一种正向的、积极的心理体验，它会使个体在参与活动时获得很大的愉悦感，从而促使个体反复进行同样的活动而不会厌倦。王红和刘素仁认为，沉浸式体验是意识和行为的完整体验。在这一过程中，参与者不仅能感知到自身身体上的变化，而且能够对周围事物进行思考与探索，获得丰富的信息和情感。

总的来说，笔者认为沉浸式体验分为人的感官体会与认知感受。第一是感官体会，世界的变化会影响人的神经，从而使人在视觉、嗅觉、听觉、触觉和味觉中获得体验。第二是认知感受，是指运用人类以往丰富的生活经历，来提高人类对世界的认识。

二、沉浸式艺术

人们对于沉浸式艺术的理解各不相同。肖海燕在《沉浸式艺术中的审美经验研究》中提到，沉浸式艺术是新媒介发展所产生的艺术形式，是一种崭新的认知方法和新奇的审美体验，而苗文宇在《沉浸式艺术的审美价值研究》中则认为沉浸式艺术是一种全新的数字艺术，并且与传统艺术相比，沉浸式艺术更注重审美主体，也就是人的感受，因此在欣赏沉浸式艺术时，人与作品形成了一个交互的整体。

在"Analysis and design of vr immersive art experience system"中作者提到，沉浸式艺术可以是虚拟现实与艺术的融合，实现了艺术作品与体验者之间更多的可视化交流与互动，从视觉、听觉、触觉等多角度给体验者带来更亲切的人机交互体验，满足创作者和体验者的需求。Deng Yu在"Research on holographic display and technology application of art museum based on immersive design"中认为，沉浸式艺术展览是通过数字媒体的介入，改变观众的感官条件，从原有的视觉体验转变为视、听、触等多种感官的融合，使观众进入一个全新的作品体验世界，技术与艺术相结合构成的沉浸式展览成为吸引观众的重要展览方式。

通过阅读大量相关有效文献，我们认为沉浸式艺术是一种多感官参与的艺术形式，它通过视觉、听觉、触觉、嗅觉等多种感官刺激，让观众完全沉浸在艺术作品中。这种艺术形式强调观众与作品之间的互动，使观众能够多角度、全方位地感受和理解艺术作品。它打破了传统艺术的观展模式，将观众的体验和参与放在首位，使观众能够真正成为艺术作品的一部分。沉浸式艺术的特点在于其身临其境的体验，这种体验让观众能够真实地感受到艺术作品的内涵和价值，从而培养出对艺术更深的理解和感悟能力。与传统艺术展览相比，沉浸式艺术展览更注重观众的主动性和参与性，让观众不再是被动地接受信息，而是成为艺术作品的一部分，主动地探索和感受艺术。

三、沉浸式VR

在国内，沉浸式虚拟现实（immersive virtual reality，IVR）被认为是为用户提供完全沉浸的体验，使用户有种置身于现实世界之中的感觉。大部分学者认为VR就是虚拟现实（真实幻觉、灵境、幻真），也称灵境技术或人工环境。在国外，学者Means Kalissa认为虚拟现实技术是一种利用计算机及显示设备模拟产生一个三维空间的虚拟世界，并为使用者提供与之关联的视觉、听觉、触觉等感官模拟的虚拟仿真技术。海费萨尔对虚拟现实技术的定义是：借助计算机等设备产生一个逼真的三维视觉、触觉、嗅觉等多种感官体验的虚拟世界，从而使处于虚拟世界中的人产生一种身临其境的感觉。

沉浸式虚拟现实明显的特点是：利用头盔显示器使用户产生虚拟视觉和听觉，同时，它利用数据手套把用户的手感通道封闭起来，产生虚拟触动感。系统采用语音识别器让用户对系统主机下达操作命令，与此同时，头、手、眼均有相应的头部跟踪器、手部跟踪器、眼睛视向跟踪器的追踪，使系统尽可能达到实时性效果。临境系统是真实环境替代的理想模型，它具有最新交互手段的虚拟环境。常见的沉浸式系统有：基于头盔式显示器的系统、投影式虚拟现实系统，例如大家熟悉的虚拟影院就是一个完全沉浸式的投影式虚拟现实系统。用数米高的六个平面组成的立方体屏幕环绕在观众周围，设置在立方体外围的六个投影设备同时投射在立方体的投射式平面上，观众置身于立方体中可同时观看由六个平面组成的图像，完全沉浸在图像组成的空间中。

博物馆沉浸式体验，旨在通过文物展示、活动参与、多媒体技术等方式再现历史场景的真实性，让观众与博物馆讲述的故事进行互动，建立情感上的共鸣和联系，并在日常生活中实践博物馆所展示和传达的积极思想观念，是一种多层次体验的叠加。英国哲学家卡尔·波普尔提出，宇宙中存在着三个世界，其中第三个世界则是人类利用多种媒体所创造出来的一种媒介空间，是对真实社会的一种虚拟。

博物馆交互式虚拟展示将博物馆建筑数据和去噪后的三维点云数据进行整合，并对所有点云数据进行配准。根据注册结果，初步构建博物馆交互式虚拟展示模型，并利用用户体验模型对展示模型参数进行调整，实现博物馆交互式虚拟展示建模。数字博物馆依托数字技术对展览信息进行处理，将复杂的文本信息转化为图像或视听内容，从而提升博物馆的吸引力。

博物馆沉浸式体验就是利用多媒体数字技术创造出一些特殊的虚构的环境或场景，将真实与虚拟的边界变得模糊化，让观众感受到身临其境，有强烈的沉浸式体验感。

四、沉浸式传播

沉浸式传播是一种通过运用先进的技术手段和创新的表现形式，让受众全身心地投入传播内容所营造的情境之中，从而获得强烈的感官体验和认知体验的传播方式。在旅游领域，沉浸式传播可以利用虚拟现实（VR）、增强现实（AR）、多媒体展示、互动体验等技术，将旅游目的地的自然景观、历史文化、民俗风情等以更加生动、逼真的形式呈现给游客，让游客仿佛身临其境，深度参与其中，增强对旅游目的地的感知和理解，提升旅游的趣味性和吸引力。

外国学者詹姆斯提出，沉浸式传播主要基于沉浸媒介，是以大数据和智能网络为技术支撑的信息浸透模式，强调受众被媒介所包围的泛众传播；Yeon指出，沉浸式传播是基于沉浸科技，如VR、AI（artificial intelligence）等技术给受众带来的沉浸体验，使受众完全融入情境之中。

我国传播学者李沁提出"沉浸传播"这一概念，她在《沉浸传播：第三媒介时代的传播范式》一书中将其定义为："它是以人为中心、以连接了所有媒介形态的人类大环境为媒介而实现的无时不在、无处不在、无所不能的传播……它所实现的理想传播效果是让人看不到、摸不到、感觉不到的超越时空的泛在体验。"刘娜认为，沉浸式传播是指通过创造沉浸式体验，让读者或观众感觉自己就在报道的事件现场，从而让他们参与到故事中。

沉浸式传播是一种新兴的传播方式，它主要通过科技手段，如VR、AR、大数据等，创造出一种高度仿真的环境，让用户拥有身临其境的体验。

第六节　本章小结

综上所述，不同的旅游模式为人们提供了丰富多样的旅行选择。体育旅游让人们在运动中感受自然与挑战自我；探险旅游满足勇敢者对未知的探索欲望；研学旅游让知识与旅行完美结合；自驾旅游带来自由驰骋的快感；文化旅游展现各地深厚的历史底蕴；随团旅游省心省力；反向旅游则开辟新的宁静天地。旅游态度和心理特征反映出人们对旅行的不同追求，国内外旅游态度的差异、青年旅游态度的活力等都丰富了旅游的内涵。沉浸式体验通过艺术、教育等多领域的融合以及 VR 等先进技术的运用，提升了旅游的认可程度。在未来，随着科技的不断进步和人们需求的持续变化，旅游模式将不断创新，旅游体验也将更加丰富多彩，为人们带来更多难忘的旅程和人生感悟。

第三章 基于CiteSpace的旅游可视化分析

随着信息技术的发展，数据可视化正成为一种强大的工具，帮助研究人员从复杂的数据集中提取有价值的信息。在旅游研究领域，这一趋势同样显著，特别是在探索旅游现象及其背后的社会经济动力方面。CiteSpace作为一种专门用于科学文献引文网络分析和可视化研究的软件工具，为理解和追踪学术研究前沿成果提供了有力支持。

在旅游研究中应用CiteSpace，不仅可以揭示某一领域的知识结构和发展脉络，还能识别关键的研究节点、突显的主题以及学术合作网络。通过构建关键词共现网络、引用网络等图形化标识，研究者能够直观地看到哪些主题是当前研究热点，哪些作者或论文具有重要影响力，以及不同国家和地区之间的合作模式等信息。

此外，CiteSpace还能帮助识别旅游研究中的新兴趋势和未来发展方向，这对于指导实践应用和制定政策具有重要意义。借助这一工具，我们可以更好地理解全球旅游业发展的动态变化，为旅游业的战略规划和可持续发展提供数据支持。通过将CiteSpace应用到旅游数据的可视化分析中，我们不仅能够洞察过去，还能预测未来，从而推动旅游业向更加智能、高效的方向发展。

第一节 CiteSpace可视化分析

CiteSpace软件是2004年陈超美博士研发的一款用于文献数据挖掘和可视化分析的软件。本书借助CiteSpace软件，绘制沉浸式旅游研究文献数量及年代分布、关键词共现与关键词聚类等知识图谱，并结合图谱综合论述国内外关于沉浸式旅游的研究热点及研究进展。

第二节　分析方法与数据来源

一、分析方法

近年来，学术界对于旅游研究领域的关注度逐渐提升，其中针对旅游行业、旅游企业、旅游消费者、旅游景区等相关的分支领域，更是越来越深入。本书采用统计分析软件（CiteSpace 模块）对样本研究文献进行可视化的分层分类分析和系统性梳理，特别是研究领域关键词、关键词之间的联系等，依次开展深层次剖析，通过总体和局部挖掘，全角度呈现沉浸式旅游的发展态势。

二、数据来源

本研究运用中国知网（CNKI）数据库检索文献，以"旅游模式""旅游心理特质""沉浸感"等检索词为主题，筛选了体育旅游、探险旅游、反向旅游等多种旅游模式，旅游心理、旅游动机、旅游情绪等旅游心理特质，沉浸教学、沉浸艺术、人工智能等沉浸感场景。文献检索起止时间为 2000—2021 年，最终获取了 6 078 篇文献，其中 3 004 篇中文文献，3 074 篇英文文献。基于这些文献，从环境等因素探讨旅游参与心态等，梳理热点，关注智能化技术应用及与生理特征关联，强调人机合作影响，为研究沉浸式旅游新体验和新感受提供理论基础。

第三节　文献分布

文献的数量和发文时间是对研究领域发展趋势作出判断的重要依据。针对沉浸式旅游的相关文献，具体的刊发时间、刊发数量等统计结果如图 3-1 所示。从图中数据可以看出，2000—2010 年，沉浸式旅游模式研究在整体上处于平稳阶段，2010—2019年，进入了增长阶段，2019年后，开始跨入快速发展的阶段。进入21世纪以来，学术界对于旅游模式、旅游心理特征和沉浸感之间的底层逻辑研究的关注度日益提高，相关研究成果也不断增多。通过对旅游模式、旅游心理特征、沉浸感三类研究发展的时间脉络进行整理与分析可以发现，在沉浸式旅游模式下，旅游心理特质对游客沉浸感产生直接的正向影响，旅游模式通过游客心理特质对游客沉浸感产生间接影响。

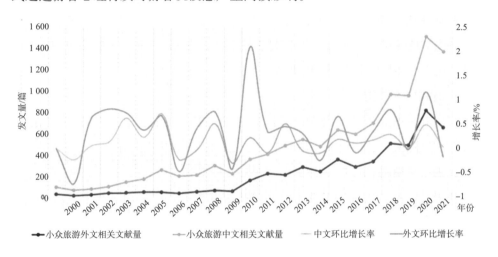

图3-1　国内外沉浸式旅游相关文献数量及年代分布

第四节　研究方法

文献检索是学术研究的重要环节之一，它涉及如何有效地查找相关文献。以下是一些常用的文献检索方法。

1. 关键词搜索

确定研究主题后，列出与研究主题相关的关键词，并使用这些关键词在数据库中进行搜索。关键词的选择应当准确反映研究主题，有时需要根据初步搜索结果调整关键词。

2. 数据库选择

根据研究领域选择合适的数据库，如 Web of Science、Scopus、PubMed、ERIC、JSTOR 等。每个数据库覆盖的领域和收录的文献类型有所不同。

3. 高级搜索

大多数数据库提供高级搜索功能，允许用户通过设置不同的参数来细化搜索结果，如发表时间范围、文献类型（期刊文章、会议论文）、语言等。

4. 雪球抽样法

从已知的相关文献出发，通过阅读参考书目或文献综述部分找到更多相关的文献。这是一种扩展文献列表的有效方法。

5. 谷歌学术搜索

谷歌学术搜索虽然不是专业数据库，但涵盖了大量的学术资源，包括期刊论文、学位论文、会议论文、预印本等，是一个不错的补充资源。

6. 图书馆资源

许多大学和公共图书馆拥有丰富的电子和纸质资源，通过图书馆的在线目录系统可以访问这些资源。

7. 专家咨询

直接咨询领域内的专家也是一个获取重要文献的有效方法。专家可能会推荐一些尚未公开或非常专业的资料。

8. 系统性搜索

对于系统评价和元分析等需要全面覆盖相关文献的研究来说，需要制定更为系统性的搜索策略，确保尽可能多地包含所有相关研究。

进行文献检索时建议将多种方法结合使用，以确保检索结果的全面性和准确性。同时，合理组织和管理检索到的文献也很重要，可以使用文献管理软件，如 EndNote、Zotero、Mendeley 等来帮助整理文献。

本研究在 TopN 统计基础上，利用 CiteSpace 结合文献计量学方法，分析沉浸式旅游相关研究领域的核心发文期刊和文章，进行高频关键词统计和分析。

第五节　关键词分析

关键词是对文献核心内容的整合与提炼，其出现频率和次数、关联度、突显性等可以反映该领域的研究热点与内在联系。通过CiteSpace的关键词共现和聚类可以分析旅游模式同旅游心理特征和沉浸感之间关系的研究主题和研究热点。本书以相关主题进行搜索，确定关键词，并对高频关键词进行共现和聚类分析，从而得到旅游模式与旅游心理特质和沉浸感之间关系研究关键词的共现图谱和聚类图谱。

一、国内外研究关键词共现分析

1. 国内研究关键词共现分析

本书将3 004篇中文文献根据关键词进行共现分析，通过CiteSpace软件生成了关键词共现图谱，共包含295个节点、847条连线，网络密度为0.019 5。整体来看，图中散落的节点较少，联系较紧密，表明国内沉浸式旅游领域的研究热点相对集中。其中，国内研究中最大关键词节点为体育旅游、虚拟现实、沉浸式、融媒体，同时，旅游动机、乡村旅游、主题乐园、红色旅游、态度、黑色旅游等关键词较为突显，说明国内沉浸式旅游模式侧重于旅行过程的体验研究。目前，国内旅游模式、心理特征、沉浸感研究逐步趋于成熟，最突出的关键词节点是体育旅游，其次是虚拟现实、沉浸式、融媒体、旅游动机等关键词，侧重对体育旅游的沉浸研究。

2. 国外研究关键词共现分析

本书将3 074篇外文文献根据关键词进行共现分析，共包含187个节点、323条连线，网络密度为0.018 6。整体来看，散落的节点比较少，联系较为紧密，表明国外旅游模式、心态、沉浸领域的研究热点相对集中。其中，国外研究中最大关键词节点为virtual reality、dark tourism、augmented reality、immersive virtual reality，而immersive technology、360° videos、cognitive psychology、auditory hallucination、art exhibition等关键词较为突显，说明国外旅游模式侧重沉浸式旅游研究。目前，国外在旅游模式、心理特征、沉浸感领域研究逐步趋于成熟，最突出的关键词节点是 virtual reality，其次是 dark tourism、augmented reality 等关键词，侧重对 virtual reality market 研究。

二、国内外研究关键词聚类分析

1. 国内研究关键词聚类分析

本书将 3 004 篇中文文献根据关键词进行聚类分析，通常，聚类模块值 Modularity Q（Q 值）大于 0.3 时聚类结构显著，聚类平均轮廓值 Silhouette（S 值）大于 0.5 时表明该图谱聚类合理，且 S 值越接近 1 反映网络的同质性越高。根据分析结果，Q 值为 0.636 3，Q 值大于 0.3 表明聚类具有显著的结构作用，说明分类形式合理；S 值为 0.757 5，表明聚类关键词相似，聚类结果准确合理。同时，国内研究关键词聚类分为 5 个重点研究群组，分别为 #0 虚拟现实、#1 旅游动机、#2 体育旅游、#3 态度、#4 社区居民，这些群组之间存在一定的交叉和重叠部分。

进一步整理信息可知，最大的两个聚类分别为 #0 虚拟现实和 #2 体育旅游，围绕其开展研究的文献最多。同时"融媒体""交互设计""沉浸感""乡村振兴""产业融合""体育产业""沉浸式"等关键词之间具有紧密的联系。从紧密程度来看，#1 旅游动机和 #3 态度的聚类联系较为紧密，表明旅游模式、心理特征、沉浸感的相关研究中关于"心态"方面的研究是研究主题和研究热点。

2. 国外研究关键词聚类分析

本书将 3 074 篇外文文献根据关键词进行聚类分析，得到 Q 值为 0.845 1，说明分类形式合理；S 值为 0.912 1，表明聚类关键词相似，聚类结果准确合理。同时，国外研究关键词聚类有 7 个重点研究群组，分别为 #0virtual reality、#1zahaHadid architects、#2dark tourism、#3digital content、#4national tourism organization、#5altitude of tourism、#6factors affecting，可以看出这些群组之间存在一定的交叉，但交叉部分相对于国内较少，大部分不存在重叠。

进一步整理信息可知，最大的两个聚类分别为 #0virtual reality 和 #1zahaHadid architects，围绕其开展的研究文献最多。同时"positive technology""transfor-

mative technology""mixed reality""augmented reality""carbon fiber re in force"
"360° videos"等关键词之间具有紧密的联系。从紧密程度来看，聚类联系较为
稀疏。

综上所述，针对旅游模式、心理特征、沉浸感等关键词，从共现图谱、聚
类图谱分析可知，2017—2023年，不仅国内外沉浸式旅游研究的热点越来越
多，而且研究沉浸式旅游的学者也越来越多，具体的研究呈现出多样化（四大
层次）和复杂化（七个聚类群体），其中以体育旅游、沉浸感、旅游动机和旅游
产业发展等主题为主。学者们对相应的主题进行了扩散式的创新研究，如以
"沉浸感"这一聚类为例，该聚类已拓展至教学、数字化、交互设计等方向的研
究。到目前为止，学术界在沉浸式旅游模式下的旅游心理特征和沉浸感研究方
面有一定的进展，但对旅游模式、心理特征、沉浸感的研究方法和研究模式还
需精细和深化。

第六节　结论与评述

通过梳理旅游模式、旅游心理特征、沉浸感相关研究文献，并分析关键词
图谱，归纳出国内外研究热点。国内研究热点可分为体育旅游、虚拟现实、沉
浸式、融媒体等方面，国外研究热点主要关注virtual reality market、virtual reality、
dark tourism、augmented reality、immersive virtual reality等方面。

一、文献研究结论

1. 国内文献研究结论

对CNKI沉浸式旅游模式的游客心理特征和沉浸感文献的关键词进行分析的关
键词聚类图谱中，结果显示一共出现了五个聚类。根据研究领域的聚集情况和走势
趋向分析，结合文献阅读，国内的相关研究重点主要集中在以下三个方面。

（1）环境与态度研究

近年来，学术界围绕着环境治理、环境态度和环境行为等视角展开了精细
化研究，环境意识与行为领域研究的专业化和深入化有助于更好地了解研究主

体与环境交互作用的本质，以及如何促进可持续发展。学术界大多数研究也验证了游客亲近自然的旅游动机会影响游客的环境态度和环境责任行为。罗治得也提出，亲近自然的旅游动机越强烈，其环境责任行为会越强烈。

（2）旅游动机满意度研究

对游客重游意愿的研究成为国内外乡村旅游研究的重要分支，现有研究主要集中在目的地形象、旅游满意度、旅游动机、价值感知等方面。曲颖等总结了影响游客对目的地忠诚度的多个变量，其中按重要程度排序，依次为满意度、旅游动机、感知价值和目的地形象等。因此可以通过提高游客在目的地停留期间的满意度与服务质量以及价值感知等来增强游客重游意向。

（3）旅游感知研究

随着互联网的高速发展，游客通过网络平台发布的游记、点评等都会被记录下来，这成为研究旅游感知与行为体验数据的新来源。

2. 国外文献研究结论

对国外沉浸式旅游模式的心态和沉浸感文献的关键词进行分析的关键词聚类图谱中，共呈现出七个聚类图谱。根据相关研究领域的聚集情况和趋向，并结合文献阅读，国外的研究重点集中在以下三个方面。

（1）虚拟现实（VR）技术及其应用

我们将VR视为人与人之间的交流过程。通过计算机系统介导，使用交互、可视化和其他感官刺激来传达信息。尽管VR最初是面向游戏销售的，但在各个行业和领域仍有许多潜在和现有的VR应用，包括教育、培训、模拟，甚至是运动和医疗保健领域。VR技术在许多方面改变了旅游和休闲行业，特别是自电子旅游时代到来以后，其革命性的分销系统和市场，改变了进入壁垒并提高了生产效率。

（2）黑色旅游中的情绪研究

近年来，黑色旅游及其影响在理论研究和实践中都得到了极大的重视。了解与游客和当地东道主有关的黑色旅游的过程和结果可以在两类人之间的关系中发挥关键作用。死亡的场所也可以成为精神转化场所。近年来，地理和旅游研究中的"情绪"转向要求对这些地方的共同激活和混合情绪的影响进行更多的研究，消极情绪体验也具有拓展和建构的潜力，但它们不能像积极的情绪体验那样直接拓宽人的思想和增加生活的意义。

（3）沉浸理论视角下的体验研究

沉浸体验，也称心流体验，是指人们对某一活动或事物表现出强烈兴趣并且完全投入其中，使人们产生积极情绪的体验。我们获得体验的媒介形式并不能决定我们是否拥有体验，但我们因体验而获得的知识可以永久地嵌入我们体内，即使是短暂的虚拟互动也可以改变一个人的情绪状态，从而将这种状态带回现实世界。在过去的三十年里，各个领域都在一定程度上依赖沉浸式数字体验在物理世界中的可转移性，并将其应用于培训、教育、治疗和旅行中。

二、文献研究评述

在旅游研究中，国内外对于沉浸式旅游的研究内容和方法各有不同，但都关注了虚拟现实和心态特点。在研究内容上，国内研究主要关注了游客的动机、体验感受等方面；同时，还有研究关注了旅游地居民对游客的态度和反应，探讨了居民与游客之间的相互影响和作用。国外研究不仅在国内研究基础上关注了 the motivation of tourists、experience and feel 等方面，还探讨了游客与当地居民之间的关系和互动（the relationship and interaction between tourists and local residents）。

第七节　本章小结

综上所述，利用CiteSpace进行旅游研究的可视化分析，不仅有助于深入理解旅游领域的知识，而且能够有效地捕捉到研究趋势和热点话题。这种方法为学者们提供了一个全新的视角，使得跨学科的合作与交流变得更加容易。同时，对于旅游业的实际从业者而言，这样的分析结果也极具参考价值，可以帮助他们及时调整市场策略，把握行业动态。未来，随着更多元化数据源的整合和技术的进步，CiteSpace在旅游研究中的应用将会更加广泛和深入，进一步促进旅游学术界与产业界的协同发展，推动旅游业向着更加智能化、个性化和服务化的方向迈进。

第四章　旅游模式研究案例

　　随着生活水平的不断提高，人们对生活品质也有了更高的追求，旅游便成为人们休闲娱乐、丰富人生体验的重要方式。近年来，各种新型旅游模式不断涌现，为旅游市场注入了新的活力。本章将聚焦体育旅游、探险旅游、自驾旅游、文化旅游和反向旅游这五种各具特色的旅游模式，深入探讨其发展现状、特点及未来趋势。

　　在当今快节奏的生活中，人们对于旅游的需求不再仅仅局限于传统的观光游览。体育旅游将体育运动与旅游相结合，让游客在欣赏美景的同时，还能参与各种体育活动，满足了人们对健康生活方式的需要。探险旅游则为那些渴望挑战自我、探索未知的游客提供了机会，旅途过程充满刺激与冒险。自驾旅游以其自由灵活的特点，深受喜爱自由出行的游客青睐。文化旅游让人们深入了解不同地区的历史文化和传统习俗，丰富精神世界。反向旅游作为一种新兴的旅游模式，引领人们避开热门景点的拥挤，去发现那些小众而独特的地方。通过对这些旅游模式的研究，我们将更好地理解旅游市场的发展动态，研究成果也可为旅游产业的创新和可持续发展提供参考。

第一节　体育旅游

　　体育旅游作为一种独特的旅游模式，近年来在旅游业中逐渐崭露头角。本节聚焦于探讨体育旅游的发展现状与趋势。首先，回顾了体育旅游的发展历程，并分析了其从最初的简单体验到现今多元化、个性化发展的过程。其次，

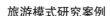

探讨了体育旅游对旅游业的影响，突出其在目的地吸引力、游客体验以及旅游收入增长等方面的重要作用。本节还对体育旅游发展的重要性和前景进行了系统性探讨，强调了其在旅游业中日益突出的地位，并对未来的相关研究和实践进行了展望。

随着社会经济的不断发展和人民生活水平的提高，人们更加注重个人身心健康。党的二十大报告强调了积极推进健康中国建设的重要性，国家也相继出台了支持体育旅游发展的相关政策。人们对体育活动的参与意识不断增强，追求健康、高质量生活的愿望日益凸显。体育旅游作为现代旅游业中的一个新兴模式，结合了体育运动和旅游体验。它不仅能够满足个体对身体锻炼和挑战的需求，还提供了探索新地点、体验不同运动项目的机会。尽管体育旅游相关研究逐渐受到关注，但国内外关于体育旅游研究的成果依然比较匮乏，无法全面地总结相关研究进展。因此，本书将在对国内外体育旅游相关研究文献进行梳理的基础上，比较和评述国内外体育旅游领域的研究进展和成果。同时，也将对我国未来体育旅游研究的发展提出几点展望，希望为未来相关研究提供理论上的指导和参考。

一、体育旅游的定义

体育旅游是一种将体育活动与旅游相结合的新型旅游模式。它通常具有以下几个方面的特点。①目的性：参与者主要是为了体验或参与某种体育活动而前往特定的旅游目的地。②活动性：体育旅游强调身体活动，如徒步、登山、骑行、滑雪、潜水等，这些活动通常是旅游体验的核心内容。③健康性：体育旅游倡导健康的生活方式，通过参与体育活动，增强体质，提高健康水平。④休闲性：体育旅游也是一种休闲方式，通过体育活动达到放松身心、愉悦心情的目的。⑤观赏性：体育旅游也包括观赏体育赛事，如奥运会、世界杯等大型体育活动，游客前往举办地观看比赛，同时享受当地的旅游资源。

体育旅游的定义可以概括为：以体育活动为主要内容，以旅游为载体，以增进身心健康、体验体育文化、享受体育休闲乐趣为目的的旅游活动模式。这种旅游模式不仅能促进体育产业的发展，还能推动旅游业的多元化发展，对提升国民身体素质和丰富国民精神文化具有重要意义。

二、数据来源与分析方法

利用中国知网（CNKI）数据库检索中文文献，以"体育旅游"为主题，文献主要来源于《体育科学》《体育学刊》《当代体育科技》《体育科技文献通报》《体育文化导刊》等期刊，检索截止时间为 2023 年，最终获取了 300 篇中文文献，200 篇英文文献。借助 CiteSpace 软件，绘制体育旅游研究文献数量及年代分布、关键词共现与关键词聚类等知识图谱，并结合图谱综合论述体育旅游的研究进展及研究热点。

三、总体研究进展

1. 文献历时分布

国内外体育旅游文献数量及年代分布情况如图 4-1 所示。国外对于体育旅游的研究起步较早，可追溯至 1974 年。从研究文献数量上看，1974—1997 年，国内外鲜有关于体育旅游的研究文献，国外每年不超过 2 篇，这一阶段处于初步探索阶段，发文量仅占总数量的 0.02%；2011—2023 年，国外研究年度载文数量明显增加，约占总数量的 97.12%。这一阶段国外研究侧重于体育旅游发展，研究方向多以旅游市场为主；研究视角逐渐多元化，除了传统的以体育活动为主，还出现了对体育消费目的（如减肥、健身、保健、享受）等方面的研究，基本形成了较为完善的体育旅游研究体系。国内层面的研究起步较晚，1991—1997 年有部分年份年发文量超过 2 篇，从 2000 年开始，国内研究文献数量迅速增加，特别是从 2004 年开始，年发文量过百，2004—2023 年发文量占总发文量的 92.41%。2008—2023 年，国内体育旅游研究的年发文量都超过了 400 篇。随着国内体育旅游发展逐渐加快，体育旅游学的任务一方面要根据社会发展的需要，创建自己的理论体系；另一方面又要服务于体育产业和旅游事业的发展，服务于社会主义物质文明和精神文明的建设事业。

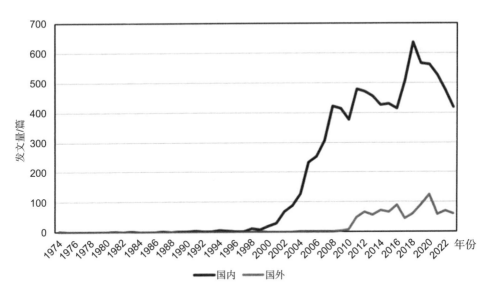

图4-1　国内外体育旅游文献数量及年代分布

2. 研究方法

文献计量学是一门定量性和实用性很强的学科，无论是理论研究还是实际应用，都必须要有一定规模的数据支撑。本研究所使用的数据来源于CNKI数据库，为保证查全率与查准率，以"体育旅游""体育""旅游"作为检索词，进行关键词字段的精确检索，不限定期刊类别，时间限定为1974—2023年，除去非研究性文献，最终得到的有效文献即为本研究的样本。通过CiteSpace结合文献计量学方法分析体育旅游研究领域的核心期刊，进行知识元多维统计分析和高频词统计。

3. 研究关键词

关键词可以快速、准确反映文章的主题，它在某一领域文献中出现的频次在一定程度上反映了该领域的研究热点。通过CiteSpace软件生成了关键词共现图谱。国外论文关键词共现图谱共包含147个节点、257条连线，网络密度为0.023 7；国内论文关键词共现图谱共包含215个节点、812条连线，网络密度为0.025 1。整体来看，散落的节点较少，联系较紧密，表明国内外体育旅游领域的研究热点相对集中。其中，国外研究中最大关键词节点为 major sport events、sport tourism experience、destination branding、health、health tourism、impact、community relationships、satisfaction、sports tourism behaviour、resource evaluation 等，说明国外体育旅游侧重对消费者的研究。目前，国内体育旅游研究逐步趋于成熟，最突出的关键词节点是体育旅游，其次是体育产业、体育产品创新等关键词，侧重体育旅游市场研究。

为了进一步掌握国内外体育旅游研究方向，我们对高频关键词进行了聚类分析。主题 management system、sport tourism experience、health care、sports tourism development 类团面积较大，说明在国外体育旅游相关研究文献中这些是主要的研究主题。国内论文关键词聚类图谱则展示了体育旅游、体育产品、体育赛事旅游、发展战略、生态、旅游产业融合等关键词聚类图谱，其中体育旅游、体育产品、体育赛事旅游的类团面积较大，是国内体育旅游的主要研究方向。

四、国内外研究热点

我们通过梳理体育旅游研究文献，并分析关键词图谱，归纳出国内外研究热点。国内研究热点可分为体育旅游资源与市场的开发利用、体育旅游的历史演变与未来发展战略、体育旅游管理人才的培养、政府体育旅游政策变迁及运作等方面；国外研究热点主要包括体育旅游消费者行为、体育旅游管理体制、体育旅游可持续发展等方面。

（一）国内研究热点

1. 体育旅游资源与市场的开发利用

本研究采用文献资料法对旅游资源进行了初步了解，并对体育旅游文献进行整理。以张春霞等的《基于 CiteSpace 的国内外生态旅游开发的知识图谱分析》、郑文俊的《基于旅游视角的乡村景观吸引力研究》等一系列文章为例，分析得出：对旅游资源的开发使得旅游资源优势得到展现，并由此形成了观赏与

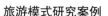

体验相结合的运营方式。这对各民族文化传承具有重要意义，同时也实现了经济效益与社会效益的统一。

2. 体育旅游的历史演变与未来发展战略

经过仔细研读、归纳整理300篇相关文献之后发现，高敏的《我国体育发展战略的历史演变与未来走向》、林章林的《我国体育旅游的发展历程、现实困境与对策建议》等文章着重提到体育旅游历史演变与未来发展战略，指出我国竞技体育经历了由"体育大国"转变成"体育强国"的重大转折。在20世纪90年代后，"体育强国"发展战略的确立，使得我国体育事业进入了全新的发展阶段，为之后我国体育事业发展指明了方向，也为我国体育事业重新确立发展思路、发展重点以及工作重心提供了依据。

3. 体育旅游管理人才的培养

通过对上述300篇文献进行分析得出：体育旅游管理人才的培养也成为一个热点。尤其体现在王倩的《多维度完善体育管理人才的甄选》、郑雷的《大众健身背景下社会体育指导与管理人才培养研究》、符婷婷的《体育产业经营管理的改革与创新策略探究》等文章。体育旅游相对于传统旅游，需要经营者有更高的市场把握度与体育的专门知识。通过学历教育与在岗培训教育相结合的方式培养体育旅游人才，同时要有目的、有计划地结合自身的条件引进体育旅游人才。通过建立体育旅游人才体系，来促进我国体育旅游事业的发展。

4. 政府体育旅游政策变迁及运作

通过对刘贝等的《"一带一路"体育旅游融合发展的政策研究——基于政策工具、政策主体和政策客体的分析框架》、陈蓉的《四川省体育旅游产业融合发展：政策趋向、演进逻辑和高质量发展路径》等一系列文章进行分析，发现政府体育旅游政策变迁及运作也是我国体育旅游发展相关研究的一个热点。上述文章指出，我国体育旅游产业目前处于快速发展阶段，并且体育旅游产业政策对体育旅游产业的发展具有显著的促进效果。尽管对体育旅游政策的研究处于起步阶段，相关研究成果较少，我们相信，随着相关研究的不断持续深入，将来会有许多新的看法涌现。

（二）国外研究热点

1. 体育旅游消费者行为

对体育旅游消费者行为的研究涉及消费者的需求，如 Sammy Bredar 的 "Catering to comsumer demand"，偏好如 Serletis Apostolos 的 "Consumer preferences" "the demand for Divisia money" "and the welfare costs of inflation" 等多个方面。以 Wan Huizhen 的 "Behavior of sports tourism consumers based on cloud computing and mobile big data"，Jing Li 的 "Study on tourism consumer behavior and countermeasures based on big data" 等文章为例，研究发现体育旅游消费者越来越注重旅游体验和文化交流，同时，对旅游产品的专业性和品质要求也越来越高。

2. 体育旅游管理体制

体育旅游管理体制是确保体育旅游资源合理开发、有效利用的重要保障。国外学者对体育旅游管理体制的研究主要集中在政府角色，如 Raymond Rastegar 的 "Tourism and justice: rethinking the role of governments"；行业协会发展，如 Qian Wu 的 "Research on the mechanism of tourism industry association-oriented crisis management"；企业管理，如 Wei Qian 的 "The implementation of leisure tourism enterprise management system based on deep learning" 等文章。

3. 体育旅游可持续发展

体育旅游可持续发展是当前研究的热点问题。国内外学者从环境保护、资源利用、社会文化等多个角度对体育旅游可持续发展进行了研究。通过查阅 Krongthong Heebkhoksung etc. 的 "A new paradigm of a sustainability-balanced scorecard model for sport tourism"，Barbara Mazza 的 "A theoretical model of strategic communication for the sustainable development of sport tourism" 等文章发现，实现体育旅游可持续发展需要平衡经济、环境和社会三者之间的关系。

国内外体育旅游研究涉及多个领域，取得了许多研究成果。然而也存在一些不足之处，例如对新兴体育旅游形式和交叉学科的研究尚不充分，研究方法和手段有待进一步丰富等。未来研究可以进一步拓展体育旅游的内涵和外延，深化对体育旅游消费者行为和管理体制等方面的研究，为实现体育旅游可持续发展提供理论支持和实践指导。

体育旅游作为一种独特的旅游模式，近年来越来越受到人们的关注。随着国内外体育旅游市场的不断扩大，相关研究也日益增多。

五、评述与展望

（一）研究评述

整体上，学术界在休闲旅游方面的相关研究已取得较为丰富的成果，研究视角多样化，研究层次逐渐深化，为后续的研究提供了坚实的基础。国外康养旅居研究较为系统，国内相关研究仍处于初步探索阶段，存在欠缺与不足。

在研究内容上，国内外研究侧重点不同。国内重视对康养旅居资源分布、康养旅居产业发展、康养旅居地建设、康养旅居者行为及影响因素的研究；国外侧重于康养旅居市场与产品开发、康养旅居的影响、康养旅居地发展、康养旅居者的行为与动机的研究。相较于国外研究，国内研究以康养旅居为主题进行研究的文献比较少，相关研究注重在地性供给，对人性需求的研究较少。国内学者多从管理者的视角出发，研究成果侧重于康养旅居资源、产品等供给侧研究以及产业发展的可行性分析，缺乏基础理论研究，呈现重实践轻理论的趋势，尚未形成完善的理论框架。

在研究方法上，国外注重定性研究和定量研究相结合，其中运用定量研究较多，所获取的研究数据较为翔实，在理论体系和实践研究方面都比较完善。国内研究主要体现在对康养旅居的宏观理论上的描述性分析，虽取得初步的研究成果，但和国外相比，大部分研究停留在定性阶段，实证研究较少，研究的广度和深度仍存在较大差距。

（二）研究展望

休闲旅游作为一个集旅游、医疗、休闲、养老、地产等于一体的新兴综合服务产业，不仅满足了居民康养和旅游等多种需求，也为推动我国旅游产业与房地产业转型升级提供了可行路径。通过回顾国内外康养旅居研究进展，对我国今后休闲旅游研究提出以下几点研究展望。

1. 丰富康养旅居研究视角

目前，关于康养旅居的研究仍局限于旅游领域，研究范围和研究层次比较浅显，研究深度相对不足。因此，未来国内研究可以借鉴国外康养旅居的研究思路并不断创新，注重加强基础理论研究，结合医学、心理学、地理学、社会学等学科视角，以便为康养旅居发展提供更多元、更深层次的理论支持，完善康养旅居研究体系。

2. 拓展康养旅居研究对象

近年来，国内研究逐渐关注康养旅居对个体的影响，但大部分实证研究聚焦于老年群体，鲜有研究青年和中年群体。未来研究应该进一步拓展研究对象，将不同年龄段和身心状态的人群纳入研究对象，从不同角度深入了解康养旅居群体。例如，结合社会情绪选择理论，对此进行深入挖掘，关注情绪调节、社会交往以及其他心理评估过程对旅居意向与决策的影响机制；也可将研究内容拓展到跨区域身份认同、老年家庭心理建构、社区运作模式、多居所生活方式、旅游与迁移的时序转化、旅居者政治权利等方面。

3. 深化康养旅居产业研究

国内研究中，虽然在康养旅居市场和产品开发、资源分布及影响、目的地发展康养旅居产业的可行性等方面取得了一些进展，但关于这几个方面的创新研究，还需要进一步深入挖掘和探索。多数研究主要从供给侧、产业融合等比较宏观的角度分析康养旅居发展现状，构建产业发展模式，缺乏微观视角的研究。未来研究一方面需要探索、发展多种业态和模式，以满足市场的多元化需

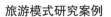

求；另一方面可以从旅居群体的行为特征、情感体验、康养旅居人地关系等微观视角为切入点深化康养旅居发展研究。

4. 创新康养旅居研究方法

定性研究是我国康养旅居研究的主要方法，以致研究结果主观性较强，虽然有少部分定量研究成果，但还处于初级定量阶段，缺乏创新性。在研究方法的多样性和跨学科性方面存在不足，一定程度上不利于康养旅居的发展。因此，在未来研究中，国内学者应融合多学科理论，综合应用质性研究、数理统计和网络数据挖掘等方法，全面拓展康养旅居资源和产品研究的广度和深度。

第二节　探险旅游

在当前旅游产业蓬勃发展的背景下，探险旅游作为体育与旅游融合的新业态，备受社会各界关注。本研究通过搜集国内外探险旅游相关文献，采用文献计量和可视化方法，梳理、比较国内外相关研究进展和研究热点。国内外探险旅游研究热点存在较大差异，国外研究专注于探险旅游活动的环境影响及环境保护研究，国内研究专注于探险旅游者的体验及满意度研究。

随着我国旅游业的迅猛发展，旅游的形式也逐渐多样化，旅游业成为许多地区经济的重要组成部分乃至支柱产业。探险旅游作为一种新兴的旅游模式，在我国正迅速发展，并成为许多地方相关部门规划中不可缺少的项目。探险旅游相关研究逐渐受到关注，虽取得丰富的研究成果，但鲜有学者将国内外研究同时进行综述。因此，本研究将在对国内外探险旅游相关研究文献梳理的基础上，比较、述评国内外探险旅游的研究进展和成果，并对我国未来探险旅游研究提出几点展望，期望为后续相关研究提供一定的理论参考。

一、探险旅游的定义

探险旅游，又称为冒险旅游或探险旅行，是一种特殊的旅游模式。它是一类前往相对未知、偏远或具有挑战性的自然环境中，进行具有一定风险性和探索性的活动。探险旅游的定义可以从以下几个方面来理解。①挑战性：探险旅游通常包含身体和心理上的挑战，如极端气候、艰难地形、高海拔等。②探索性：参与者追求新奇的体验，探索未被大众熟知的地区或尝试不常见的活动。③风险性：与常规旅游相比，探险旅游可能涉及更高的风险，包括自然环境的不可预测性和可能发生的安全隐患。④专业性：探险旅游往往需要专业的装备、技能和知识，参与者需要接受特定的训练或具备相关经验。⑤自然性：探险旅游通常在自然环境中进行，如山脉、沙漠、极地、热带雨林等。

探险旅游是一种使参与者通过探索未知的自然环境和进行具有挑战性的活动，获得独特的体验和个人成长的旅游模式。这种旅游模式强调个性化和定制化的服务，以及与自然环境的亲密接触，通常需要专业的指导和充分的准备。探险旅游的种类繁多，包括但不限于以下几种：登山和攀岩、漂流和皮划艇、潜水和浮潜、骑行和摩托车旅行、跳伞和滑翔、极地探险、丛林探险等。

探险旅游对于追求刺激、冒险和个人挑战的旅游者具有极大的吸引力。

二、数据来源与分析方法

利用中国知网（CNKI）数据库检索中文文献，以"探险旅游""冒险旅游""探索旅游"等检索词为主题，检索截止时间为 2023 年 11 月 26 日，剔除报纸、会议、文件等文献，最终获取 888 篇中文文献。同理，在 Web of Science（WOS）数据库以"主题= adventure tourism or adventure travel or explore tourism & 文献类型= article or review & 语种= English"为条件进行英文文献的检索，共筛选出 410 份有效文献。本研究基于这 1 298 份文献进行分析和综述，借助 CiteSpace 软件，绘制探险旅游研究文献数量及年代分布、关键词共现与关键词聚类等知识图谱，并结合图谱综合论述国内外探险旅游的研究进展及研究热点。

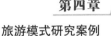

三、总体研究进展

（一）文献历时分布

国内外探险旅游研究历年期刊文献数量及分布情况如图4-2所示。国内探险旅游研究起步较早，可追溯至1987年。从研究文献数量上看，大体上呈缓慢增长趋势。2006年国内学者对探险旅游的关注度最高，相关研究文献数量快速增加，年度最高发文量达到了76篇，仅2006—2023年，发文量总和达到了663篇，约占总数量的75%。国外研究起步也较早，但文献数量少于国内。1987—2002年，国外几乎没有关于探险旅游的研究文献，这一阶段处于初步探索阶段；2002—2010年，国外研究年度发文数量较为平稳，约为总数量的3%，研究方向多以探险旅游为主；2010—2023年，国外探险旅游研究发文量呈波动之势，发文数量约占总数量的97%，研究视角逐渐多元化，除了传统的探险旅游，还出现了对攀登旅游、极限挑战等旅游形式的研究，基本形成了较为完善的探险旅游研究体系。

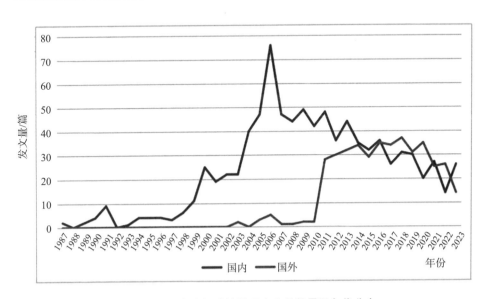

图4-2 国内外探险旅游研究文献数量及年代分布

（二）研究方法

通过梳理探险旅游研究文献发现，国内与国外研究探险旅游的方法多种多样。国内研究方法以定性研究为主，文献查找法和文本分析法是最常见的定性研究方法；定量研究比较少。国外研究有基于路网结构的探险旅游研究，还有基于协同边缘计算的探险旅游研究。本书采用的是文献综述法，运用CiteSpace的可视化分析方法对关键词进行共现和聚类分析。可视化分析方法包括数据收集和处理、选择合适的图表和图形、数据分析和可视化以及交互式可视化等方面。

（三）研究关键词

关键词可以快速、准确反映文章的主题，它在某一领域文献中出现的频次在一定程度上反映了该领域的研究热点。通过运用 CiteSpace 软件生成了关键词共现图谱，整体来看，其中散落的节点较少，联系较紧密，表明国内外探险旅游领域的研究热点相对集中。其中，国内研究的最大关键词节点为探险旅游、体育旅游、旅游产品、生态旅游等，说明国内探险旅游侧重冒险旅游研究。国外探险旅游研究中最密集的关键词节点是 adventure tourism、department of tourism、department of marketing、tourism product 等，说明国外对探险旅游的旅游部和旅游市场等较为关注。

为了进一步掌握国内外探险旅游研究方向，笔者对高频关键词进行了聚类分析。通常，聚类模块值 Modularity Q（Q 值）大于 0.3 时聚类结构显著，聚类平均轮廓 Silhouette（S 值）大于 0.5 时表明该图谱聚类合理，且 S 值越接近 1 反映网络的同质性越高。在关键词聚类图谱中，Q 值均大于 0.3，S 值均大于 0.8，说明可视化图谱的聚类结构效果明显且具有说服力。整体来看，探险旅游、大学生旅游、全域旅游、体育旅游面积较大，说明在国内探险旅游相关研究文献中这些是主要的研究主题。在国外，Adventure Tourism、Department of Politics、Department of Tourism、All-for-one tourism 等关键词较为显著，说明国外对探险旅游、体育旅游与全域旅游的研究较为积极。

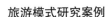
四、国内外研究热点

（一）国内研究热点

探险旅游作为新的旅游模式，最早出现在新疆。目前，我国已有浙江、江苏、福建、海南和新疆等多个省（自治区）开辟了探险旅游项目。其中西藏、四川、云南、新疆等地因其特有的人文环境和自然环境成为探险旅行家的"热土"。通过CNKI，共查找到相关文献235篇，经过筛选分析，发现我国目前对探险旅游的研究可以分为以下几类：

1. 大学生探险旅游

通过对探险旅游文献的查找，我们发现大部分都进行了大学生探险旅游的研究。其中，张小红等的《当代大学生旅游消费心理探讨》和洪艳的《当代大学生旅游消费行为分析》指出，一些大学生喜欢追求刺激和挑战，他们热衷于户外探索、探寻新奇与刺激的快感，希望走出舒适区挑战自我、超越自我。现代人的生活往往比较舒适和稳定，这让一些人会感受到某种程度的压抑和不适，因此，通过进行一些挑战性的活动，可以让他们挑战自己，习得一些能力和技巧，从而打破"舒适区"的限制。

2. 探险旅游发展对策

该对策是在广泛查找并研读相关文献后编写的，其中主要参考了《成都市大学生体育旅游发展现状及对策研究》与《探险旅游开发中的主要问题及对策研究》。研究发现探索旅游的对策主要有：①借鉴国外成功经验，形成具有本土特色的户外探险旅游产业。②纳入国家乡村振兴规划，满足国家与人民的需求。③构建户外探险运动标准体系，推出许可证制度，并科学设计与规划路线。④建造探险公园，培育知名探险目的地。⑤建造青少年儿童科普探险教育基地。⑥建造具有探险运动特色的商业综合体，通过探险运动赛事推广高质量农副产品。

3. 探险旅游市场细分

根据卢宇龙的《探险旅游的市场推广障碍与品牌创新》与于桂林、孙逸冰的《大学生旅游市场的现状及对策研究》，探索旅游市场主要参与者有两类。

（1）年轻人市场：年轻人是探险旅游的主要客源之一。年轻人具有较高的身体素质和较强的求知欲，他们渴望通过探险旅游来挑战自己的极限，以获得成就感和自信心。他们追求刺激的冒险活动，比如攀岩、潜水、滑雪等。探险旅游可以满足年轻人对冒险和挑战的需求，让他们感受到生命的无尽可能性。

（2）探险爱好者：探险爱好者是探险旅游的另一重要客源。他们对探险活动有着浓厚的兴趣和丰富的经验，渴望通过探险旅游来探索未知的领域，发现新的景观和文化。探险旅游提供的各种类型的探险活动，比如徒步穿越、沙漠探险、深海潜水等，可以满足探险爱好者对冒险和发现的渴望。

（二）国外研究热点

相比于国内探险旅游，国外探险旅游活动形式呈现出多样化的特点。在探险旅游的研究方法上，国外更注重以市场为导向的研究方法，其关于探险旅游的研究更注重于实际，同时侧重于市场需求，这跟国外的探险旅游作为一种产业发展得比较早有关。对国外探险旅游研究文献数量及年代分布、关键词共现与关键词聚类等知识图谱进行归纳集群，凝练成探险旅游市场研究、探险旅游安全保障机制研究、探险旅游可持续发展研究三个研究主题。

1. 探险旅游市场研究

根据文献研究可知，发达国家的探险旅游发展经历了三个阶段：从最初的高风险体育活动，逐渐发展至具有休闲性质的大众户外活动，再到探险旅游市场的发展。其次，参考《论旅游市场需求与旅游产品开发》中的数据，再将美国1994年的全国旅行调查报告与1997年的数据相比，发现户外探险活动有所变化，美国的探险旅游者更倾向于河流类活动和背包游。有学者的研究表明，探险旅游活动中，划竹筏和划皮艇是最受欢迎的，短途徒步和长途徒步位居其次。

2. 探险旅游安全保障机制研究

关于国外探险旅游安全保障机制的研究，主要参考了《探险旅游安全保障机制研究》《探险旅游安全管理研究进展》以及 "Adventure tourism market to

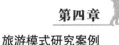

expect superlative growth"，发现国外已经建立了完备的意外事故保险和救援体系、健全的探险从业人员资格认证体系，有着标准化的风险管理流程以及广泛的户外探险教育等。

3. 探险旅游可持续发展研究

依据《国内户外探险旅游的发展现状及绿色开发研究》可知，户外探险旅游可以从完善相关法律法规、开发过程中注重可持续发展、树立正确的旅游观念等方面进行绿色开发，以实现环境与经济共赢。国外学者Morgan认为虽然自然和野外的环境在探险旅游中扮演了很重要的角色，但它仍不同于生态旅游，原因是探险旅游中通常都涉及了风险和挑战。依据王雨晨的《游客消极情绪具有积极作用吗？——基于国外旅游研究分析》可知，积极的心理因素在促进对自然环境的了解和建立人与自然的联系方面具有重要的作用，应将自然景观、独特的地质环境、体育设施、文化遗产等方面有机结合，从而实现探险旅游的可持续发展。

4. 其他研究内容

在众多研究探险旅游的国外学者中，有学者研究了探险旅游与衣服、时装和娱乐产业的关系。从经济角度看，它们关系紧密，特别是服装公司借助运动员及其特殊的生活方式，以更高的价格把衣服销售给追求时尚但并不一定运动的城市消费者，探险旅游是市场链条中的重要一环。国内学者张传统探讨了探险旅游俱乐部的未来发展模式，认为它是体验经济模式的最好实践舞台，其发展要实现与体验经济对接，并提出了探险旅游俱乐部发展的若干思路。

第三节　自驾旅游

本节以CNKI数据库为基础，以"自驾旅游"为检索关键词，从期刊、年份、学科、基金、关键词、作者、机构等方面对245篇国内外自驾旅游文献进行计量分析，并采用CiteSpace软件绘制信息可视化图谱。研究发现：我国自驾旅游相关研究起步较晚，相关文献数量较少、质量较低，学科分布较广；自驾旅游的研究焦点主要集中在自驾旅游游客人口社会学特征分析、消费行为和自驾旅游空间结构等方面。

随着社会经济不断发展，私家车数量的不断增多，道路条件的改善，人们对高质量出行的需求不断增加，旅游心理的日益成熟，自驾旅游正逐渐成为大众旅游的重要形式。近年来，自驾旅游成为人们旅游出行的首选方式，自驾旅游产品和管理更加成熟，自驾旅游理论研究也日渐发展起来。众多学者从不同角度对其进行了研究探讨，内容包括自驾旅游基础理论、市场、产品、目的地等诸多方面。其中，不乏专家学者对自驾旅游研究进行学术梳理。但在实际出行中，相关问题会伴随产生，例如游客行为、自驾旅游存在的问题等，这个时候需要合理的方法解决这些问题。基于此，本节采用文献分析法，对国内外自驾旅游研究进行系统的梳理。

一、自驾旅游的定义

自驾旅游，也称为自驾游，是一种旅游模式，指的是旅游者自行驾驶车辆（通常是汽车）前往目的地，并在旅途中自由安排行程、停留时间和活动内容的旅游方式。自驾旅游的定义可以从以下几个方面来理解。①自主性：自驾旅游者可以自主选择旅游路线、停留地点和时间，不受旅行社或团队行程的限制。②灵活性：自驾游的行程可以根据个人喜好、实际情况或即兴想法进行调整，具有很高的灵活性。③便捷性：自驾旅游可以随时停靠，方便旅游者欣赏沿途风景、拍照留念或休息。④舒适性：自驾旅游可以让旅游者根据自己的习惯和需求携带所需物品，提供相对舒适的旅行环境。⑤体验性：自驾旅游能够让旅游者更深入地体验当地的风土人情，享受旅途中的自由与冒险。

自驾旅游强调个性化和自由化的旅行体验，适合喜欢自由行、探索未知和享受驾驶乐趣的旅游者。自驾旅游的类型多样，包括短途周末游、长途跨国游、户外探险游、家庭亲子游等，旅游者可以根据兴趣和时间安排进行选择。随着汽车保有量的增加和道路网络的完善，自驾旅游已成为越来越受欢迎的旅游方式。

二、数据来源与分析方法

在中国知网（CNKI）数据库检索文献，以"自驾游""自驾游路线""自驾游发展""自驾游游客"等检索词为主题，来源类别勾选"全部"，检索时间截至 2023 年 12 月 10 日，剔除报纸、会议、文件等文献，最终获取 191 篇中文文献；同方法进行英文文献的检索，最终获得 54 篇英文文献。本节基于这 245 份文献进行综述，借助 CiteSpace 软件，绘制自驾旅游研究文献数量及年代分布、关键词共现等知识图谱，并结合图谱综合论述国内外自驾游的研究进展及研究热点。

三、总体研究进展

（一）文献历时分布

国内外自驾旅游的研究文献年度发文量如图 4-3、图 4-4 所示。国内自驾旅游路线研究文献起步可追溯至 2002 年。从 2004—2012 年，国内关于自驾旅游的研究处于一个相对平稳的时期；在 2012—2017 年，关于自驾旅游的研究达到了顶峰，年度发表文献数量达到了最大值；而在 2019 年以后，由于新冠肺炎疫情的影响，旅游行业受挫，导致对于自驾游的研究也逐渐减少。国外自驾旅游文献发表从 2012 年开始，直到 2018 年达到峰值，随后开始下滑。

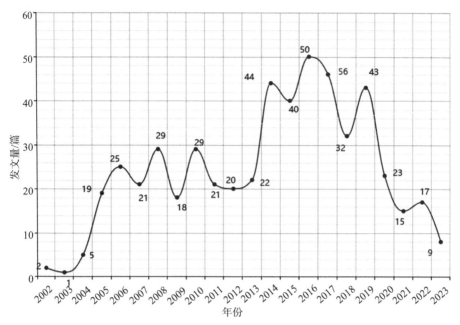

图4-3　中文文献发表年度趋势

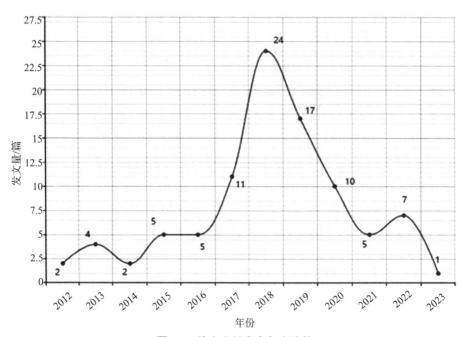

图4-4　外文文献发表年度趋势

（二）研究方法

通过梳理自驾游路线研究文献发现，国内研究方法大多以定性研究为主，文献查找法和文本分析法是最常见的定性研究方法；定量研究比较少。国外研究有基于路网结构的自驾游研究，还有基于协同边缘计算的自驾游路线研究方法。本节文献综述主要采用文献参考法，利用CiteSpace软件绘制出中外文献的关键词共现以及聚类图谱，分析国内外自驾游研究的热点。

（三）研究关键词

关键词可以快速、准确反映文章的主题，它在某一领域文献中出现的频次在一定程度上反映了该领域的研究热点。通过运用CiteSpace软件生成了国内外自驾游研究关键词共现图谱以及关键词聚类图谱。

国内研究文献中，自驾游、影响因素、满意度、发展模式、营销策略等关键词较为突出。这反映了国内对自驾游的研究更多的是以其本身定义、消费者满意度以及游客体验等方面为重点。国外文献研究的关键词节点以travel、created、market以及如Nissan、Toyota、Volvo等汽车品牌为主，这反映出国外对于自驾游的研究主要集中在旅游以及市场方面，主要是旅游创新、自驾游所用的交通工具等。

从国内文献关键词聚类图谱可以看出，国内关于自驾游的研究热点集中在自驾游、全域旅游、自驾游客、旅行社、旅游线路等。从国外文献关键词聚类图谱可以看出，国外关于自驾游的研究热点集中在自驾游出行的需求、目的地和线路等。

为了进一步掌握国内外自驾游研究方向，现对高频关键词进行聚类分析。通常，聚类模块值Modularity Q（Q值）大于0.3时聚类结构显著，聚类平均轮廓Silhouett（S值大于0.5时表明该图谱聚类合理，且S值越接近1反映网络的同质性越高）。在关键词聚类图谱中，Q值均大于0.3，S值均大于0.8，说明可视化图谱的聚类结构效果明显且具有说服力。

四、国内外研究热点

在本研究所参考的191篇中文文献中，大部分都提到了旅游方式及游客特征；在本研究所参考的54篇英文文献中，有三分之二都提到了tracel、created、market等关键词，均描述了自驾游的发展。在本研究所参考的文献中，关于自驾旅游者特征的研究文献占到了总量的四分之一，对自驾游目的地形象的研究有8篇。

通过梳理自驾游研究文献，并分析关键词图谱，归纳出国内外自驾游的研究热点。国内研究热点可分为自驾游的影响因素、自驾游游客的旅游偏好特征分析、自驾游存在的问题、自驾游今后的发展对策等方面；国外研究热点主要分为自驾游的发展历程、游客的特点、目的地形象以及出行工具及路线等的研究。

（一）国内研究热点

1. 自驾游的影响因素

杨鹏的《我国自驾车旅游游客特征及发展问题的分析研究》中指出，影响自驾游最深的是人们的收入水平，自改革开放以来，中国经济一直保持着较快的增长。其次是汽车消费环境，全国私人拥有汽车数量激增。随着旅游市场不断成熟，"新型"旅游者一般具有较高的学历、宽阔的眼界、丰富的阅历和旅游经验、中高档的收入。他们已经不再满足于走马观花式的观光旅游，而是更注重身心的享受和旅游的质量，因此，自驾游自然成为了首选。此外还有交通、治安、旅游条件等也对自驾游有着重要影响。

2. 自驾游游客的旅游偏好特征分析

在旅游目的地选择上，有80%的旅游者向往自然风光和风景名胜，对城市文化景观和其他类型的旅游地选择仅占20%。曹新向、雒海潮在《我国自驾车旅游市场的开发》中指出，这主要是因为自驾车旅游者多生活在大都市，很希望暂时远离喧嚣的生活环境，寻求一种回归自然的享受，获得身心的放松和娱乐。

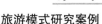

3. 自驾游存在的问题

国内学者对于自驾游存在的问题的主要研究方向有以下几点：道路交通状况、天气条件、车辆状态、路线的选择、自驾游游客的精神状态。

刘欢的《国内自驾游研究进展》认为，自驾车旅游基础设施方面较缺乏的有三个方面。一是交通设施，包括坚实平整的公路、规范清晰的交通标志牌、安全可靠的临时停车场、醒目方便的报警电话。二是通信设施，确保公路沿线的通信畅通，是自驾车旅游者在紧急情况下发出求救信号的依靠。三是补给设施，为满足自驾车旅游的需要，应在各主要公路沿线建集加油、购物、汽车维修于一体的综合性加油站，以解除自驾车旅游者的后顾之忧。刘金敏、李倩倩的《浅谈自驾车旅游》指出，旅游安全问题仍是自驾车旅游者的一大顾忌。

4. 自驾游今后的发展对策

结合国内多篇文献得出以下结论：应完善基础和配套设施；旅游行政主管部门要为旅游者和旅游经营者建立健全相应的管理规章和制度，建设规范的合同文本，最大程度地减少各种旅游纠纷的发生；政府部门应该做好规划，完善基础设施建设，构建完善的自驾游信息交流平台。

陈乾康在《自驾车旅游市场开发研究》一文中提出，要做好汽车宿营地、汽车旅馆以及停车场的建设，配备汽车检测、加油、简单维修等设施，通过一定的折扣方式来吸引自驾车游客，扩大市场份额。在明确一般服务规范的基础上，还要根据自驾车旅游规模、出行距离等情况，对细节问题提出合理的标准和要求，以确保自驾车旅游市场健康有序发展；完善相关配套设施，建立完善的自驾游住房预订系统。充分发挥政府宏观调控职能，牢固树立服务意识，为自驾车游客创造良好的旅游环境。

（二）国外研究热点

1. 自驾游的发展历程

由于美国汽车工业的井喷式发展和私家车的广泛普及，自驾游于二十世纪二三十年代在美国快速发展，兴起于美国的 Sunday drive 被看作是现代自驾游的雏形。由于人们出游时间的增加，"Drive Travel""Car Tourism""Car Tour"

"Drive Tourism"等词逐渐取代了Sunday drive，自驾游也逐渐成为风靡全球的重要旅行方式，对自驾游的研究也自然而然涉及了各个方面。

在Wall的论文"Socio-economic variations in pleasure-trip patterns"中，根据自驾游动机不同，将自驾游分为休闲娱乐型、社会交往型、购物型和其他专项型四类；在Olsen的论文"Keeping track of the self drive market"中，根据旅游线路特征将自驾游分为直达式、定点中途泊车式和旅行式三类；在Taplin的论文"Car trip attraction and route choice in Australia"中，根据车辆类型将自驾游分为轿车自驾游、房车自驾游、越野车自驾游三类；在Hardy的论文"An investigation into the key factors necessary for the development of iconictouring routes"中，根据行程时间将自驾游分为短期出游（1～3天）、短期旅行（4～7天）、长期旅行（8～21天）和极期旅行（22天以上）四类。

2. 自驾游者的特点

在本研究所参考的文献中，国内外学者对于自驾游旅游者的特点研究的主要方向为人口统计特征、行为特征和市场发展维度。例如，Xize的论文"Has the relationship between urban and suburban automobile travel changed across generations? Comparing millennials and generation xers in the united states."研究了美国"千禧一代"与他们上一代自驾游的不同，研究表明，"千禧一代"无论经济状况如何，对自驾游的选择没有上一代集中。Yi等学者认为影响自驾者旅游的逗留天数的因素有时间、收入以及距离。由于近些年老龄化的现象日益严重，自驾游老年细分市场的发展也引起了国内外学者的关注，在本研究所参考的文献中也有小部分学者对此现象进行分析。

3. 自驾游的目的地形象

国外学者对影响目的地感知形象形成的具体因素的研究主要涉及游客偏好、游客受教育程度、收入水平、生活方式、旅游经验、出游动机、出游期望、对目的地熟悉度、交通可达性、目的地资源条件、基础设施状况、服务质量、目的地居民态度等方面。

国外许多学者通过建立模型，系统分析旅游目的地感知形象的形成过程。其中Dann的"Anomie，ego—enhancement and tourism"中认为旅游者以及潜在旅游者的旅游动机，从本质上受制于旅游者对旅游目的地的感知形象。

4. 自驾游的出行工具及路线

随着社会经济不断发展，人们的生活质量不断提高，私家车广泛普及，自驾游随之发展起来。在笔者查找的大部分文献中，国外自驾游旅行者通常选择Nissan、Toyota、Volvo等品牌的车辆作为自驾游的出行工具。在查找的文献中提到，对于自驾车辆的选择呈现以下特征：车辆特性、作业原则、旅行特性和旅行者特性。

在自驾游路线的研究中，Suwanpimol Kunvara引用Jariyajemsit Sakul，Wonglidi Kawin的观点，认为旅行计划与路线应满足以下条件：旅游路线必须有公共服务设施；旅游路线要有便捷、舒适、达到标准的服务设施；旅游路线要能够吸引所有的游客。Shi认为自驾旅游路线要给游客提供极大的灵活性和独立性，要考虑他们的旅游路线与参观旅游的目的地。

五、评述与展望

整体上，学术界关于自驾游的相关研究已取得较为丰富的成果，研究视角多样化，研究层次逐渐深化，为后续的研究提供了坚实的基础。国内自驾游研究较为系统，国外相关研究仍处于初步探索阶段，存在一些欠缺与不足。在研究内容上，国内外研究侧重点不同。国内重视对自驾游影响因素、游客行为、存在问题及今后发展策略进行研究；国外侧重自驾游目的地、旅游形象研究，以自驾游为主题进行研究的文献比较少，缺乏基础理论研究，呈现重实践、轻理论的趋势，尚未形成完善的理论框架。

国外学者有关旅游者特点的研究较多，国内学者除了对自驾游影响因素的探讨之外，还注重从旅游线路设计和景区规划布局的角度来进行研究。旅游线路设计应具体从旅游吸引物、旅游基础设施、旅游专用设施、旅游成本因子等方面考虑具体设计内容。景区规划布局时应重点考虑不同景区间的旅游交通线路、区域之间的协调与合作等。不同区域应当采取不同的景点布局思路，以切实符合当地的旅游现状和需求。此外，通过梳理国内外相关研究，将旅游比作为旅游线路设计时的重要因素的研究也少见。综上可知，自驾游的研究对于旅游线路设计以及旅行社和旅游景区的建设发展都具有至关重要的意义。

因此，在今后的研究中，将自驾游作为主要研究内容进行探讨，会产生一定的理论和实践价值。本研究的研究展望将从三个方面考虑：第一，在研究区域上，可以进行多区域、大尺度的研究，扩大研究区域，在不同研究区域上开展研究；第二，在研究方法上，可以尝试用新的方法进行研究，如为了增加出行距离计算的准确性，减小距离投影算法计算直线距离时的误差，在今后的研究中，距离的计算可以尝试基于百度地图等获取出发地与景区之间的距离；第三，在数据来源上，可以采用将多种数据来源相结合的方法，如网络数据、实地调研、问卷调查等。

第四节　文化旅游

文化旅游融合背景下，培养旅游文化产品设计人才的重要性更加凸显。文化旅游融合要求旅游业在文化传承、文化挖掘、文化利用等方面实现新的突破。本研究通过搜集国内外文化旅游相关文献，采用文献计量和可视化方法，梳理、比较国内外的文化旅游研究进展和研究热点。结果表明，国外文化旅游研究起步早、视角广，研究成果比较丰富；国内文化旅游研究仍处于初级阶段，研究主题和方法单一，相关研究较为薄弱。国内外文化旅游研究热点存在较大差异，国内侧重文化旅游产业发展的研究，国外则侧重文化旅游人性需求的研究。

2023年是旅游业的转折之年，更是游客们的幸福旅游之年。旅游业是新冠肺炎疫情期间从业者流失较为严重的行业，根据文旅部的数据，2021年末，纳入统计范围的全国各类文旅从业人员有484.41万人，比2019年末减少31.7万人。2024年春节假期，得益于新冠肺炎疫情防控政策优化调整，旅游市场迎来难得的"开门红"。旅游业在满足人民群众对美好生活的需要和增强其获得感、幸福感上具有突出贡献。文化是民族的血脉，是人民的精神家园，文化建设不仅关乎国家经济发展，还对民族精神建设具有重要意义。国务院关于印发《"十四五"旅游业发展规划的通知》（国发〔2021〕32号）显示，文化旅游正

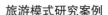

逐渐成为国家和民族宝贵精神财富的重要展现窗口。近年来我国经济文化飞速发展，随着物质生活水平的提高，人民群众的精神文化需求迅速增长，文化旅游不仅成为人们外出休闲的重要选择，发展文化旅游产业也成为了全国各地政府的工作重点。目前关于文化旅游领域的研究，主要集中在文化旅游价值、文化旅游主题开发、文化旅游制度探索等方面。这些研究对文化旅游领域贡献很大，但仍存在一定的局限性。从内容上看，现有研究极少关注近些年问卷的差异性，缺乏系统的对比分析，多为文化旅游现状、内容等研究，通过计量工具进行分析的研究成果很少。因此，全面把握、对比分析文化旅游的研究热点及其发展脉络，对国内文化旅游研究的理论及实践具有重大意义。

一、文化旅游的定义

文化旅游简称为"文旅"，是指通过旅游实现感知、了解、体察人类文化具体内容的行为过程。泛指以鉴赏异国、异地传统文化，追寻文化名人遗踪或参加当地举办的各种文化活动为目的的旅游。寻求文化享受已成为当前游客的一种风尚。2017年，联合国世界旅游组织将文化旅游定义为"一种游客出于学习、寻求体验和消费物质或非物质文化为动机的旅游活动"，进一步延伸了文化旅游的产业属性。国外学者也做过类似定义，如澳大利亚学者迪克罗和加拿大学者麦克彻对文化旅游的定义为：文化旅游是一种旅游形式，它依赖于目的地的文化遗产资产并将它们转化成供旅游者消费的产品。综上所述，文化旅游就是以旅游经营者创造的观赏对象和休闲娱乐方式为消费内容，使旅游者获得富有文化内涵和深度参与旅游体验的旅游活动的集合。

二、数据来源与分析方法

本研究利用中国知网（CNKI）数据库检索中文文献，以"文化旅游""文旅融合""旅游产业"等检索词为主题，来源类别为"北大核心""CSSCI"，检索时间截至2023年11月20日，剔除报纸、会议、文件等文献，最终筛选了217篇中文文献。用同样的方法，在Web of Science（WOS）数据库以"主题=

cultural tour-stay tourism & 文献类型=article or review & 语种=English"为条件进行英文文献的检索，共筛选出196份有效文献。本研究基于这413份文献进行综述。

三、总体研究进展

（一）文献历时分布

发文量是衡量某一研究领域在一定时间段的发展趋势的重要指标，并且可以直观地观察到该研究领域热度的变化，对于分析某一领域发展趋势和预测该领域的未来发展具有极为重要的意义。我国对文化旅游的研究最早可追溯到2011年金璐等对新疆文化发展路径选择的研究；因2011年国家推出大力发展文化旅游产业及保护民族传统文化的相关政策，使得2013年文化旅游领域的发文量达到最高的234篇，此后发文量逐年出现平稳态势，每年都保持在150篇以上；2011—2013年出现的文化旅游领域研究的小高潮，说明文化旅游领域的研究受国家政策的影响和资金支持；到了2019年年底，因为新冠肺炎疫情的影响，该领域的研究也受到影响，2020年的发文量下降；到了2021年，由于我国对新冠肺炎疫情进行了有效防控，文化旅游重新焕发生机，文旅研究发文量又呈现增长态势。

（二）研究方法

本研究借助CiteSpace软件，绘制文化旅游研究文献数量及年代分布、关键词共现与关键词聚类等知识图谱，并结合图谱综合论述国内外文化旅游的研究进展及研究热点。

（三）研究关键词

关键词可以快速、准确反映文章的主题，它在某一研究领域文献中出现的频次一定程度上反映了该领域的研究热点。运用CiteSpace软件生成关键词共现图谱，国外论文关键词共现共包含134个节点、97条连线，网络密度为0.010 9，国内论文关键词共现共包含241个节点、245条连线，网络密度为0.008 8。整体来看，其中散落的节点较少，联系较紧密，表明国内外文化旅游领域的研究热点相对集中。目前国外研究机构更为突出的是 Department of Marketing、Department of Apparel、Kyung Hee University。国内文化旅游研究处于初级阶段，最突出的关键词节点是文旅融合，其次是文化资源、旅游发展等，但侧重点仍是文旅融合研究。

为了进一步掌握国内外文化旅游研究方向，对高频关键词进行聚类分析。通常，聚类模块值 Modularity Q（Q值）大于0.3时聚类结构显著，聚类平均轮廓值 Silhouette（S值）大于0.5时表明该图谱聚类合理，且S值越接近1反映网络的同质性越高。在关键词聚类图谱中，Q值均大于0.3，S值均大于0.8，说明本研究的可视化图谱的聚类结构效果明显且具有说服力。国外论文关键词聚类图谱显示了 China、Australia、Italy、Korea、Canada、Portugal 等关键词聚类。整体来看，主题 China、Italy、Spain 面积较大，说明在国外文化旅游相关研究文献中，以上是主要研究方向。国内论文关键词聚类图谱展示了文化旅游、居民感知、少数民族传统村落、旅游、文化产业、文旅融合、乡村振兴、扎根理论、旅游业等关键词聚类图谱，其中旅游开发、文旅融合、扎根理论、居民感知、旅游产业的类团面积较大，是国内文化旅游的主要研究方向。

通过梳理文化旅游研究文献，并分析关键词图谱，归纳出国内外研究热点。国内研究热点可分为产业融合、文旅产品开发、特色文化旅游、国家政策等方面；国外研究热点主要包括可持续性发展、居民态度、交通方式等方面。

四、国内外研究热点

（一）国内研究热点

1. 产业融合

以文化为核心的产业融合，为社会经济发展提供了新的增长点。政府与企业相互协作，加强了文化产业与旅游产业深度融合发展，实现了文化与旅游高质量发展。王西涛认为，在产业融合过程中并不是简单的"1+1=2"，而是融合产业各自优势和特色，在取长补短的原则下，采取相互渗透和相互交叉的方式，进而在实体产业与文化产业、旅游产业融合的同时，有效提升区域经济高质量快速发展。

2. 文旅产品开发

文化和旅游融合发展是产业间融合发展的必然要求，也反映出了人民群众精神文化的实际需求，注重旅游产品的创新设计开发，实现文化旅游的可持续发展，应坚持人、生态、社会、文化及经济增长五个方面协同发展，打造文化旅游品牌之路。多样化开发产品，提升营销水平，打造品牌核心价值，以科技融入为切入点，提升产品内涵。

3. 特色文化旅游

文化具有强劲的凝聚力和创造力，是发展乡村旅游、增强创造力、提高竞争力的源泉。钟鸣以甘肃省的裕固族为例开展研究，认为他们可以将其特有的奶茶产业进行扩大化和规模化，让本土的奶茶成为裕固族特色文化旅游产品的招牌。对于甘肃省的东乡族来讲，可以充分利用当地的特色婚嫁习俗，设计和结婚有关的特色文化旅游主题，如游客们可以穿上当地新郎或新娘的服装，亲身感受东乡族结婚时的风俗礼仪。他认为应该利用各地区自身的优势，突出专属于各个地区独有的特点，助力特色文化创意与文化旅游的融合发展，用发展的眼光和创新的方式更好地带动本地特色文化旅游产业发展。

4. 国家政策

文化旅游产业作为文化产业与旅游产业融合形成的新产业，已逐渐融入国家发展战略，成为国民经济增长的重要组成部分。党和国家十分看重文旅融合发展工作，在"十四五"规划中明确提出"推动文化和旅游融合发展"。自确立文化产业与旅游产业融合发展以来，政府出台了多项财政支持政策以促进其融合发展。1981年以来，我国城市文化旅游融合政策遵循"规范性文件为主——部委主导——产业+城市"的演化逻辑：从政策类别上来看，我国城市文化旅游融合政策以原文化部、原国家旅游局以及国务院发布的规范性文件为主；从政策发布主体来看，由原文化部、原国家旅游局等国家部委主导制发政策；政策执行遵循了"产业+城市"的轨迹，产业融合是城市文旅融合的内动力，促进了城市文化资源与旅游资源的开发，进而促进了城市实现高质量发展。我国城市文化旅游融合政策的未来走向可能包括：文旅融合专门法的立法工作加快、政策路径更明确、政策边界不断拓展、体制机制改革等。

（二）国外研究热点

1. 可持续性发展

文化旅游积极挖掘和整合城市的历史文化、人文风貌与资源特色，因地制宜且顺应时代趋势而生，与整座城市的发展融为一体，成为"绿色GDP时代"产业发展的重要方向，为城市可持续和谐发展增添内生动力。相关研究者提出，文化旅游产业与延伸产业联动发展，旅游发展与城市建设融为一体，用特色主题文化来彰显城市独特魅力。他认为通过发展文化旅游来提升城市文化品位和核心竞争力的关键是构建主题文化。深刻挖掘地域特色文化资源，形成主题文化吸引核心，实现特色文化与旅游景区的复合嫁接，统筹考虑整个旅游项目的文化展示、建筑设计、景观营造、品牌营销等各个方面，通过主题文化创意发展战略铸造出一个具有生命力、吸引力、影响力、竞争力的文化旅游名牌，最终充分发挥旅游品牌对城市文化品牌打造的推动作用。

2. 居民态度

根据国外学者对居民态度的调查显示，居民对于文化旅游既有积极态度，也有消极态度，性别差异和文化旅游参与程度对此都有影响，但总体都是比较积极的态度。在调查中发现，潮州居民对"游神赛会是独特而博大精深的民俗信仰文化和游艺文化""参加游神赛会能拉近家族人和乡里人的距离""愿意把游神赛会当作是地方特色介绍给朋友同学"等选项的平均分值很高，说明潮州居民对"游神赛会"这项传统民俗文化的认可度是很高的。

3. 交通方式

交通方式是影响文化旅游发展的重要因素之一，如高铁就可以作为一个有利因素来吸引游客，既鼓励了外来游客，也有助于规划者制定政策，通过开发未来高铁发展的潜力来优化旅游收入，进一步促进经济发展，也能实现基础设施的优化。交通条件的优化对提升旅游质量有着积极作用，王兆峰提出可以进一步推动民航与景区交通结合发展，进一步提升铁路运输能力，进一步完善景区内外部公路交通。

五、评述与建议

（一）研究评述

在研究内容上，国内外研究侧重点不同。国内重视对文化旅游产业融合、文化旅游产品开发、特色文化旅游以及国家政策的研究；国外侧重于文化旅游的可持续发展、文化旅游的居民态度、文化旅游地的交通方式的研究。相较于国外研究，国内研究以文化旅游为主题进行研究的文献比较多，但相关研究更注重地性供给，对人性需求的研究较少。

（二）文化旅游建议

通过对文化旅游领域相关研究成果的梳理，我们发现目前国内在文化旅游领域的研究仍存在不足。为助推国家发展文化旅游产业及保护传承民族文化，对我国今后文化旅游发展提出以下几点建议。

1. 加强顶层设计，完善体制机制

健全文化和旅游融合发展的体制机制，为文化和旅游深度融合、创新发展提供制度保障。强化政策法规引领，研究制定有关扶持政策和举措，特别是在财政、金融、用地和人才保障等方面拿出真招实招，为文化和旅游融合发展提供政策支撑。结合"十四五"时期经济社会发展规划，将推动文化和旅游融合发展纳入有关文化发展改革规划和旅游发展规划，策划设计一批重要工程、重点项目、重大举措。积极搭建文旅融合发展平台和载体，营造良好环境，让一切有利于文化和旅游融合发展的创造源泉充分涌流。

2. 整合优势资源，推进业态融合

实施"文化+""旅游+"战略，找准产业结合点，推动文化和旅游产业与相关产业融合发展，特别是文化和旅游产业深度融合，打造兼具文化和旅游特色的新业态、新主体、新模式。推进红色旅游、旅游演艺、文化遗产旅游、主题公园等已有融合发展业态提质升级，支持开发集文化创意、度假休闲等主题于一

体的文化旅游综合体。依托文化资源、突出文化元素，大力发展研学旅游、展演旅游、康养旅游等新型文化旅游业态。推进以长城、大运河、长征、黄河等主题的文化公园建设，打造一批文化主题鲜明、文化要素完备的特色旅游目的地。

3. 突出创新创意，推进产品融合

发挥文化产业创新创意优势，推动更多文化资源转化为高品质旅游产品，扩大产品和服务有效供给，满足人民群众多样化与多层次需求。加大文化资源和旅游资源普查、梳理、挖掘、阐发力度，推出一批文化旅游精品线路和项目，丰富文化创意产品和旅游商品市场，加强产品宣传展示。在加强保护的基础上，盘活用好各类文物资源，推动有条件的文博场馆改扩建，提高展陈水平，推动将更多文物资源纳入旅游线路、融入景区景点。加强革命文物保护利用，推出一批承载革命文化内涵、群众喜闻乐见的红色旅游产品。发掘乡村人文资源，提供更具文化内涵的乡村旅游产品，提升乡村旅游智慧供给和服务水平，推动高质量发展。深入挖掘地域文化特色，把更多文化内容注入景区景点，使文化成为景区景点的金字招牌。

4. 优化资源配置，推进市场融合

深入推进"放管服"改革，优化营商环境，促进各类资源要素合理流动、高效配置，积极培育文化和旅游市场主体，提升其活力与竞争力。鼓励文化机构和旅游企业对接合作，推动形成一批以文化和旅游为主业、以融合发展为特色、具有较强竞争力的领军企业、骨干企业。促进文化和旅游市场监管融合，加强对新主体、新业态、新群体的引导、管理和服务，更新监管理念，建设信用体系，推进行业标准建设和行风建设。坚持把社会效益放在首位，弘扬正确的历史观、民族观、国家观、文化观，加强对旅游场所、项目、活动的监管，加强对旅行社和导游的规范管理，确保旅游市场高扬主旋律、充满正能量。

第五节　反向旅游

在当前大健康产业蓬勃发展背景下，反向旅游作为旅游业发展的新生力量，备受社会各界关注。本研究通过搜集国内反向旅游相关文献，采用文献计

量和可视化方法，梳理国内研究进展和研究热点。研究结果表明，国内反向旅游研究仍处于初级阶段。本研究从丰富研究视角、拓展研究对象、创新研究方法等方面，对我国反向旅游展开进一步的探究，说明其发展与意义，并为相关产业的发展提供参考。

近年来，社交平台上出现了大量的"种草"图文与视频，这些内容给了那些独具特色但以往不受关注的小城"出圈"的机会，比如青海海东、吉林延吉，因为互联网，当地独具民族特色的旅游风情被挖掘传播；还有黑龙江鹤岗与山东曹县，也因为新闻事件与网络玩梗而走红，这种出圈具有不确定性，但这正是社交媒体时代独有的魅力——每个人、每个地方都有平等的成名机会。此外，小众旅游目的地及"冷门"城市的高铁、飞机、酒店等基础设施相对完善且价格较低，为游客提供了可选择的空间，也降低了游客的成本负担，让他们能够轻装上阵。反向旅游当然还不是一种主流，但它正在年轻人之中铺陈开来。它宣示的姿态是高级且清醒的：旅游不是人云亦云，不是千篇一律，它纯粹应当只是为了放松身心，让自己在某个时间、某个地方，能够更舒服一点地找到自我，找到与大地的连接。本研究将在对国内反向旅游相关文献梳理的基础上，述评国内反向旅游的研究进展和成果，并对未来我国反向旅游研究提出几点展望，期望为后续相关研究提供一定的理论参考。

一、反向旅游的定义

反向旅游，顾名思义，是一种与传统旅游方式相反的旅行方式。它打破了传统的"由远及近"的旅游路线，转而选择距离较近且知名度较低的旅游目的地，追求一种别样的旅行体验。这种方式不仅节省了大量的时间和精力，还能减少游客在旅途中可能会面临的商业化和人潮涌动的困扰。简单点来说就是选择旅游目的地时避开人流量大的热门旅游景点，选择一些相对冷门但同样美丽的地方进行游玩。本研究认为反向旅游是一种"小众+旅游+交通"的综合型旅游活动形式，以独特的气候条件、良好的交通和朴实的价值为依托，为爱旅、乐旅群体提供优质的体验。

二、数据来源与分析方法

本研究利用中国知网（CNKI）数据库检索中文文献，以"反向旅游""小众目的地"等检索词为主题，来源类别分别为报纸、期刊，检索时间截至2023年6月30日，最终获取320篇中文文献。本研究借助CiteSpace软件，绘制反向旅游研究文献数量及年代分布、关键词共现与关键词聚类等知识图谱，并结合图谱综合论述国内反向旅游的研究进展及研究热点。

三、总体研究进程

（一）文献历时分布

从研究文献数量上看，2004—2014年，国内少有关于反向旅游研究的文献，每年不超过5篇，处于初步探索阶段；2014—2019年，国内研究年度发文数量有所增加，呈波动增长之势，研究视角也逐渐多元化，基本形成了较为完善的反向旅游研究体系。新冠肺炎疫情过后，国内学者对反向旅游的关注度普遍提升，相关研究文献数量快速增加，年度最高发文量达到了49篇（图4-5，

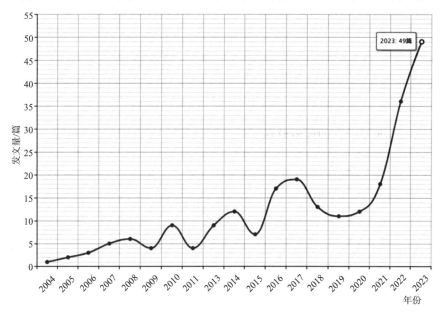

图4-5　国内反向旅游研究历年期刊分布情况

2023年）。国外对反向旅游的研究起步较晚，自2011年至2022年，国外对反向旅游的研究文献每年都少于5篇。这表明国内外对反向旅游的研究还存在较大的差异，国内远远领先于国外。此外，目前国内反向旅游研究成果在数量和质量方面仍存在一定的提升空间。

（二）研究方法

文献检索学是一门实用性很强的学科，因为无论是理论研究还是实际应用，都必须要有一定规模的数据支撑。研究所使用的数据来源于中国知网（CNKI）数据库，为保证查全率与查准率，本文以"小众旅游""反向旅游"作为检索词，进行关键词字段的精确检索，不限定期刊类别，时间限定为2004—2023年，除去非研究性文献，最终得到的有效文献即为本研究的样本。

本文利用CiteSpace工具对包括载文期刊、发文作者、关键词及聚类进行统计分析，通过CiteSpace结合运用文献计量学方法分析反向旅游研究领域的核心发文期刊，进行知识元多维统计分析和高频词统计。

（三）研究关键词

关键词可以快速、准确反映文章的主题，它在某一领域文献中出现的频次在一定程度上反映了该领域的研究热点。运用CiteSpace软件生成了关键词共现图谱，共包含132个节点、322条连线，网络密度为0.034 4。整体来看，图中散落的节点较少，联系较紧密，表明国内反向旅游领域的研究热点相对集中。目前，国内反向旅游领域研究最突出的关键词节点是体验空间，其次是反向旅游、旅游交往等关键词，侧重体验空间型反向旅游研究。为了进一步掌握国内反向旅游研究方向，对高频关键词进行聚类分析。通常，聚类模块值Modularity Q（Q值）大于0.3时聚类结构显著，聚类平均轮廓值Silhouette（S值）大于0.5时表明该图谱聚类合理，且S值越接近1反映网络的同质性越高。在关键词聚类图谱中，Q值大于0.3，S值大于0.8，说明本研究的可视化图谱的聚类结构效果明显且具有说服力。国内文献关键词聚类图谱展示了个性化需求、旅游体验、小众旅游、复合型、小众群体等关键词聚类，其中个性化需求、旅游体验、复合型的类团面积较大，是国内反向旅游的主要研究方向。

国外文献关键词共现图谱共包含 152 个节点、234 条连线，网络密度为 0.020 4。整体来看，其中散落的节点较少，联系较紧密，表明国外反向旅游领域的研究热点相对集中。其中，国外研究中 security aspect、spiritual tourism、explaining minority、app 等关键词较为突显。国外文献关键词聚类图谱展示了 security aspect、spiritual tourism、explaining minority、app、evidence、e-tourism、tourism、destination loyalty 等关键词聚类。整体来看，主题 security aspect、spiritual tourism、explaining minority、app 面积较大，说明在国外反向旅游相关研究文献中，这些是主要的研究主题。国外研究热点主要包括旅游安全、精神旅游、解放少数群体的旅游、app 旅游等方面。

四、国内外研究热点

（一）国内反向旅游的研究热点

1. 社会心理学研究

国内有关反向旅游动机和心理因素的研究十分丰富。很多研究探讨了国内居民选择反向旅游的动机和心理原因，如对文化认同的影响、地方认同和身份认同的作用等。这些研究基于社会心理学的理论框架，解析了反向旅游中的心理过程。

2. 绿色与可持续性

反向旅游对环境及可持续发展的影响也是研究重点。学者们关注反向旅游对当地环境的影响，同时探讨旅游可持续发展的策略和措施，如生态旅游、低碳旅游等。我们认为这些研究旨在寻找可持续发展的途径，减少负面环境影响，提升当地社区和旅游业双方的发展延续性。

3. 社会经济影响

有关反向旅游对当地社会经济发展的影响的研究也较为丰富。学者们关注反向旅游对就业、收入分配、贫困减少等方面的影响。相关研究分析了反向旅游对当地社会经济的潜在影响，并且可以为政策制定者提供一定的参考依据。

4. 消费行为研究

另外，还有一些研究关注国内居民在反向旅游中的消费行为。这些研究探讨了反向旅游的消费需求、购买决策、满意度等方面的内容，对旅游业者了解消费者需求、提供更好的产品和服务具有重要意义。

这些热点问题在国内反向旅游的研究中是比较受关注的方向。当然，随着社会和旅游业的发展，研究者们会不断关注新的问题，并且不同的学科领域可能会有不同的研究焦点。

（二）国外反向旅游的研究热点

1. 反向旅游动机研究

国外有关反向旅游动机和心理因素的研究方面较为丰富。很多研究探讨了反向旅游者选择此类旅游目的地的动机和心理特点，探讨其旅游需求和偏好。这些研究通过量化和质性研究，分析了反向旅游者的心理和行为特点。

2. 反向旅游市场分析

国内在反向旅游市场研究方面还存在一定的空白。然而，国外已有一些学者开始研究反向旅游市场的规模、增长和影响因素。这些研究利用问卷调查、数据分析等方法，研究了反向旅游市场的消费特点、偏好以及未来发展趋势等问题。

3. 区域反向旅游的发展

国外学者们对某个特定地区的反向旅游类型、形式及其发展趋势的研究也相对较多。这些研究分析了当地的旅游资源、文化传统、旅游产业现状等，为当地反向旅游的发展提供了战略建议。

（三）反向旅游的意义

1. 反向旅游本身很有价值。和正向旅游相比，反向旅游的价值更大，吸引力更强，因为在同样的时间过程中，游客获得的新奇体验更多。反向旅游很有意义，值得关注。

2. 反向旅游现象比较广泛，但相关研究不多。反向旅游的实质是追求效益极大化和跨文化旅游。文化体验既可能是令人满意或富有回报的，也可能是令人不愉快而产生紧张感甚至冲突感。我们有必要学习并理解文化差异对旅游行为的影响。

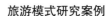
第六节　本章小结

　　综上所述，体育旅游、探险旅游、自驾旅游、文化旅游和反向旅游这五种旅游模式各具特色，为旅游者提供了丰富多样的选择。体育旅游和探险旅游满足了人们对挑战和刺激的追求；自驾旅游给予旅游者自由掌控行程的快感；文化旅游丰富了人们的精神世界；反向旅游则引领了一种新的旅游潮流，让人们远离喧嚣，发现小众之美。

　　随着社会的不断发展和人们需求的变化，这些旅游模式也将不断创新和完善。为足不同人群的需求，未来会有更加个性化、多元化的旅游产品和服务出现。同时，旅游行业也应注重可持续发展，保护好自然和文化资源，让这些独特的旅游模式能够长久地为人们带来美好的旅游体验。相信在各方的共同努力下，旅游模式将不断为人们的生活增添更多精彩。

第五章　旅游态度研究案例

在生活节奏日益加快的当今社会，旅游已成为人们放松身心、拓宽视野的重要方式。旅游态度在很大程度上决定着人们的旅游行为。本研究聚焦旅游态度，涵盖旅游态度、旅游感知、旅游心理和旅游选择等多个方面。通过对不同类型的旅游态度进行深入分析，我们试图揭示人们在旅游决策过程中的内在心理机制。尤其关注独行旅游态度和青年旅游态度，独行旅游体现着个体对自由与自我探索的追求，而青年作为旅游市场的主力军，其态度更是具有代表性和前瞻性。本研究案例将运用多种文献研究方法，收集大量数据，以期为旅游行业的发展提供有价值的参考，更好地满足不同人群的旅游需求。

第一节　旅游态度

近年来，旅游态度研究成为了国内外学者开展旅游研究的热点之一，相关文章将有旅游经历的旅游者划分为主动型、被动型、积极型和消极型四类。通过文献综述法对这四类旅游者的旅游态度进行分析得出，影响旅游态度的因素分为以下三个方面。一是旅游者本身的因素，包括需要、学识能力、性格特征和情绪；二是旅游者态度本身的特征，包括态度成分的一致性、态度的价值性、原先态度和改变的态度之间距离的大小；三是外界条件对态度改变的影响，主要包括信息的作用、旅游者之间态度的影响、团体的影响。

随着国内外经济的快速发展，居民的生活条件逐渐改善，国内外居民人均可支配收入持续增多，居民消费能力和消费水平也同步提高。物质生活条件的

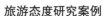

持续改善使得人们精神层面的需求加速释放，旅游需求迅速增多。而旅游态度在旅游决策和行为中起着重要的作用，本研究以旅游态度为研究主题，以游客为研究对象，研究发现旅游者的态度是其旅游行为的重要影响因素。旅游态度虽然不是行为反应本身，也不是行为反应的现实，但却包含和预示着人们做出行为反应的潜在可能性，假如一个人对某项旅游活动具有积极的态度，就包含和预示着他有参加这种旅游活动的可能性。

一、旅游态度的定义

旅游态度是指个体对于旅游活动、旅游目的地、旅游服务及相关旅游产品和体验的评价、情感和行为倾向。它是个体在旅游决策和旅游体验过程中所持有的一种心理状态，通常包含认知成分、情感成分和行为意向三个方面。①认知成分：这是旅游态度中的思考部分，涉及个体对旅游活动的信念、知识和信息。例如，一个人可能认为旅游是放松身心、增长见识的有效方式，或者认为某些旅游目的地具有特定的文化价值。②情感成分：这是旅游态度中的情感部分，是个体对旅游活动或目的地的情感反应和情绪体验。比如，一个人可能对海滩度假感到兴奋和愉悦，或者对旅行中的不确定因素感到焦虑。③行为意向：这是旅游态度中的行动倾向部分，指的是个体参与旅游活动的意愿和倾向。例如，一个人可能表达出想要定期进行海外旅行的愿望，或者计划在未来几年内访问特定的旅游目的地。

旅游态度的定义可以概括为：个体基于自身的经验、信息、价值观和情感，对旅游活动及相关事物所持有的一种相对稳定的心理倾向，这种倾向会影响个体的旅游选择、旅游行为和旅游满意度。

旅游态度对旅游业的多个方面都有重要影响。①旅游目的地选择：积极的旅游态度可能会促使个体选择某些目的地而不是其他。②旅游产品和服务评价：个体的旅游态度会影响他们对旅游产品和服务的感知和评价。③旅游行为：旅游态度可以预测个体的旅游行为，如旅游频率、消费习惯和活动参与度。④旅游市场营销：了解目标市场的旅游态度有助于更有效地设计和推广旅游产品。因此，旅游态度是旅游市场营销和目的地管理中的一个关键概念。

二、数据来源与分析方法

本研究利用中国知网（CNKI）数据库检索中文文献，以"旅游态度"为关键词开展检索，检索时间截至 2023 年 10 月 30 日，剔除报纸、会议、文件等文献，最终共筛选出 222 份有效文献。同理，本研究利用中国知网（CNKI）数据库检索英文文献，以"tourist attitude""tourism"为关键词开展检索，检索时间截至 2023 年 10 月 30 日，剔除报纸、会议、文件等文献，最终共筛选出 125 份有效文献。本研究基于这 347 份文献进行综述。

本研究借助 CiteSpace 软件，绘制旅游态度研究文献数量及年代分布、关键词共现与关键词聚类等知识图谱，并结合图谱综合论述国内外旅游态度的研究进展及研究热点。

三、总体研究进展

（一）文献历时分布

国内外旅游态度研究历年发表文献数量及年份情况如图 5-1 所示。从数量上看，2003—2006 年，国内鲜有关于旅游态度的研究文献，每年不超过 2 篇，属于初步探索阶段，发文量仅占总数量的 3%左右；2007—2017 年，国内相关研究文献数量有所增加，约达到了总数量的 31%，这一阶段国内侧重于研究游客的态度受什么因素影响；2018—2023 年，国内的旅游态度研究呈波动增长之势，约占总数量的 66%，研究视角逐渐多元化，除了研究旅游态度之外，还涵盖旅游认知、地方依恋等，基本形成了较为完善的旅游态度研究体系。国外对旅游态度层面的研究起步较晚，大体上呈缓慢增长的趋势。2020—2023 年，发文量达到了 50 篇，约占总数量的 40%，说明目前国外关于旅游态度的研究仍存在一定的提升空间。

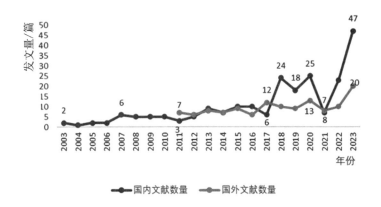

图5-1　国内外旅游态度研究历年发表文献数量及年份

（二）研究方法

通过梳理旅游态度研究文献，笔者发现国内外旅游态度研究大多将定性研究和定量研究相结合，如问卷调查法、实地调查法等，极大地推动了旅游态度研究的进程。本研究采用文献综述的方法，收集整理了国内外有关旅游态度的文献并进行分析。

（三）研究关键词

关键词可以快速、准确反映文章的主题，它在某一领域文献中出现的频次在一定程度上反映了该领域的研究热点。笔者运用CiteSpace软件生成了关键词共现图谱，国内文献关键词共现图谱共包含206个节点、490条连线，网络密度为0.023 2；国外文献关键词共现图谱共包含236个节点、910条连线，网络密度为0.032 8。整体来看，其中散落的节点较少，联系较紧密，表明国内外旅游态度领域的研究热点相对集中。国内研究中，旅游影响、旅游态度、旅游意愿、参与意愿、环境态度、主动、被动、积极、消极、影响因素等关键词较为突显；国外研究中，attitude、behavior、impact、satisfaction、intention、tourism attitude、sustainable tourism attitude、influence factors等关键词较为突显。

为了进一步掌握国内外旅游态度研究方向，对高频关键词进行聚类分析。通常，聚类模块值 Modularity Q（Q值）大于0.3时聚类结构显著，聚类平均轮廓值 Silhouette（S值）大于0.5时表明该图谱聚类合理，且S值越接近1反映网络的同质性越高。在关键词聚类图谱中，Q值均大于0.3，S值均大于0.8，说明本研究的可视化图谱的聚类结构效果明显且具有说服力。国内文献关键词聚类图谱展示了旅游影响、旅游态度、旅游意愿、参与意愿等关键词聚类，其中旅游态度、旅游影响、参与意愿面积较大，是国内旅游态度的主要研究方向；国外文献关键词聚类图谱展示了 mediating role、public transportation、individual attitude、travel motivation 等关键词聚类，其中 individual attitude、travel motivation 的面积较大，是国外旅游态度的主要研究方向。

四、国内外研究热点

通过梳理旅游态度研究文献，并分析关键词图谱，归纳出国内外研究热点。国内研究热点可分为旅游态度的种类、旅游态度的影响因素、社交媒体对旅游态度的影响等方面，国外研究热点可分为不同年龄阶段的旅游态度、可持续旅游态度、影响旅游态度的因素等方面。

（一）国内研究热点

1. 旅游态度的种类

通过文献分析得出旅游态度的种类主要包括：积极、消极、主动以及被动。对于积极的旅游态度，刘学玲、马秋芳在《基于网络文本的潜在旅游者旅游态度研究——以庐山为例》中表明，潜在旅游者对旅游认知情感体验和行为意向相统一，整体呈现出积极、肯定的旅游态度。对于消极的旅游态度，黄冬梅在《文化适应视角下民族地区居民旅游态度分异机制研究》中表明，"边缘化"型居民和"分离"型居民支持度和参与度均相对较低，当旅游对环境造成污染和对生态造成破坏时，当地居民对旅游发展的态度是消极的；旅游带来的文化交流，文化遗产开发等活动越来越多时，其对旅游支持态度反而越消极。对于主动的旅游态度，张娟、唐小波在《主被动红色旅游者出游偏好研究》中

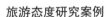

提到，主动型红色旅游者在"求知"的驱动下会表现出较强的红色旅游需求，并对山水风光、海滨沙滩、民俗风情表现出较强的旅游兴趣。对于被动的旅游态度，王瑜在《媒体与被动旅游关系探析》中指出，人们对媒体的信任一旦转化为依赖，就会使得主动旅游转变为被动旅游。

2. 旅游态度的影响因素

通过文献分析得出，旅游态度的影响因素主要有三个方面。一是旅游者本身的因素，包括需要、学识能力、性格特征和情绪。其中姚治国在《旅游者对旅游生态标签认证的态度差异及影响因素》中提到，影响旅游者态度的因素为旅游者本身的因素。二是旅游者态度本身的特征，包括态度成分的一致性、态度的价值性、原先态度和改变的态度之间距离的大小。其中李田田等在《旅游动机对旅游偏好的影响研究——旅游态度的中介作用》中提到，影响旅游者态度的因素为旅游者态度本身的特征。三是外界条件对态度改变的影响，主要包括信息的作用、旅游者之间态度的影响、团体的影响。其中杨愫悦在《后疫情时代公众旅游意愿影响因素研究》中提到，影响旅游者态度的因素为外界条件对态度改变的影响，例如政策支持通过影响个体感知间接影响公众的出游意愿。总的来说，以上三方面共同影响旅游时旅游者态度。

3. 社交媒体对旅游态度的影响

社交媒体旅游共享是游客以文字、图片、视频等方式在社交媒体上分享自身旅游体验的行为，它给旅游态度带来了两种影响。一是正面影响，李梦玲等在《社交媒体分享形式对游客乡村旅游意愿的影响研究——基于目的地形象感知的中介作用》中提到，三种内容分享形式均对游客的乡村旅游意愿产生积极的影响；二是负面影响，王涛在《游客社交媒体抱怨对其行为的影响研究——基于价值共创和价值共毁的视角》中提出，游客在社交媒体上抱怨产生的价值共创和价值共毁是相互作用的。

（二）国外研究热点

1. 不同年龄阶段的旅游态度

国外学者研究了不同年龄阶段对旅游的态度，涉及婴幼儿母亲阶段、年轻人阶段、老年人阶段等三个阶段。例如在 "Topic model analysis of attitudes of mothers with infants and toddlers toward travel before and after the COVID-19 pandemic" 中，作者 Taniguchi Tadanari 研究了婴幼儿母亲对旅游的态度；在 "Intention of young travellers to travel during the COVID-19 pandemic" 中，作者 Md. Nurnobi Islam 研究了年轻人对旅游的态度；在 "Participation in out-of-home activities among older adults: The role of mobility, attitudes and travel behaviors" 中，作者 Rachel Kizony 研究了老年人对旅游的态度。

2. 可持续旅游态度

可持续旅游态度是国外旅游态度研究的热点之一，主要从三个方面进行研究。第一个方面，在 "The role of sustainability communication in the attitude‐behaviour gap of sustainable tourism" 中，Christina Tölkes 研究了可持续性沟通在可持续旅游态度中的作用；第二个方面，在 "Measuring tourism and environmental sciences students attitudes towards sustainable tourism" 中，Arrobas Fernando 等人研究了环境科学专业学生对可持续旅游的态度；第三个方面，在 "Sustainable tourism attitude and preference in italian adults: value orientation and psychological need satisfaction" 中，Cardinali Paola 等人研究发现意大利人对可持续旅游的态度和偏好程度较高。

3. 影响旅游态度的因素

通过文献分析得出，影响旅游者态度的因素主要有三个。一是政治因素，在 "To travel or not to travel during COVID-19: The influence of political ideology on travel intentions in the USA" 一文中，作者 Vukomanovic Jelena 研究了美国政治意识形态对旅游态度的影响。二是情感因素，在 "The Effects of Place Attachment and Emotional Solidarity on Community Residents Attitudes toward Glacier Tourism" 中，Ge Qiuling 等的研究表明地方依恋与情感团结对居民的旅游态度有影响。三是文化因素，在 "Attributes attitudes and chaordic travel intentions during COVID-19" 中，Pappas Nikolaos 等人提到一个地方的文化属性会影响旅游者的态度。

第二节　旅游感知

随着旅游业的不断发展，关于游客旅游感知的研究也越来越受到重视。旅游感知是指游客在旅游过程中对景点、服务、环境、文化等方面的感受和认知。这种感知是主观的，受到游客个人经历、文化背景、价值观念等因素的影响。本研究旨在全面梳理和综述国内外旅游地居民和游客的旅游感知研究，深入探讨旅游感知的概念、影响因素及其与旅游满意度和行为意图的关系。对相关文献的回顾和分析，我们发现旅游感知是一个复杂且多维度的概念，受到多种因素的影响。同时，旅游感知对旅游满意度和行为意图具有显著影响。本研究的成果，可以为读者更全面地了解旅游感知研究提供参考和启示，为进一步深入探讨旅游感知提供理论依据和实践启示。

一、旅游感知的定义

旅游感知是指个体在旅游活动过程中，通过感官体验、信息处理和认知评估，对旅游目的地、旅游产品、服务、体验等方面的直观感受和认识。它是游客对旅游相关事物的主观解释和理解，通常包括以下几个方面。①感官体验：旅游感知起源于个体的感官体验，如视觉、听觉、嗅觉、味觉和触觉，这些感官信息是旅游者对旅游目的地和体验的直接反应。②信息处理：旅游感知涉及到个体对收集到的信息的处理和分析，包括对旅游广告、口碑、旅游指南、网络评论等信息的解读和评估。③认知评估：旅游感知还包括个体对旅游体验的认知评估，即对旅游目的地、服务、活动和设施的价值、意义和吸引力的评价。

旅游感知有以下几个关键特征。①主观性：旅游感知是基于个体的主观体验和解释，不同的人可能会有不同的感知。②选择性：个体在感知过程中可能会选择性地关注某些信息，而忽略其他信息。③动态性：旅游感知可能会随着时间、经验和信息的变化而变化。④影响性：旅游感知对个体的旅游决策、满意度评价和未来的旅游行为有显著影响。旅游感知的重要性在于它能够帮助旅游目的地和旅游企业了解游客的需求、期望和偏好，从而改进产品和服务，提高游客满意度和忠诚度。通过市场调研和数据分析，旅游从业者可以更好地设计营销策略，以吸引目标游客。

二、数据来源与分析方法

本研究利用中国知网（CNKI）数据库检索中文文献，以"旅游体验""游客感知""旅游影响""居民感知"等检索词为主题，来源类别分别为"北大核心"和"CSSCI"，检索时间截至 2023 年 12 月 31 日，剔除报纸、会议、文件等文献，最终获取 193 篇有效中文文献。同理，在 Web of Science（WOS）数据库以"主题=perceptions of tourism or tourism psychology or tourism health & 文献类型=article or review & 语种=English"为条件进行英文文献的检索，共筛选出 216份有效英文文献。本研究基于这 409 份文献进行综述，借助 CiteSpace 软件，绘制旅游感知研究文献关键词共现关键词聚类知识图谱，并结合图谱综合论述国内乡村旅游的研究进展及研究热点。

三、总体研究进展

（一）研究关键词

关键词可以快速、准确反映文章的主题，它在某一领域文献中出现的频次在一定程度上反映了该领域的研究热点。通过运用 CiteSpace 软件生成了文献关键词共现图谱，国内文献关键词共现图谱中共包含 169 个节点、273 条连线，网络密度为 0.019 2；国外文献关键词共现图谱中共包含 263 个节点、904 条连线，网络密度为 0.026 2。整体来看，其中散落的节点较少，联系较紧密，表明国内外对居民与游客的旅游感知领域的研究热点相对集中。其中，国外研究中 im-pact、health、tourism、benefits、happiness 等关键词较为突显。目前，国内对居民与游客的旅游感知研究尚处于初级阶段，突出的关键词节点是游客感知、乡村旅游、旅游体验、旅游形象、居民感知等，侧重居民、游客感知影响研究。

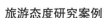

为了进一步掌握国内外旅游感知研究方向，本文对高频关键词进行了聚类分析。通常，聚类模块值Modularity Q（Q值）大于0.3时聚类结构显著，聚类平均轮廓值Silhouette（S值）大于0.5时表明该图谱聚类合理，且S值越接近1反映网络的同质性越高。在关键词聚类图谱中，Q值均大于0.3，S值均大于0.8，说明本研究的可视化图谱的聚类结构效果明显且具有说服力。国内文献关键词聚类图谱展示了游客感知、旅游形象、旅游体验、感知价值、居民感知、旅游影响、行为意向、乡村旅游等关键词聚类，其中游客感知、居民感知、旅游影响、旅游体验的类团面积较大，是国内旅游感知的主要研究方向。国外文献关键词聚类图谱展示了tourism、perceived risk、visitor experience、travel、travel intentions、tourist well-being、adventure tourism等关键词聚类。整体来看，主题visitor experience、travel intentions、adventure tourism面积较大，说明在国外旅游感知相关研究中，这些是主要的研究主题。

四、国内外研究热点

通过梳理旅游感知、影响和态度的研究文献，并分析关键词图谱，归纳出国内外研究热点。国内研究热点可分为旅游感知的居民类型分类、影响居民旅游感知的因素、旅游地主客交往影响、旅游地居民对游客的态度变化等方面；国外研究热点主要包括主观幸福感旅游的旅游感知，旅游意向与旅游行为的影响因素，旅游发展对当地产生的经济、环境、社会文化方面的影响，社会文化方面的影响，居民对旅游发展认知态度的剖析等方面。

（一）国内研究热点

1. 旅游感知的居民类型分类

在研究影响居民感知与态度的影响因素时，基于性别、年龄、职业、受教育程度、距景区远近等几个方面进行居民类型的划分，张侨在《基于旅游认知的滨海旅游地居民类型研究——以三亚市为例》中，依据年龄和受教育程度对居民进行分类；部分学者对旅游目的地居民进行分类，其中于文文在《事件旅游的居民感知和态度研究——以青岛国际啤酒节为例》中将居民类型划分为热爱者、憎恨者和矛盾支持者三种；少部分学者从其他角度出发，如万辉在《旅游目的地居民旅游影响的态度研究——以成都洛带古镇为例》中提出了可以从参与程度和月均收入等方面进行划分。

2. 影响居民旅游感知的因素

根据文献总结得出，影响居民旅游感知的因素有旅游发展、人文风俗、人数管控、自然景观、居民的开发权利等五个因素。蔡伟在《乡村旅游地居民对发展生态旅游的认知与态度研究——以镇江世业洲为例》中还创新性地提出了旅游开发是否尊重当地居民的生活方式和风俗习惯这个因素，黄杰龙在《乡村旅游农户感知、态度和行为意向的关系及差异研究——以三个不同发展模式为例》中提出就业也会对居民旅游感知产生影响。

3. 旅游地主客交往影响

国内学者主要关注主客交往对旅游者和居民的感知与行为影响方面的研究，主要分为直接影响和相互影响。其中，陈志钢等在《基于主客交往视角的旅游环境感知与评价研究——以西安市为例》中分析了居民对环境的感知直接影响其与游客之间的关系，当居民的利益得到保障后，会直接提高对游客的热情度；张机、徐红罡在《民族餐馆里的主客互动过程研究——以丽江白沙村为例》中，通过分析民族餐馆这一微观情景里的主客互动过程，指出民族旅游主要是通过微观层次的主客互动来提高彼此的旅游感知度，体现出主客交往之间的相互影响。

4. 旅游地居民对游客的态度变化

旅游地居民对游客的态度随既得利益变化，分为支持发展旅游、存在排斥心理和中立状态。其中，张金花在《中国乡村旅游利益相关者关系研究》中解释到，由于两者的立场、价值取向不同，旅游者想通过自己的旅游活动获得相应的旅游体验，而当地居民思变求富心理强烈，希望通过发展旅游获得经济利益，所以居民对游客的态度随既得利益而变化。郤晓于在《乡村生态旅游地居民的感知与态度研究——以新疆托木尔峰国家级自然保护区为例》中表明，只有0.6%的居民对游客存在排斥心理，大部分居民对托木尔峰乡村生态旅游的满意度和支持度都比较高。

（二）国外研究热点

1. 主观幸福感旅游的旅游感知

国外学者关注居民旅游影响感知与主观幸福感之间的双向关系，检验由此产生的旅游发展支持效应。自如 Tam Pui Sun 就在 "Investigating the bidirectionality of the relationship between residents' perceptions of tourism impacts and subjective wellbeing on support for tourism development" 中指出在自下而上和自上而下理论的整合框架下验证了旅游影响感知与主观幸福感之间的双向性，提出了可以通过促进感知旅游收益、降低感知旅游成本和培育主观幸福感来加强双边联系，以通过社会交换机制维持居民对旅游业可持续发展的支持。

2. 旅游意向与旅游行为的影响因素

国外研究指出，旅游意向与旅游行为的影响因素有个人因素（包括年龄、性别、教育程度、收入水平等）、社会因素、心理因素、环境因素等。Hongjun Fan 在 "Research on sustainable development of coastal rural ecotourism based on tourism perception" 中指出了社会因素对于游客参观事件目的地有明显的偏向性。这些决策很可能受到行为属性和社会互动的影响。Peita Hillman 等在 "Application of visual methods to perceptions of tourism development" 中指出，个人受教育程度会极大影响个人对于文化旅游目的地的选择意向。

3. 旅游发展对当地产生的经济、环境、社会文化方面的影响

国外学者注重旅游发展对当地居民的经济、社会文化和环境影响认知的多角度考察。其中 Kendell 在 "The impact of the development of the tourism industry on the urban environment" 中研究了旅游发展对社会环境方面的影响，较早地关注了旅游发展对社区建设、外汇、政府收入等方面的影响。Stephen Witt 在 "Does tourism effectively stimulate Malaysia's economic growth?" 中研究了旅游业对当地的经济影响，比较了旅游业对威尔士和英国整体的影响，发现旅游业的发展给威尔士地区创造了10%的就业机会，而为英国创造了6%的就业机会。

4. 居民对旅游发展认知态度的剖析

国外研究侧重在居民对旅游影响的认知、居民对某些特殊旅游产品的认知

和态度、居民旅游认知和态度的影响因素、相关理论以及基于居民旅游认知和态度差异的群体聚类等五个方面。其中 Tim Snaith 在 "The dynamic role of tourism investment on tourism environment" 中研究了居民对旅游影响的认知态度，例如在旅游发展对英国约克郡所带来的影响中，作者认为居民对影响的感知会随着经济条件、文化背景以及人口背景的不同而有所差异。

第三节　旅游心理和选择

在当前旅游业蓬勃发展背景下，游客在旅游过程中所持有的心理状态和情绪体验非常重要，良好的旅游心态可以帮助游客更好地享受旅游过程，提高旅游体验和满意度。例如，积极乐观的游客更容易适应新环境，更容易发现旅游中的乐趣和美好；而消极悲观的游客则更容易产生疲劳和厌倦感。其次，游客在旅游过程中也会做出决策和选择，包括选择旅游目的地、旅游方式、旅游时间、旅游线路等各个方面。所以旅游心理和旅游选择是旅游过程中至关重要的一部分，对于游客的旅游体验和满意度有着重要的影响。本研究通过搜集国内外旅游心理相关文献，采用文献计量和可视化方法，梳理、比较国内外相关研究进展和研究热点。结果表明，国内研究主要聚焦在黑色旅游、红色旅游对游客心理影响，游客旅游心理与动机分析，游客旅游过程中情绪变化对旅游业的推动等方面；国外研究主要聚焦于探讨游客个性对旅游方式、场景的选择，游客心理与行为研究，旅游敌意和旅游亲和力等问题上。

近年来，我国旅游业在各个方面都取得了显著进展。旅游资源丰富多样，包括自然风光、历史文化、民俗风情等。同时，旅游基础设施不断完善，旅游服务质量也不断提高。伴随着旅游业的不断发展，政府也制定了一系列旅游政策，以推动旅游业的发展，其中包括加大对旅游业的投入、加强旅游基础设施建设、推动旅游产业升级、提高旅游服务质量等方面的政策。这些政策的实施为旅游业的发展提供了有力的支持和保障。因此，对于旅游业从业者来说，了解游客的旅游心理和旅游选择对于提高旅游服务质量和产品质量有着重要的意义。通过了解游客的心理和动机，可以更好地满足他们的需求和期望，提高游

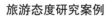

客的满意度和忠诚度。同时，也可以根据不同人群的旅游态度和旅游选择，开发出更加符合市场需求的产品和服务，不断促进旅游业的发展。旅游心理和旅游选择相关研究近年来逐渐受到关注，但鲜有研究将国内外研究同时进行综述，未能系统反映相关研究成果。因此，本研究拟将对国内外旅游心理和旅游选择相关研究文献梳理的基础上，比较、述评国内外旅游心理和旅游选择的研究进展和成果，期望为后续相关研究提供一定的理论依据。

一、旅游心理和旅游选择的定义

旅游心理是研究旅游者在旅游活动中的心理活动规律和心理特征的科学，它涉及旅游者的感知、认知、情感、动机、满意度、行为等方面的心理过程。

旅游选择是旅游者在考虑个人偏好、需求、资源限制和外部信息的基础上，对旅游目的地、旅游产品或服务进行评价和决策的过程。

旅游心理研究可以帮助旅游从业者更好地了解游客的心理需求和行为模式，从而提供更加符合游客期望的产品和服务，提高游客满意度和忠诚度。旅游选择是一个复杂的过程，受多种因素的影响，包括个人特征（如年龄、性别、教育背景）、社会文化因素、经济条件、市场营销活动、个人经验和同伴影响等。了解旅游态度、旅游心理和旅游选择对于旅游目的地管理、旅游市场营销和旅游产品设计具有重要意义。通过深入研究和分析这些概念，可以更有效地吸引和满足旅游者，促进旅游业的可持续发展。

二、数据来源与分析方法

本研究利用中国知网（CNKI）数据库检索中文文献，以"旅游心理""旅游态度""旅游选择""旅游动机""游客体验""游客情绪""黑色旅游心理""红色旅游与游客态度"等检索词为主题，来源类别分别为"北大核心"和"CSSCI"，检索时间截至 2023 年 12 月 31 日，包含报纸、会议、文件等文献，最终获取 93 篇有效中文文献。同理，在 Web of Science （WOS）数据库以"主题=psychology tourism or attitude and psychologytourism or wellness sojourn or long-stay tourism & 文献类型=article or review & 语种=English"为条件进行英文文献的检索，共筛选出 224 份有效文献。本研究基于这 317 份文献进行综述，借助 CiteSpace 软件，绘制旅游心理与旅游选择研究文献数量及年代分布、关键词共现与关键词聚类等知识图谱，并结合图谱综合论述国内外旅游心理与旅游选择的研究进展及研究热点。

三、总体研究进展

（一）文献历时分布

国内外旅游心理研究起步均较晚，近几年呈上升趋势。旅游心理研究历年期刊文献数量及分布情况如图 5-2、图 5-3 所示。从研究文献数量上看，2017 年以前，国外鲜有关于旅游心理研究文献，每年不超过 2 篇，增幅缓慢。国内相关研究起步较晚，大体上呈缓慢增长的趋势。新冠肺炎疫情暴发后，国内学者对旅游心理的关注度普遍提升，相关研究文献数量快速增加，2022 年发文量达到了 15 篇。可见国内对旅游心理的研究开始重视。目前，国内外关于旅游心理的研究仍存在一定的提升空间。

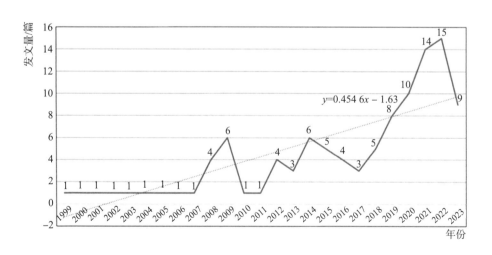

图 5-2　国内旅游心理文献数量及年代分布

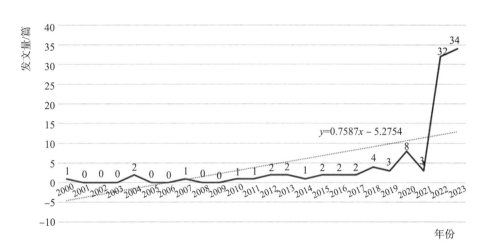

图 5-3　国外旅游心理文献数量及年代分布

（二）研究方法

通过梳理相关文献可以发现国内研究方法大多以问卷调查为主，通过问卷调查，收集数据利用 SPSS 软件进行分析，建立自变量与因变量关系式，此种方法被大量运用，具有一定信服度；某些专家采用案例分析法，此种方法适用于个别地方，局限性较强。本研究采用了问卷调查法，预先设计好具有规范化可计量的问卷，采用开放式问题方式，让被调查者自由回答，以获得更丰富的信息。

（三）研究关键词

在完成数据清洗后，将数据导入 CiteSpace 可视化计量分析软件中，进行知识图谱的生成与分析，通过运用 CiteSpace 软件生成了关键词共现图谱。关键词可以快速、准确反映文章的主题，它在某一领域文献中出现的频次在一定程度上反映了该领域的研究热点。

国内文相关论文关键词共现图谱可以清晰地看到国内外有关旅游心理研究的重点内容及关联情况。在其中，节点代表文献信息单元，而连线则表示这些节点之间的联系（共现）。通过测量和可视化这些节点、连线以及网络结构，可以清晰地看到有关旅游心理研究领域的知识结构和规律。

关键词共现：在提取317篇文献的关键词后，使用CiteSpace对其进行共现，研究高频次关键词之间的相关性。国内文献关键词共现图谱中，10个主要关键词为：旅游动机、黑色旅游、红色旅游、重游意愿、旅游体验、行为意向、国家认同、满意度、认知形象、汶川地震。国外文献关键词共现图谱中，10个主要关键词为：dark tourism、destination choice、systematic review、tourism market、cognitive psychology、tourist profile、dark tourist、tourism experience、dark heritage、red tourism。

关键词聚类：在提取317篇文献的关键词后，使用CiteSpace对共现网络中的关键词进行紧密关联的聚类，每个聚类都由一组相互关联的关键词构成。随后，为每个关键词赋予一个值，同一聚类中值最大的关键词被选为代表，并用作该类别的标签。国内文献关键词共现图谱展示了旅游动机、黑色旅游、红色旅游、重游意愿、旅游体验、行为意向、国家认同、满意度、认知形象、汶川地震等关键词聚类图谱，其中黑色旅游、红色旅游、旅游体验、旅游动机类团面积较大，是国内的主要研究方向。根据国外文献关键词共现图谱可知，国外的主要研究方向为：dark tourism、destination choice、systematic review、tourism market、cognitive psychology、tourist profile、dark tourist、 tourism experience、dark heritage、red tourism。

四、国内外研究热点

通过梳理旅游心理、旅游选择相关研究文献，并分析关键词图谱，归纳出国内外研究热点。国内研究热点可分为旅游情绪、旅游心理与游客态度、旅游体验、旅游心理和旅游选择的关系等方面；国外研究热点包括行为参与、旅游亲和力与旅游敌意以及个人特性与旅游等方面。

（一）国内研究热点

1. 旅游情绪

情绪是游客旅游体验的重要组成部分，在不同旅游场景下会产生不同的情绪。旅游情绪主要包括四个方面：第一个方面，旅游情绪是影响旅游体验的重要因素，比如王雨晨在《游客消极情绪具有积极作用吗？——基于国外旅游研究分析》中提到不管是积极情绪还是消极情绪，都会影响游客的旅游体验；第二个方面，旅游情绪是游客感知价值和满意度的反应，如刘雪宁在《文化遗产旅游游客感知价值对满意度与积极情绪的影响》中提到，重视游客的感知价值会提高游客的积极情绪；第三个方面，旅游情绪是游客与旅游地环境互动反应的结果，如王璟、张春晖在《自然旅游地感知环境美学质量对游客积极情绪的影响——多重中介模型研究》中提到，积极的情绪是旅游过程中最基础的心理健康效应；第四个方面，旅游情绪在游客对旅游地的满意度方面起调节作用，如许春晓、张中昱在《旅游目的地形象类型对游客情绪唤醒和拥护的影响——谣言和个体涉入的调节作用》中提到，情绪能使人们对旅游目的地产生积极的意图和行为，并作为参与旅游的重要动机，影响游客对旅游地的推荐和重游意愿。

经过所有文献总结，我们认为旅游情绪包括以下四个方面：①旅游情绪是影响旅游体验的重要因素；②旅游情绪是游客感知价值和满意度的反应；③旅游情绪是游客与旅游地环境互动反应的结果；④旅游情绪在游客对旅游地的满意度方面起调节作用。

2. 旅游心理和游客态度

研究表明，旅游心理与游客态度之间存在密切的关系。在所查文献中，旅游心理对游客态度的影响包括两个方面：第一个方面，旅游态度是指人们对旅游的看法、偏好和评价，如王立国、宋薇在《旅游感知价值与地方认同对乡村旅游偏好行为的影响研究》中提到，积极的旅游心理会让游客对旅游地产生认同感，进而增强游客的旅游偏好；第二个方面，旅游态度通常受到社会环境和旅游服务体验的影响，同时积极的旅游心理和态度可以对游客情感起到正面导向作用，如薛晨浩、任婕、苗红在《甘肃省红色旅游景区游客情感与价值观分析》中提到游客带着敬畏情绪参观红色景点，同时红色景点会引导游客形成深层次价值观，构建了游客的身份认同感、国家认同感、政党认同感。

我们认为，旅游心理和旅游态度一方面影响人们对旅游的看法、偏好和评价，另一方面可以对游客的情感起到正面导向作用。

3. 旅游体验

旅游体验是指一个人通过旅行的方式，在旅游过程中所获得的感受和体验。在所查文献中，旅游体验主要包括三个方面：第一个方面，旅游体验是从认知到情感到行为的序列过程，如李曼等在《认知—情感视角下遗产旅游难忘体验的形成与演变研究——基于平遥古城游客追踪数据的多层次分析》中提到，在旅游过程中，游客通过信息搜索、现场体验等方式形成对旅游地的认知，并在游览和互动过程中产生情感，进而使得认知和情感交互作用于旅游行为；第二个方面，旅游体验也是审美体验，且会受到感官刺激影响，如黄龙芳等在《审美视角下龙脊梯田旅游体验研究》中提到，游客感官受到的刺激越高，游客评价感知越明显，景点的美感可以满足人们在精神层面的需求，增强游客的审美体验从而提升游客自身情感体验；第三个方面，旅游体验也是感知体验，是游客思维对客观事物分析后的主观反应，如李思卿、李俊亭在《感知体验视角下大学生红色旅游行为研究》中提到，景观感知体验和教育感知体验对游客文化依恋具有正向影响，且文化依恋会影响游客满意度。

我们认为旅游体验包括三个方面：一是从认知到情感到行为的序列过程，二是和审美体验密切相关，三是和感知体验互为补充、相互联系。

4. 旅游心理和旅游选择的关系

旅游心理和旅游选择是旅游行为研究中的重要方面。旅游心理是指在旅游过程中游客的心理活动和心理体验，而旅游选择则是游客对旅游目的地、旅游方式、旅游行程等方面的选择。关于前者，王立国、宋薇、黄志萍认为旅游选择受旅游偏好影响，而旅游偏好本质上是一种心理倾向，是旅游者对旅游产品或旅游目的地具有情感的认知和价值评价的结果。关于后者，唐晓媛、白凯在《红色记忆对红色旅游动机的影响研究》中提到，中华民族具有红色记忆，这是一种心理特质，其推动了游客选择红色旅游地进行观光游览。

我们认为，旅游选择受旅游心理偏好的影响，同时旅游心理也会受旅游选择影响。

（二）国外研究热点

1. 行为参与

旅游行为参与是指潜在游客利用闲暇时光参与旅游活动的行为。通过研究探讨国外文献关于游客在旅游景区的参与情况，揭示了一些普遍的参与行为的明确证据：一是花费时间和享受，使游客进入更深层次的行为和心理参与，Kheiri Jay 在 "Tourists' engagement in cultural attractions: an exploratory study of psychological and behavioural engagement in indigenous tourism" 中通过研究探讨国际游客对新西兰毛利土著旅游景区的参与行为发现，行为参与的发生有两种主要形式，一是为个人和非个人目的拍照以及与员工交谈；二是可持续参与行为，尤其是对于消费行为。Hani Ernawati 等在 "Unveiling the path to sustainable behavior in tourism through a systematic literature review" 中的研究揭示了旅游可持续行为的实现路径。

我们认为，旅游的行为参与可以分为时间的花费、心理的动机、情感的认同三个方面。

2. 旅游亲和力与旅游敌意

旅游亲和力与旅游敌意是旅游者由于多方面因素影响，对某个旅游地点或行为产生的情感和文化上的亲和或敌意。国外研究将其分为以下两个方面：一是旅游者可能会因为联系或亲和感等原因选择目的地，Josiassen Alexander 等在 "Tourism affinity and its effects on tourist and resident behavior" 一文中研究了旅游敌意对多种居民和旅游行为的影响，结果表明，旅游敌意是口碑和居民招待等旅游相关结果的积极驱动因素，而旅游敌意驱动了游客的一般访问意愿和口碑提供意愿，但阻碍了更密切的互动；二是国际关系对旅游亲和力和旅游敌意的影响，Josiassen Alexander 等在 "The role of affinity and animosity on solidarity with Ukraine and hospitality outcomes" 中探讨了旅游和酒店行业与乌克兰的团结是由对乌克兰的亲近驱动的，还是由对俄罗斯的敌意驱动的。

我们认为，旅游亲和力与旅游敌意的研究可以分为以下几个方面：一是亲和力和敌意产生的原因；二是亲和力和敌意的产生对旅游者的选择和心理上的影响；三是如何有效利用亲和力和敌意推进旅游发展。

3. 个人特性与旅游

国外文献中的个人特性包括价值观、态度和个性特征等。个人特性的研究可以分为以下几方面：一是旅游者个人偏好，Paola Passafaro 在 "Attitudes and tourists' sustainable behavior： an overview of the literature and discussion of some theoretical and methodological issues" 中表明，生物圈的价值观、对可持续旅游的积极态度以及对多样性的更高亲和力能够预测更可持续的旅游选择，而人格特质似乎起着更间接和更复杂的作用；二是旅游者形象对其他游客的影响，Azam Nazari Dehaghi 等在 "The effects of isfahan tourists' image on its sustainable tourism development" 中表明，旅游者的形象、个体特征对旅游者的行为、旅游成果和旅游发展具有积极而显著的影响；三是景区个性对游客的影响，Bo Meng 等在 "Users and non-users of smartphones for travel： differences in factors influencing the adoption decision" 中表明，个人创新性、正在使用的智能手机功能以及对结果可演示性的感知能够提高智能手机旅游使用行为的可预测性。

我们认为个人特性与旅游的研究可分为两方面，即个性的旅游选择和景区的创新性发展。

五、评述与展望

（一）研究评述

国内外对于旅游心理和旅游选择的研究内容各有不同，但都关注了旅游者的心理和行为特点，以及如何更好地满足他们的需求。

在研究内容上，国内旅游心理和旅游选择的研究主要关注了旅游者的动机、偏好、决策过程、体验感受等方面。例如，一些研究探讨了旅游者对不同类型旅游产品的偏好和需求，以及他们在旅游过程中的心理变化和行为特征。而国外旅游心理和旅游选择的研究不仅关注了旅游者的动机、偏好、决策过程、体验感受等方面，还探讨了旅游者与当地居民之间的关系和互动。例如，一些研究表明，旅游者选择旅游地的主要动机包括探索新事物、放松身心、逃离日常生活、体验新的文化和自然风光等。同时，还有一些研究表明，旅游者对旅游设施和服务的需求和期望也在不断变化。

总的来说，国内外对于旅游心理和旅游选择的研究都关注了旅游者的心理和行为特点，以及如何更好地满足他们的需求。未来，随着旅游业的发展和变化，相信这些研究领域还将继续扩大和深入。

（二）研究展望

随着旅游业的发展和消费者需求的不断变化，国内外对于旅游心理和旅游选择的研究仍将继续深入和扩大。通过回顾国内外旅游心理和旅游选择的研究进展，笔者对我国今后旅游业研究提出以下几点展望。

1. 加强对旅游心理和旅游选择的深入研究

我国在旅游心理和旅游选择方面的研究尚处于发展阶段，需要进一步加强对旅游心理和旅游选择的深入研究，探究旅游者的决策过程、体验感受、满意度等方面的特点和规律。

2. 关注旅游者的多元化需求

随着旅游市场的不断扩大和旅游者需求的多样化，需要关注不同年龄、性别、文化背景、职业等旅游者的多元化需求，以提供更加精准的旅游产品和服务。

3. 促进旅游地的文化传承和发展

旅游者选择旅游地的一个重要动机是体验新的文化和自然风光。因此，需要加强对旅游地文化的传承和发展，将传统文化和现代元素相结合，为旅游者提供更加丰富的文化体验。

总之，未来的研究需要深入探讨旅游心理和旅游选择的规律和特点，为我国旅游业的发展提供更加科学、精准的指导和服务。同时，还需要加强对旅游业可持续发展的探索和研究，以实现旅游业与自然环境、社会文化的和谐共生。

第四节　独行旅游态度

随着城市化的快速发展，独自旅行作为一种后现代的生活方式备受欢迎。

然而，当前我国旅游业在空间和实践方面尚未为独行旅游需求的变革做好准备。本研究着重强调对独行旅游现象的理解，这对于旅游业的调整至关重要。介绍了独行旅游的定义、数据来源与分析方法以及总体研究进展，并调研了200篇中文文献和100篇英文文献，揭示了独行旅游研究的历时发展、关键词共现和聚类等方面的内容。研究发现，国外对于独行旅游领域的研究起步较晚；国内则从2013年开始，但后续研究相对缺乏。总体而言，本研究强调了扩展独行旅游研究领域的发展空间和对该主题进一步关注的必要性。

一、独行旅游的定义

独行旅游指一个人独立地旅行。这通常意味着一个人携带着简单的行李和必要的物品，在没有任何人陪伴或协助的情况下，徒步穿行于旅途中。这种旅行方式让人拥有更多的自由和独立性，可以更好地欣赏周围的景色和体验到旅行带来的感受。

二、数据来源与分析方法

利用中国知网（CNKI）数据库检索中文文献，以"独行旅游""旅游动机""旅游态度""旅游行为""社会互动"等检索词为主题，来源类别分别为"北大核心""CSSCI"，检索时间截至2020年12月31日，剔除报纸、会议、文件等文献，最终获取200篇有效中文文献；利用Web Of Science（WOS）数据库检索英文文献，以Travel Alone、Travel motivation、Willingness Of Travel、The Attitude Of Tourists、Travel behavior等检索词为主题，文献类型为Review Article，剔除报纸、会议、文件等文献，最后通过被引量排序来进行筛选，共得到100篇相关有效文献。借助CiteSpace软件，绘制历年独行旅游研究文献数量及游客意愿分布、关键词共现与关键词聚类等知识图谱，并结合图谱综合论述独行旅游的研究进展及研究热点。

三、总体研究进展

（一）文献历时发布

国外独行旅游研究起步较晚，从2005年开始才有相对应的研究成果发表，并且国外在这一方面的研究成果也寥寥无几，且增幅缓慢；国内研究始于2013年，并且持续到2016年，后续并没有进一步深入研究。新冠肺炎疫情暴发后，国外学者对独行旅游的关注度提升，相关的文献数量有所增加，增幅达到峰值，但总体文献数量也只有9篇，而国内没有相关文献发表，之后对于这方面的研究趋于稳定，关注程度也未进一步上升。

综上所述，国内外对于独行旅游的研究没有得到有效研究发展，目前国内外对于这一方面的关注程度还需进一步提高，并存在很大的研究空间。

（二）研究关键词

关键词可以快速、准确反映文章的主题，它在某一领域文献中出现的频次在一定程度上反映了该领域的研究热点。通过运用CiteSpace软件生成了关键词共现图谱，整体来看，其中散落的节点较少，联系较紧密，表明研究热点相对集中。

根据CiteSpace关键词排序，选取了前五个关键词作为研究分析的对象，分别为满意度、旅游态度、支付意愿、旅游意愿和感知价值。根据CiteSpace关键词排序，选取了前五个关键词作为研究分析的对象，分别为旅游意愿、感知价值、支付意愿、态度、满意度。从整体上来看，这些关注的对象能够得出独行旅游所着重关注的内容，且排名第一的为满意度，说明独行旅游的游客最注重的就是在旅游途中的满意度，即指游客愉悦和满足的程度，旅游能否被游客承认和接受。旅游态度即是个体对自己在旅游中某些现象的动机过程、情感过程、知觉过程的持久组织。旅游的支付意愿是指消费者对所接受的旅游的消费的估价或愿意付出的代价。感知价值是指游客所能感知到的利益与其在获取服务时所付出的成本进行权衡后对产品或服务效用的总体评价。

为了进一步掌握国内外独行旅游研究方向，对高频关键词进行聚类分析。通常，聚类模块值Modularity Q（Q值）大于0.3时聚类结构显著，聚类平均轮廓值Silhouette（S值）大于0.5时表明该图谱聚类合理，且S值越接近1反映网络的同质性越高。在关键词聚类图谱中，Q值均大于0.3，S值均大于0.8，说明本研究的可视化图谱的聚类结构效果明显且具有说服力。

国外文献关键词共现图谱中，由 Determinants、Satisfaction、Travel motivation、public transportation、walking 等关键词构成；国外文献关键词聚类图谱中，由 land use、satisfaction、choice、behavior、pact 等关键词构成。整体来看，主题 Travel motivation、travel intention and influencing factors in tourism 面积较大，说明在独行旅游相关研究文献中这些是主要的研究主题。

四、研究热点

（一）国内研究热点

1. 独行旅游的旅游状态

在所查文献中，其中有100篇文献都涉及到了独行旅游的旅游状态，而旅游状态主要分为以下三种：①开放心态，最好的旅行状态是保持开放的心态和好奇心，愿意接受和体验不同的文化、风俗和人们的生活方式，从而拓宽自己的视野和丰富自己的经历，其中许靖华在《孤独与追寻》一书中介绍了其独自周游世界的心态和想法，描绘了一个独具魅力的独行旅游视角。②放松和享受，旅行应该是一种放松和享受的体验，远离日常的压力和忙碌，放松身心，享受周围环境的美丽和宁静，其中刘卫梅在《旅游者恢复性体验研究——结构维度与生成机制》中表示放松的旅游状态是旅游者心态放松和体验恢复的关键。③探索和冒险，是勇于探索未知的领域，敢于尝试新的事物、走出舒适区，去不同的地方探索、体验文化的一种旅游状态，其中毕露在《驴友的冒险取向与旅游动机类型、情境伦理问题研究》中介绍了在旅游过程中游客们对于冒险性项目的喜爱原因和追求意向。

从以上分析中可以看出游客在选择独行旅游时状态较为多样，也在不同的心态中感受着不一样的风景。

2. 独行旅游方式

在所查文献中，其中有50篇涉及独行旅游的方式，主要分为以下三种：①徒步旅行。徒步旅行是一种锻炼身体和放松心情的旅游方式，可以让我们亲近自然，感受大自然的鬼斧神工。徒步旅行需要有一定的体力和耐力，还需要准备好必备的装备和食物。叶青在《大学生徒步旅游行为意向及其影响因素研究——以长沙市大学生为例》中介绍了游客选择徒步旅游的原因及影响因素。②自驾游。它是一种自由度极高的旅游方式，可以根据自己的兴趣爱好和时间安排，自由地选择路线和景点。在自驾游中，我们可以随时随地停车休息，拍照留念，品尝当地美食，感受自然风光和人文气息，张冬在《基于智慧旅游的昆明市自驾游游客决策过程研究》中介绍了游客选择自驾游的原因以及现代信息发展对于自驾游的影响。③骑单车旅行。这是一种感受世界、感受自己内心的方式，需要有吃苦耐劳的精神，牟爽在《海南自行车旅游研究》中以海南骑行旅游为例，介绍了骑单车旅行时游客的想法以及对于骑单车旅游的感受。

各种旅游出行方式展现了游客们在旅游时的多样化选择，同时也展现出独行旅游的受众广泛。

3. 独行旅游者的中介作用

在所查文献中，其中有50篇都是关于独行旅游者的中介作用，包括：①提供信息咨询。通过收集整理提供旅游相关信息，帮助其他旅游者在出行前做出明智的决策。其中梁晓梅在《对个人旅游者提供信息咨询研究》中通过对不同独行旅游中介者的调查和分析，较为全面地介绍了独行旅游者作为中介可以提供的信息。②组织旅行行程。独行旅游者的经验可以提供多样化的旅游产品和行程安排选择，其中吴文佳在《独行旅游者旅行路线设计》中介绍了几种常见的旅行路线设计以及设计原因。③分享经验。通过独行旅游者的经验分享，我们在面对突发状况的时候会变得更冷静，能更好地解决问题，其中苏丽雅在《旅游经验、旅游动机与行为意向的关系研究——以高校旅游为例》中，综合考虑重游意向和推荐意向两个因素，探究行为意向与旅游动机之间的关系，给出了许多关于旅游的建议。

三种独行旅游者的中介作用展现了独行旅游者在其他方面能发挥重要作用，同时也进一步说明独行旅游市场广泛，受众广且接受人群不断增多。

（二）国外研究热点

1. 人工智能对独行旅游者购买意向的影响

在所查文献中，其中有28篇从人工智能缓解单身出行者在出行规划和预订方面的顾虑、个性化信息辅助出行决策、激发独行旅游者购买意愿三个方面出发，例如 Chang Jennifer Yee-Shan 的"One pie，many recipes：the role of artificial intelligence chatbots in influencing malaysian solo traveler purchase intentions"提出，互动性和娱乐性、沟通能力和满意度对购买意愿有显著的直接影响。

2. 独行旅游重新振兴国内旅游业

在所查文献中，其中33篇从独行旅游的概念内涵、行为特征方面对旅游者进行分析，结果发现受到了青年人的热捧和媒体的广泛关注，现在已经成为中国旅游产业中的重要消费诉求，例如 Pop Ana-Maria 在"Glamping tourism as a sustainable response to the need to reinvigorate domestic tourism"中表明独行旅游不仅给青年人提供了便捷的方式，还振兴了国内旅游业。Sumbal Malik 在"Research on the cooperation guidance mechanism between foreign capital and rural communities in the development of independent tourism"中表明发展乡村旅游已成为推动乡村振兴重要抓手，但由于多种原因，最终导致开发资本与乡村社区的矛盾冲突不断，对于协调资本与社区之间的矛盾冲突，国外学者提出了独行旅游的参与和增权理论，利用多种形式使独行青年爱上乡村。

3. 独行旅游经济空间格局与后疫情时代发展策略

在所查文献中，其中39篇说明，经济发展呈现旅游收入靠前，生产总值靠后的特征。部分典型区县在疫情的影响下，通过发展智慧旅游、文化旅游积极应对需求的变化。例如 Masset Julie 在"Spatial pattern of solo travel economy and development strategy in post-epidemic era"中提到独行旅游发展可进一步通过强化制度响应、发展虚拟旅游、深化地域联动等策略，应对疫情之下的不稳定前景。Yoon Hesu 在"Urban rural integration from the perspective of tourism philosophy"中，指出独行旅游对城乡融合的推动作用已得到学界的广泛关注，关乎"善"的伦理性层面，独行旅游发展带来了乡村的主体性培育和城市的异化修复；在关乎"美"的审美性层面，独行旅游发展带来了乡村的文化自为和城市的审美解放，独行旅游可以更贴近本人，为人们提供更优质的服务。Li Xiao Fei 在"Promoting quality and connotative development of red solo tourism"中指出，当前红色旅游已成为开展爱国主义教育和革命传统教育的生动课堂，成为展示中国革命、建设、改革、新时代伟大成就的有效方式，成为培育社会主义核心价值观的重要举措。作为独行旅游者，更应该多关注红色革命，多了解红色历史，以古鉴今；同时，独行旅游能更好地吸收知识。

第五节　青年旅游态度

随着社会经济的进步，旅游业这个新兴产业伴随着工业化、全球化和信息化的进程，不断发展进步。通过文献调查法，我们分析了不同类型旅游形式的状态及其在旅游者行为和情感上的表现，并比较了国内外研究进展和研究热点。研究发现，国内的青年旅游态度呈现出积极向上的状态，而国外呈现出消极的状态，国内的研究主要着眼于青年旅游方式，强调现代人们崇尚的旅游方式，还有旅游价值链创新、青年旅游吸引点等等，旨在表达旅游行业价值链的创新以及能够吸引到青年的旅游点；国外研究既提到文化差异的影响，也提到环境形势与安全隐患、城市目的地营销中的健康竞争优势、国外战乱局势，这也成为旅游者需要思考的重要问题之一。

一、青年旅游态度的定义

关于青年旅游态度的定义，无论是在国内还是国外，都有一些共同的特点和趋势，但也存在一些差异。

在国内，青年旅游态度的特点可以从以下几个方面来理解。①特种兵式旅游：这是一种流行于国内青年群体中的旅游方式，特别是在校大学生和职场新人。这种旅游方式强调用最少的时间和金钱游览尽可能多的景点，通常在周末或节假日进行，以高效率和体验丰富为特点。②休闲式慢游：国内许多青年也喜欢休闲式、以兴趣为主导的慢游。这种旅游方式强调放松和深入体验，而非简单的打卡式旅游。调查显示，69.8%的受访青年喜欢这种休闲式的旅游。③多元化和个性化需求：2023年的数据显示，青年群体的旅游需求呈现出多元化和细分化的趋势。这包括对传统热门旅游城市和新兴的非传统旅游目的地的探索，以及对体验型旅游产品的青睐，如利用VR、AR技术的沉浸式体验。

在国际范围内，青年旅游态度的定义可包含以下方面。①探索和体验：国际青年旅游往往强调探索未知和文化体验，更倾向于深度游和体验当地文化。②独立和自主：国际青年旅游者通常更倾向于独立和自主的旅行方式，如背包旅行。③可持续旅游：国际社会中，越来越多的青年旅游者关注可持续旅游，选择对环境影响小的旅游方式。

总的来说，无论是在国内还是国外，青年旅游态度都体现了对新鲜体验的渴望、个性化的需求以及对效率的追求。然而，国内青年旅游态度更侧重于高效率和丰富体验的结合，而国际青年旅游则更注重深度体验和可持续性。

二、数据来源与分析方法

本研究利用中国知网（CNKI）数据库检索中文文献，以"旅游态度""青年旅游""积极性""消极性""主动与被动"和"五种青年旅游形式"为检索词，类别来源分别为"北大核心"和"CSSCI"，检索时间从2000年至2023年11月19日，剔除报纸、会议、文件等文献，最终获取100篇中文文献。同理，在Web of Science（WOS）数据库以"主题=study tour or special forces tourism or youth tourism & 文献类型=article & 语种=English"为条件进行英文文献检索，共筛选出100篇英文文献。

三、总体研究进展

（一）文献历时分布

国内外青年旅游研究历年文献数量及分布情况如图5-4所示。国内青年旅游研究起步较早，大体上呈缓慢增长的趋势。2020年以来，国内学者对青年旅游的关注度普遍提升，相关研究文献数量呈回升状态，年度最高发文量达到了13篇（2021年），2020—2022年发文量达到了32篇，约占总数量的25%，这表明目前国内关于青年旅游的研究仍存在一定的提升空间，研究方向可以旅游意愿和旅游状态为主。国外从2002年才开始正式对青年旅游开展研究。从研究文献数量上看，2000—2007年，国外鲜有关于青年旅游的研究文献；2012—2016年，国外相关研究年度发文数量迅速增加，约达到了总数量的60%，这一阶段国外研究侧重于研学旅游，研究方向多以旅游动机和满意度为主；2016—2020年，国外青年旅游研究发文量呈波动增长之势，约占总数量的66%，研究视角逐渐多元化，出现了沙发客、背包客等旅居形式的研究，基本形成了较为完善的青年旅游研究体系。

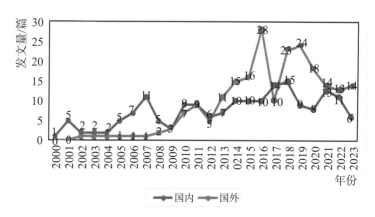

图5-4 国内外青年旅游研究文献数量及年代分布

（二）研究方法

国内对于青年旅游态度的研究方法有驱动力—压力—状态—影响—响应模型法、韧性评估法、定量分析法、定性分析法和文献研究法；国外对于青年旅游态度的研究方法有联合分析法、选择实验法、绩效分析法、综合法和系统规划法。

本研究所运用的方法是文献研究法，通过搜集、鉴别、整理文献，并通过对文献的研究形成对事实的科学认识。鉴于国外已有相关机构做过关于海外青年旅游者的大型调查，拥有一定数量的统计数据资料，因此，对与中外青年旅游者有关的报纸、杂志、书籍及专业网站的内容分析也是本研究考察青年旅游发展的手段之一。

（三）研究关键词

关键词可以快速、准确反映文章的主题，它在某一领域文献中出现的频次在一定程度上反映了该领域的研究热点。笔者运用 CiteSpace 软件生成了关键词共现图谱，国内文献关键词共现图谱共包含 110 个节点、211 条连线，网络密度为 0.035 2；国外文献关键词共现图谱共包含 108 个节点、148 条连线，网络密度为 0.025 6。整体来看，其中散落的节点较少，联系较紧密，表明国内外青年旅游领域的研究热点相对集中。目前国内对青年旅游研究尚处于初级阶段，最突出的关键词节点是大学生，其次是乡村旅游、消费行为、旅游动机等，由于我国有平稳健康的经济环境、风清气正的政治环境、国泰民安的社会环境，我国青年旅游态度多为积极向上的，因此，学者们侧重于积极态度研究。国外研究中 injury、terrorist bombings、casualty、blast overpressure、explosion 等关键词较为突显，由于国外的内部环境形势严峻、政治关系紧张和外部环境形势不确定性，战乱频发，国外对青年旅游侧重消极态度研究。

为了进一步掌握国内外青年旅游研究方向，我们对高频关键词进行聚类分析。通常，聚类模块值 Modularity Q（Q 值）大于 0.3 时聚类结构显著，聚类平均轮廓值 Silhouette（S 值）大于 0.5 时表明该图谱聚类合理，且 S 值越接近 1 反映网络的同质性越高。在关键词聚类图谱中，Q 值均大于 0.3，S 值均大于 0.8，说明本研究的可视化图谱的聚类结构效果明显且具有说服力。国外文献关键词聚类图谱展示了 blast over pressure、bioterrorism、evolving threat、terrorist attack、gender asymmetry、inoculation 等关键词。整体来看，主题 blast over pressure、bioterrorism 面积较大，说明在国外青年旅游相关研究文献中这些是主要的研究主题。国内文献关键词聚类图谱展示了大学生、消费行为、中国、青年女性、出境旅游等关键词，其中大学生乡村旅游、中国的类团面积较大，是国内青年旅游的主要研究方向。

四、研究热点

通过梳理旅游满意度研究文献，并分析关键词图谱，归纳出研究热点。

（一）国内研究热点

1. 青年旅游方式

有42篇文献提到了青年旅游方式这一关键词，其中18篇提到了旅游者喜欢个性化和丰富化的旅游体验。例如张建军在《自助旅游者旅游动机及其行为特征研究》一文中指出，"反向旅游"正在成为年轻一代消费者的心头好，与传统的旅游人群不同，年轻一代中的不少人选择冷门目的地、打卡非旅游城市、抛弃观光式旅游。孙文秀和陈国忠在《乡村旅游发展的高级化趋势探析——以北京市乡村旅游为例》一文中，指出随着旅游业的发展，旅游资源得到了更加充分的开发和利用，从自然风光到文化遗产，从现代都市到乡村小镇，旅游资源的丰富化为青年提供了更多的选择。由此可见，当代青年更热衷于说走就走、更加自由化的旅行方式，这体现出当代青年乐观主动的旅游态度。

2. 旅游行业价值链创新

在检索到的100篇中文文献中有12篇提到了旅游价值产业链，例如吴磊在《多控状态下跨界旅游景区协作机制分析》中提到，传统旅游行业的价值链条主要可以概括为用户—旅游零售商—旅游批发商—目的地资源方。由于市场需求变化，旅游企业也要针对新形势，搭建新型上下游关系，实现新的产业链协同发展。杜莉在《旅游行业价值链创新——以机票盲盒为例》一文中指出，旅游从业者应该推动产业链分工进一步细化，让收单、生产、服务履约更加专门化，专人专事提高效率和质量。由此可见，旅游行业价值链亟待创新，可以通过战略创新分析，定位全新的价值创新的机会，形成具有价值生产活动的组织机制。

3. 青年旅游吸引点

在研究分析所有文献后，我们发现有17篇文献提到了青年旅游吸引点，其中6篇提到了可持续旅游、多元文化体验、社交旅游等关键词，例如穆红梅和郑开焰在《大学生旅游消费行为实证研究》中提到了青年游客越来越关注可持续旅游，包括选择环保友好的交通方式、支持本地社区、减少单次使用塑料等行为；也追求多元文化的体验，包括参与当地传统活动、学习语言和尝试当地美食。李相和黄加红在《广西"壮族三月三"假期大学生旅游行为特征研究——

以广西6所高校为例》中提到去远方已不仅是年轻人旅行唯一的追求，音乐节、话剧、美食、艺术展，甚至是一款城市独家剧本杀，都可以成为一次旅行的驱动力，当代年轻人的旅行玩法正变得越来越多元。由此可见当代青年在旅游过程中注重对当地自然环境的保护，也更加注重旅行中的学习机会（例如文化交流），更倾向于社交化的旅游体验。

4. 青年旅游大趋向背后的心理需求

在查阅的100篇论文中有20篇提到了旅游认同，例如余志远的《成己之路：背包旅游者旅游体验研究》中提到了旅游认同的四个构面：目的地认同、角色认同、文化认同和自我认同。青年旅游者与旅游世界构成要素产生互动，旅游者在旅游过程中通过对自己所遇到的人、事、物等的认识，会产生各种形式的认同。宋学珍在《大学生的旅游消费心理需求和行为特点分析》中提到，很多青年渴望通过旅游活动与社会接触，观察人们不同的生活状态，感受真正的社会生活，从而为自己未来的发展奠定基础，实现自我认同；对于即将走入社会的他们来说，积极关注社会、认识社会是亟须要做的。只有不断地在社会上历练自己，才能真正地完成生理和心理双方面的进步和成长，以实现角色认同。由此可见，青年旅游大趋向背后的心理需求包括目的地选择、自我角色定位、文化氛围、吸引力和自我选择。

（二）国外研究热点

1. 文化差异的影响

在检索出来的英文文献中，我们发现有37篇论文提到了文化差异的影响，其中有3篇论文提出文化差异会影响个人的社会行为和消费行为，如Broeder Peter 在 "Profile photo's impact in online reviews：the effect of cultural differences" 一文中主张将文化差异与研究结合起来。大多数论文都提到，随着旅游业的全球化发展，了解文化差异和独特特征已经成为旅游研究的重要内容。Archibald Douglas 等在 "Capturing the impact of cultural differences in residency" 中提到文化差异会对人们的思想行为和交往方式产生影响，不同国家之间的习俗文化可能存在差异，包括饮食、娱乐和庆祝活动。由此可见，国外青年游客更加注重文化交融，希望在旅行过程中体验到不同的文化特色和氛围。

2. 城市目的地营销中的健康竞争优势

在所查阅的100篇英文文献中，共有15篇论文中提到了城市目的地，其中 Stalmirska Anna Maria 在 "Cultural globaslisation and food in urban destination marketing" 中提到目的地通常由目的地管理者组织进行营销，这些组织实体在发起、协调和管理某些活动中起着关键作用，例如实施旅游政策、战略和规划，进行产品开发、推广、营销和会议活动。有2篇论文侧重于旅游目的地在全球范围内相互竞争，如 John Heeley 在 "Rethinking urban destination marketing" 中提到竞争力是指在资源可用的情况下如何利用资源形成优势。由此可见，国外组织实体应该利用其自然、文化、人文等有效开发旅游资源，改善市场组成部分并使其多元化，增强对游客的吸引力。

3. 环境形势和安全隐患

所查阅文献中有12篇提及到了国际形势，主要集中在政治纷争和战乱方面。Saari Susanna 在 "In search for new urban tourism niche. Could european cities be destinations for urban wellness providing food for body，mindand spirit?" 中提到了战争，Military lmages 在 "Images of the civil war generation：a well-traveled images" 中提到了战争会导致国际形势严峻，这是国外青年游客对旅游持消极态度的主要原因。由此可见，环境形势和安全隐患是国外青年游客在制订旅游计划前考虑的主要因素。

第六节　本章小结

通过对旅游态度、旅游感知、旅游心理和选择、独行旅游态度和青年旅游态度的深入研究，我们对旅游行为背后的复杂心理有了更清晰的认识。旅游不仅是一种休闲活动，更是人们追求自我成长、探索未知和放松心灵的重要途径。独行旅游展现出个体的勇敢与独立，青年旅游则充满活力与创新。这些研究成果将为旅游行业的发展提供有力的支持，帮助旅游企业更好地了解消费者需求，开发出更具吸引力的旅游产品和服务。同时，也希望本研究能激发更多人对旅游的热爱，以积极的态度去探索世界，丰富人生体验，让旅游成为生活中不可或缺的一部分，为生活增添更多的色彩与意义。

第六章　沉浸式研究案例

在当今时代，人们对于体验的追求不断升级。沉浸式以其独特的魅力，逐渐成为各个领域的热门话题。从沉浸式艺术带来的视觉震撼与情感触动，到沉浸式教学营造的生动高效学习氛围；从沉浸式乐园打造的奇幻冒险世界，再到沉浸式传播带来的全新信息接收方式。沉浸式打破了传统的界限，让人们能够全身心地投入其中，感受前所未有的真实与奇幻交织的魅力。本研究将深入探讨沉浸式在不同领域的表现形式、价值以及未来发展趋势，揭示沉浸式体验如何重塑我们的感知与认知，为各领域的创新发展提供有益的参考，带领读者一同领略沉浸式的神奇魅力，开启一场关于体验革命的探索之旅。

第一节　沉浸式体验研究案例

在当前经济蓬勃发展的背景下，社会越来越关个体精神方面的需求，沉浸式体验备受社会各界关注。本研究通过搜集国内外沉浸式体验相关的 1 123 份文献，采用文献计量和可视化方法，梳理、比较国内外研究进展和研究热点。结果表明，国外沉浸式体验研究起步早、视角广、程度深，研究成果比较丰富；国内沉浸式体验研究仍处于发展阶段，研究主题和方法单一，相关研究较为薄弱。虽然国内外都对沉浸式体验有所研究，但鲜有研究将国内外研究同时进行综述，未能系统反映相关研究成果。本研究将在对国内外沉浸式体验的相关研究文献梳理的基础上，比较国内外沉浸式体验的研究进展和成果，同时对国内外研究热点进行分析与评价，期望为后续相关研究提供一定的理论支撑。

沉浸式体验多方位、多角度调动观众的视觉、听觉和触觉等感官进入沉浸的互动叙事环境中，建立和创造一种前所未有的代入感和共情感，形成极强的趣味性和感官震撼。沉浸式体验超越了传统意义的演艺、影视、音乐、展览等媒介，提供了一种集各种视听效果和多种媒介于一体，从表层的感官体验到深度的哲理体验，造就全新的文化艺术叙事表达和先进文化价值的体验方式，引起情感共鸣和更深层次的精神感悟，最终形成以体验为核心的高附加商业价值，符合各年龄段的个体在精神方面的需求，是社会经济发展新的增长点，对提升人民精神健康水平以及加快社会经济发展具有深远意义。

一、沉浸式体验的定义

沉浸式体验是由契克森米哈赖在20世纪70年代首先提出的，他在1988年进一步指出：人依照心理驱动力去做自己想做的事，沉浸式体验即为意识动机的外显。国外的 Webster、Trevino 和 Ryan 认为沉浸式体验是指控制、注意力集中、好奇心、内在兴趣这四大构件。这四位学者都是沉浸式体验领域的重要代表人物，他们的定义都强调了沉浸式体验的特点，即沉浸式体验是人依照心理驱动力去做自己想做的事。

山东工艺美术学院的周贵芸教授认为，沉浸式体验是一种正向的、积极的心理体验，所以它会使个体在参与活动时获得很大的愉悦感，从而促使个体反复进行同样的活动而不会厌倦。王红和刘素仁认为，沉浸式体验是意识和行为的完整体验。在这一过程中，参与者不仅能感知到自身身体上的变化，而且能够对周围事物进行思考与探索，获得丰富的信息和情感。

总的来说，本研究认为沉浸式体验分为人的感官体会与认知感受。第一是感官体会，世界的变化会影响人的神经，从而使人在视觉、嗅觉、听觉、触觉和味觉中获得体验。第二是认知感受，其是指运用人类以往丰富的生活经历，来提高人类对世界的认识。

二、数据来源与分析方法

本研究利用中国知网（CNKI）数据库检索中文文献，以"沉浸式体验"

"沉浸式""沉浸体验""沉浸理论"等检索词为主题，来源类别选择"北大核心""CSSCI"，检索时间截至 2023 年 12 月 4 日，剔除报纸、会议、文件等文献，最终获取 338 篇中文文献。同理，在 Web of Science（WOS）数据库以"主题=immersive experience & 文献类型=article or review & 语种=English"为条件进行英文文献的检索，共筛选出 785 份有效文献。本研究基于这 1 123 份文献进行文献综述，借助 CiteSpace 软件绘制沉浸式体验研究文献数量及年代分布、关键词共现与关键词聚类等知识图谱，并结合图谱综合论述国内外沉浸式体验的研究进展及研究热点。

三、总体研究进展

（一）文献历时分布

从研究发文数量上看，2011—2016 年，国外研究年度发文数量迅速增加，这一阶段国外研究侧重于医疗、教育；2018—2023 年，国外沉浸式体验研究发文量呈波动增长之势，研究视角逐渐多元化，出现了沉浸式教育、沉浸式景观等体验形式的研究，基本形成了较为完善的沉浸式体验的研究体系。国内层面的研究起步较晚，2008—2015 年呈缓慢增长的趋势。2016 年后，国内学者注意到沉浸式体验的新奇和流行，对沉浸式体验关注度普遍提升，相关研究文献数量快速增加，年度最高发文量达到了 211 篇（2022 年），2019—2022 年发文量达到了 621 篇。

（二）研究方法

通过梳理沉浸式体验研究文献发现，国内沉浸式体验研究大多以定性研究为主，SWOT 分析和文本分析法是最常见的定性研究方法；定量研究成果比较少。此外，也有少量研究采用定性研究和定量研究相结合的方式。国外沉浸式体验研究虽将定性研究与定量研究相结合，但更注重定量研究，如因子分析、回归分析、指数分析等，且运用了较为复杂的数学模型，极大推动了沉浸式体验研究进程；国外的定性研究方法多用访谈、问卷调查、文本分析和个案研究等，也有少数学者采用社会学常用的自传式民族志法来研究沉浸式体验对用户的影响。本研究采用文献分析法，这是一种广泛应用于社会科学研究中的数据分析方法，旨在通过对大量文献的分析和总结，来发现和解释研究问题或现象；步骤包括确定研究问题、搜索文献、筛选文献、提炼文献内容、分析文献和撰写文献综述。

（三）研究关键词

关键词可以快速、准确反映文章的主题，它在某一领域文献中出现的频次在一定程度上反映了该领域的研究热点。通过运用CiteSpace软件生成了关键词共现图谱，国外文献关键词共现图谱共包含356个节点、723条连线，网络密度为0.017 9；国内文献给关键词共现图谱共包含321个节点、652条连线，网络密度为0.018 5。整体来看，其中散落的节点不多，联系较紧密，表明国内外沉浸式体验领域的研究热点相对集中。其中，国外研究中，virtual reality、immersive technology、3d user interfaces、3d mathematics等关键词较为突显，说明国外沉浸式体验侧重VR研究。目前，国内沉浸式体验研究处于发展阶段，最突出的关键词节点是虚拟现实，其次是沉浸式、人机交互、交互设计、感官体验等关键词，侧重虚拟现实沉浸式研究。

为了进一步掌握国内外沉浸式体验研究方向，我们对高频关键词进行聚类分析。通常，聚类模块值Modularity Q（Q 值）大于0.3时聚类结构显著，聚类平均轮廓值Silhouette（S 值）大于0.5时表明该图谱聚类合理，且 S 值越接近1时反映网络的同质性越高。在关键词聚类图谱中，Q 值均大于0.3，S 值均大于0.8，说明本研究的可视化图谱的聚类结构效果明显且具有说服力。国外文献关键词聚类图谱中 outreach、pedagogy、collaborative exploration、recorded virtual reality、heritage science 等面积较大，说明在国外沉浸式体验相关研究中这些是主要的研究主题。国内文献关键词聚类图谱展示了虚拟现实、沉浸式、用户体验、碰撞检测、沉浸体验、沉浸式戏剧、红色文化、沉浸理论等关键词，其中虚拟现实、沉浸式、碰撞检测、沉浸体验、沉浸式戏剧、红色文化等聚类面积较大，是国内沉浸式体验的主要研究方向。

四、国内外研究热点

通过梳理沉浸式体验研究文献，并分析关键词图谱，归纳出国内外研究热点。国内研究热点可分为虚拟现实技术、沉浸式交互、文化与科技融合等方面；国外研究热点主要包括沉浸式虚拟现实、沉浸式新闻、沉浸式教育等方面。

（一）国内研究热点

1.虚拟现实技术

在我国，利用 VR、3D 等技术让用户获取沉浸式体验仍是研究热点之一。VR 技术以计算机技术作为核心，整合相关科学技术，进而生成特定范围内与真实世界在视觉、听觉、触感等方面高度近似的数字化环境，它涵盖有关的技术、装置以及理论。国内学者对沉浸式虚拟现实的应用和体验进行了详细研究，其应用主要包含四个方面。第一，3D 重现。3D 重现是指对三维物体建立适合计算机显示和处理的数学模型，这是在计算机环境下对其进行处理、操作和分析其性质的基础，也是在计算机中建立表达客观世界的虚拟现实的关键技术。王晓雨所写的《沉浸式虚拟 3D 敦煌莫高窟场景重现技术研究》就介绍并研究了 3D 重现技术的应用。第二，学习教育设备。VR 技术在教育方面也有比较突出的作用。其中代依伶的《基于沉浸式虚拟现实的小学科学课程教学设计与应用研究》一文就着重研究了虚拟现实技术在教育学习设备上的优点和创新。第三，各类演练系统。通过沉浸式虚拟现实技术创造一个系统，让体验者可以身临其境地在各种环境中进行行为预演，广泛应用于消防演练、技术培训等方面。焦泽华在《基于虚拟现实的船舶火灾消防演练系统》中介绍了此类虚拟现实演练设备。除此之外，还有少部分研究者研究了 VR 技术在游戏、电力、培训等方面的作用。随着 VR 技术的不断发展，沉浸式体验也不断被提出，二者逐渐融合形成了一个新的研究方向，而这一研究方向也将成为未来关于沉浸式体验研究的一大重点。

2.沉浸式交互

在查找到的338篇文献中，有近100篇文献对沉浸式交互进行了研究。沉浸式交互就是沉浸式的交互过程，主要包含游戏类交互、视频观看类交互、阅读类交互、复杂信息展现的交互、VR交互、活动页面等等。通过统计，学界对于沉浸式交互的研究主要分为三个方面。第一个方面，沉浸式艺术交互。沉浸式艺术交互就是让观众都处于艺术家所定制的某个空间之中，利用音响、灯光和演员等元素来营造一种和现实有所区别的空间形象。张文宣的《新硬件时代沉浸式交互艺术治愈性体验研究》对沉浸式艺术交互的治愈性进行了研究。第二个方面，人机交互。人机交互是一个跨学科领域，例如工程学、心理学、人体工程学、设计学，它是一种处理交互理论、交互设计、设备实现和交互方式之间关系的科学。其中张少波的《沉浸式虚拟现实中人机交互关键技术研究》最具代表意义。第三个方面，沉浸式交互设计。沉浸式交互设计主要是为了提高用户的体验满意度，让用户在体验或参与沉浸式交互的过程中获得良好体验，同时充分感受项目所表达的文化，全身心沉浸在故事之中。庞雪妍在《UGC社区的沉浸式界面交互设计研究》中总结了交互设计的现状及难点，同时提出了一定的创新，其对于沉浸式交互设计的研究极具参考价值。综上可知，目前国内对于沉浸式交互的研究还是侧重于交互，但通过文献分析可以发现近年侧重于沉浸的文献在增多，所以我们认为，未来对沉浸式交互的研究中，用户体验与沉浸式将成为新的侧重点。

3. 文化与科技融合

基于对文献的分析，可以看出我国对于沉浸式体验的研究处于一个起步较晚但是发展迅速的阶段，大多文献集中发表于2014—2023年。近几年大众对文化与科技的关注度迅速提高，在所查文献中分别有75篇中文文献和89篇英文文献提到了文化与科技，50余篇提到了文化与科技的融合，可以总结出三个我国沉浸式体验的发展趋势：第一，更深入的交互性和更真实的体验感，胡熠蝶的《基于沉浸式体验的博物馆数字化展示研究》提到了交互性与体验感的进一步发展与结合；第二，多元融合跨界发展，在所有领域都具有应用价值，李勇在《混合现实场景下多源融合可视化》中介绍了沉浸式的多元融合方向的进步；第三，逐步形成文化体验中心，花建和陈清荷所著的《沉浸式体验：文化与科技融合的新业态》一文对此进行了详细的分析。

（二）国外研究热点

1. 沉浸式虚拟现实

虚拟现实，简称虚拟技术，也称虚拟环境，是利用电脑模拟产生的一个三维空间，提供视觉等感官的模拟，让用户感觉身临其境，可以即时、没有限制地观察三维空间内的事物。在查找到的785篇文献中，有226篇文献对沉浸式虚拟现实进行了研究，其中有110篇着重研究了沉浸式虚拟现实技术的应用，有69篇着重研究了沉浸式虚拟现实技术的设计与实现，有28篇着重研究了沉浸式虚拟现实技术的安全性。随着科技的发展，虚拟现实技术逐渐应用到各个行业和领域中。Mondellini Marta 等在"User experience during an immersive virtual reality-based cognitive task: a comparison between estonian and italian older adults with MCI"中提出，虚拟现实（VR）可以作为早期评估轻度认知障碍（MCI）的病理状态和进行认知训练的工具，VR技术如何设计以更好地为人类服务成为学界关注的重点。Lui Angela L C.、Not Christelle、Wong Gary K.W. 在 "Theory-based learning design with immersive virtual reality in science education: a systematic review" 中针对IVR应用教育研究缺乏理论基础的问题，提出了六项设计原则，以帮助促进向IVR课程的过渡，并改进IVR学习应用程序设计和课程设计。随着VR技术的不断发展，人们对其安全性也更加关注。Vondráček Martin 等在 "Rise of the metaverse's immersive virtual reality malware and the man-in-the-room attack & defenses"中对VR漏洞进行了检测和预防，并提出了与VR安全和隐私相关的法律和政策领域的问题。通过研究，我们发现国外对沉浸式虚拟现实研究较多、范围较广，但主要侧重点还是在VR技术在各行业的应用，尤其是医疗方面，这也有利于医疗技术的快速发展。

2. 沉浸式新闻

德拉佩纳被认为是沉浸式新闻研究的先驱之一，她认为沉浸式新闻是一种可以让人们在新闻描述的事件或情况中获得第一人称体验的新闻形式。在查找到的785篇文献中，有80篇文献对沉浸式新闻进行了研究，其中有10篇关注沉浸感的水平对不同群体的影响，有7篇文献关注知识理论对沉浸式新闻的影响，有6篇关注VR技术对沉浸式新闻的影响。Bujić Mila、Salminen Mikko、Hamari Juho 的"Effects of immersive media on emotion and memory：an experiment comparing article，360-video，and virtual reality"以沉浸感的3个水平呈现360度视频的内容效应为研究对象，发现沉浸感越高对消费者的情绪反应影响越大，同时女性可能比男性经历了更高的情绪变化。Alberto Sanchez Acedo 等在"Metaverse and extended realities in immersive journalism：a systematic literature review"中提到由于缺乏关于其应用的系统化和科学知识，沉浸式新闻在媒体中的使用仍然受到限制。Davis Deborah Pang、Millet Barbara 的"Designing 360 video for immersive journalism"提出360度视频作为VR的一种表现形式，不断为受众提供新的体验和参与故事的方式。通过研究，我们发现沉浸式新闻学，即个体利用交互技术从第一人称的角度体验新闻故事，近年来越来越受到人们的青睐，同时通过增强与新闻内容相关的情感和情绪也提高了新闻对受众的影响。

3. 沉浸式教育

沉浸式教育是一种创新的学习和培训方法，具有扎实的认知和行为背景，专注于借助虚拟现实工具和软件让学生、学员和员工沉浸在类似现实生活的场景中。在查到的785篇文献中，有244篇文献对沉浸式教育进行了研究，其中有81篇文献对沉浸式教育在语言学习中的运用进行了研究，有26篇文献对沉浸式教育在不同地区的差异进行了研究，有19篇文献对比了沉浸式教育与非沉浸式教育的不同效果。沉浸式教育一词目前被应用于两个教育领域，其中之一就是语言教育，它指学生完全沉浸在一种语言及其文化中。Chen Mengyao 的"A review of the contemporary challenges faced by chinese immersion education and its related teacher preparations in the United States"一文回顾了美国关于汉语沉浸项目的新兴研究，证明汉语沉浸项目对学生的语言水平、学业成绩和认知发展有积极影响。Wilson George 的"A comparative study of regional-language immersion education in Brittany and Wales"比较了布列塔尼和威尔士的沉浸式教育体系，发现得益于其完善的沉浸式教育体系，威尔士语使用者的数量在不断增加。Xiaohua Liang 的"An analysis of the nature of classroom activities：a comparative study of an immersion english class and a non-immersion English class in the mainland of China"调查了中国大陆沉浸式英语课和非沉浸式英语课的活动性质，并通过观察和访谈获得的数据找出这两类课堂的差异。通过研究，我们发现创新教育学在未来的教育中更多的是面向新技术的运用，虚拟现实以及元宇宙是未来教学工具发展的催化剂，这将显著改变教师和学生在数字空间中的角色。

第二节　沉浸式艺术研究案例

随着5G通信和全息投影等技术的广泛应用，沉浸式艺术体验成为技术介入艺术创造的积极尝试。沉浸式艺术不但使当代主义创作方法整体结构发生变化，也使传统艺术作品保存方式发生改变，并且推翻了传统美学及艺术哲学的表达模式，对当代艺术和审美观念产生重要影响，使现代美学发生整体改变。因此，本研究结合国内外沉浸式艺术相关文献，对获取的589篇论文进行梳理总结，借助CiteSpace软件，绘制沉浸式艺术研究文献数量及年代分布、关键词共现与关键词聚类等知识图谱，比较述评国内外沉浸式艺术的研究进展及研究热点。结果表明：沉浸式艺术的发展融合于社会各方面的发展，特别是在科学技术方面，极大程度上改变了国内外现代艺术的体验形式，另外，沉浸式体验的场景设计对其发展也非常重要。在这个数字化时代，沉浸式艺术还有很大的发展空间。

一、沉浸式艺术的定义

沉浸式艺术是一种艺术形式，它通过创造一个全方位、多感官的环境，使观众能够完全沉浸其中，从而提供一种身临其境的体验。这种艺术形式通常涉及以下几个方面。①空间设计：沉浸式艺术作品往往占据整个空间，无论是室内还是室外，观众在作品中移动时，会有一种被艺术包围的感觉。②多感官体验：除了视觉，沉浸式艺术还可能涉及听觉、触觉甚至嗅觉，以创造更加全面的体验。③互动性：许多沉浸式艺术作品允许观众与之互动，这种互动可以是物理的，也可以是通过技术手段实现的。④技术创新：沉浸式艺术常常利用最新的数字技术，如虚拟现实（VR）、增强现实（AR）、投影映射、动态灯光和声音装置等。⑤叙事性：沉浸式艺术往往讲述一个故事或传达一个主题，观众在体验过程中可以以非线性方式探索这个故事。

简而言之，沉浸式艺术的定义可以概括为：利用空间、技术和多种感官手段，创造出让观众能够全身心投入、体验和互动的艺术环境。这种艺术形式打破了传统艺术的观看模式，使观众成为艺术体验的一部分。

二、数据来源与分析方法

本研究利用中国知网（CNKI）数据库检索中文文献，以"沉浸式""艺术""虚拟现实""沉浸式艺术"等检索词为主题，来源类别分别为"北大核心"和"CSSCI"，检索时间截至2023年11月25日，剔除报纸、会议、文件等文献，最终获取416篇中文文献。同理，在中国知网（CNKI）数据库检索外文文献以"主题= Immersive Art or Virtual reality or Art & 文献类型=article or review & 语种=English"为条件进行外文文献的检索，共筛选出173份有效文献。本研究基于这589份文献进行综述，借助CiteSpace软件，绘制沉浸式艺术研究文献数量及年代分布、关键词共现与关键词聚类等知识图谱，并结合图谱综合论述国内外沉浸式艺术的研究进展及研究热点。

三、总体研究进展

（一）文献历时分布

国内外沉浸式艺术研究历年期刊文献数量及分布情况如图6-1所示。国内外沉浸式艺术研究起步时间一致，可追溯至2008年。从研究文献数量上看，2008年以前国内外鲜有关于沉浸式艺术研究的文献。国内2008—2017年，年发文量呈增加趋势，但每年均未超过20篇，这一阶段属于初步探索阶段，国内发文量仅占总数量的11%；2018—2022年，国内研究年度发文数量迅速增加，约达到了总数量的79%，这一阶段国内研究侧重于沉浸式艺术，研究方向多以展示空间和交互设计为主，研究视角逐渐多元化，基本形成了较为完善的沉浸式艺术研究体系。2022年发文量最多，达到了109篇，仅2020—2022年三年时间内的发文量就达到了264篇，约占总数量的57%，但2022—2023年国内沉浸式艺术研究发文量呈波动下降之势。国外的年发文量大体上呈平稳增长的趋势，但波动小。

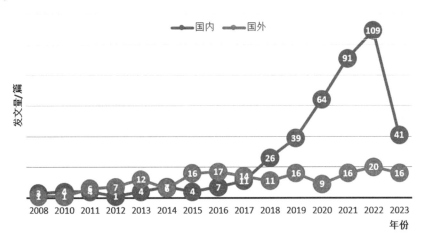

图6-1　国内外沉浸式艺术文献数量及年代分布

（二）研究方法

通过梳理沉浸式艺术研究文献发现，国内沉浸式艺术研究方法大多以案例分析法为主，对现有的案例进行分析，使理论与实际相结合，得出更为具体贴切的结论；并从具体内容等方面进行深入剖析，得出相关经验与启示。此外，还有因素分析法和理论分析法，分析影响沉浸式艺术现象的因素，并用现有的理论来解释和分析沉浸式艺术相关研究。国外沉浸式艺术研究以个案研究法和比较调查研究法为主，国外的比较调查法主要是通过比较不同地区或不同时间的情况来了解沉浸式艺术。本研究的研究方法为文献查找法，查找国内外有效文献共589篇，对比分析国内外沉浸式艺术相关研究。

（三）研究关键词

关键词可以快速、准确反映文章的主题，它在某一领域文献中出现的频次一定程度上反映了该领域的研究热点。笔者运用CiteSpace软件生成了关键词共现图谱，国内文献关键词共现图谱共包含 240 个节点、360 条连线，网络密度为 0.012 6；国外文献关键词共现图谱共包含 188 个节点、351 条连线，网络密度为 0.020 0。整体来看，其中散落的节点较少，联系较紧密，表明国内外沉浸式艺术领域的研究热点相对集中。国内研究中，最突出的关键词节点是虚拟现实，其次是交互设计、展示空间、博物馆、体验等，说明国内侧重于虚拟型沉浸式艺术研究。国外研究中最大关键词节点为 virtual reality（虚拟现实），mixed reality（混合现实）、digital art（数字艺术）、participatory art（参与式艺术）等关键词较为突显，说明国外沉浸式艺术侧重数字艺术和混合现实研究。

为了进一步掌握国内外沉浸式艺术研究方向，对高频关键词进行聚类分析。通常，聚类模块值 Modularity Q（Q 值）大于 0.3 时聚类结构显著，聚类平均轮廓值 Silhouette（S 值）大于 0.5 时表明该图谱聚类合理，且 S 值越接近 1 时反映网络的同质性越高。国内文献关键词聚类图谱展示了虚拟现实、展示空间、交互设计、体验、博物馆、交互、媒介、交互传播等关键词，其中虚拟现实、展示空间、交互设计、体验、博物馆空间的类团面积较大，说明这些是国内沉浸式艺术的主要研究方向。国外文献关键词聚类图谱展示了 virtual reality（虚拟现实）、mixed reality（混合现实）、virtual museums（虚拟博物馆）、participatory art（参与式艺术）、digital art（数字艺术）、play（交互）等关键词。整体来看，主题 virtual reality（虚拟现实）、mixed reality（混合现实）、virtual museums（虚拟博物馆）面积较大，说明在国外沉浸式艺术相关研究文献中这些是主要的研究主题。在关键词聚类图谱中，国内文献关键词聚类图谱中 Q 值为 0.677 8、国外文献关键词聚类图谱中 Q 值为 0.874 6，可知国内外论文关键词聚类 Q 值均大于 0.3；国外文献关键词聚类图谱中 S 值为 0.903 2，国外文献关键词聚类图谱中 S 值为 0.971 0，可知国内外论文关键词聚类 S 值均大于 0.8，说明本研究的可视化图谱的聚类结构效果明显且具有说服力。

四、国内外研究热点

通过梳理沉浸式艺术研究文献，并分析关键词图谱，归纳出国内外研究热点。其中国内研究热点可分为虚拟现实与艺术的融合发展、沉浸式艺术场景设计、多感官互动体验等方面；国外研究热点主要包括沉浸式艺术类型、沉浸式艺术体验设计、沉浸式数字艺术等方面。

（一）国内研究热点

1. 虚拟现实与艺术的融合发展

基于国内416篇沉浸式艺术研究文献，我们发现近三分之一的文献都聚焦于虚拟现实，虚拟现实技术为国内的艺术家提供了一个全新的创作平台，观众通过虚拟现实设备去欣赏艺术时，有一种身临其境的感觉。

首先，虚拟现实技术在交互设计方面有所运用。吴南妮的《沉浸式虚拟现实交互艺术设计研究》提到了虚拟现实交互艺术设计包含的元素设计原则、评价标准及相关概念原理。虚拟现实与艺术的融合发展让观众与艺术作品进行互动沟通的同时，也增强了观众对艺术作品的浓厚兴趣。

其次，虚拟现实技术在影视动漫方面也有应用。成卓等在《浅谈虚拟现实艺术在影视动画专业的教学方法》中提到虚拟现实与艺术的融合技术为观众带来了更加震撼的视觉效果，并且虚拟现实技术在教育培训领域已逐渐被认可。

通过分析检索到的有效文献，笔者还发现大学生在模拟的实验环境中进行实践操作，不仅提升了浓厚的学习兴趣，也加强了他们自身的技能水平，虚拟现实与艺术的融合发展为艺术家和观众带来了全新的体验和无限的可能性。

2. 沉浸式艺术场景设计

国内416篇沉浸式艺术研究文献中有40篇聚焦于博物馆、艺术展，有35篇重点探索互动设计研究。通过对国内沉浸式艺术文献的研究，我们发现在当今时代，科技迅速发展，人们更加重视艺术的呈现方式与交流方式，出现了更多交互性、沉浸式、多维度相融合的场景设计，例如：数字化艺术展览、博物馆、沉浸式戏剧等。

首先探讨沉浸式艺术场景设计在博物馆、艺术展等方面的应用。岳顶聪的《博物馆数字化展示的交互体验研究》强调，"以人为本"的交互体验设计成为现代博物馆展示发展的新潮，数字交互展示的互动性和多维性在公众的审美体验中发挥了极其重要的作用，沉浸式体验增强了参观者的主动探索意识，延续了公众的审美回味，这为现代博物馆展示的发展带来了新的生机。

其次，互动设计是一种设计思想和技巧，更注重用户体验和用户参与度。孙楷迪的《沉浸式戏剧设计中的互动设计研究》从互动设计的视角来考察沉浸式戏剧，客观剖析了沉浸式戏剧中的互动方式与互动类别，并结合观众的感官体验与行为类型，论述了如何真正做到让每一位观众对沉浸式戏剧的体验都有独到的见解。

最后笔者通过对相关文献的阅读整理发现，艺术场景设计将虚拟技术等科技与艺术场景设计相结合，增强参观者的主动探索，结合参观者的感官体验，侧重人与艺术的互动。在科技迅速发展的大环境下，国内沉浸式艺术场景设计正在迅速发展。

3. 多感官互动体验

国内416篇沉浸式艺术研究文献中有32篇聚焦于多感官体验、有27篇聚焦于互动体验。

多感官体验是指通过刺激不同的感觉器官，使参与者能够用多重感官来感知、理解和吸收知识。其中，刘博文在《多感官交互艺术在沉浸式展厅中的应用研究》中就提到了观众可以通过视觉、听觉、嗅觉、触觉和味觉五种基础感官形成感知体验，也提到了沉浸式展厅通过新媒体技术使参观者有身临其境的时空错觉。

互动体验是指通过与他人或环境的互动，获得一种主观的感受和体验。其中，任梅在《民间艺术展览馆沉浸式体验设计研究——以杨家埠民间艺术展览馆为例》中就提到了从物理空间和心理空间的角度营造的沉浸式体验空间。

我们发现，在沉浸式艺术体验中设计者会针对不同年龄阶段的受众群体优化体验展项。例如，李晓杰写的《儿童立体绘本的沉浸体验与空间文化知识的建构》就提到了针对儿童群体的从多维视角出发的独特绘本空间和沉浸式体验，能吸引儿童的注意力和增强其感官兴趣。

（二）国外研究热点

1. 沉浸式艺术类型

通过对国外 173 篇沉浸式艺术研究文献的梳理，将近四分之一的研究聚焦于艺术类型，其中聚焦于摄影展览类型的文献有 22 篇，戏剧电影与电视艺术类型的文献研究有 12 篇，音乐舞蹈类型的文献研究有 5 篇。

沉浸式展览是一种开放性的、有时效性的、多维度的、以观众为主体的互动体验型艺术展览形式。通过研究发现，在新冠肺炎疫情期间，国外学者对沉浸式艺术展览类型有更进一步的研究，其中 Hadavi Shafagh 等在 "VisualEars: how an immersive art exhibit impacts mood during the COVID-19 pandemic" 中指出，在新冠肺炎疫情期间，虚拟展览对患者心情产生积极影响。

2022—2023 年，国外学者更加注重对沉浸式戏剧电影与电视艺术类型的研究。戏剧电影与电视艺术注重情境整体氛围感的营造，强调观众欣赏时身临其境的参与感和体验感，Rosemary Klich 在 "Visceral dramaturgies: curating sensation in immersive art" 中强调，戏剧电影侧重于动员观众的各种策略、在沉浸式和参与式形式中研究观众的方法问题以及当代艺术中新的参与模式和观看方式的主题化。

最后我们通过对相关文献的阅读整理发现，国外对艺术类型的发展重点较关注，利用虚拟技术，将各艺术类型沉浸式化，侧重于带动人们的情绪与氛围感的塑造。

2. 沉浸式艺术体验设计

通过对国外 173 篇沉浸式艺术研究文献的梳理，我们发现有 32 篇相关文献聚焦于交互设计，有 16 篇相关文献聚焦于展示设计。

交互设计沉浸式体验方式能够增强艺术品与观众的交流，可以更好地满足观众的需求。Ying Ruan 的 "Application of immersive virtual reality interactive technology in art design teaching" 就提到了以虚拟现实技术为基础，针对交互设计体验，研究沉浸式虚拟现实技术在设计教学实践中的应用。

展示设计是一种综合艺术设计，Xiaoxia L 等的 "Deconstruction of immersive animation image interaction design under virtual reality technology"就提到，如果艺术的整体展示风格更加舒适温馨，观众的心理感知度可达到78%，而情感波动幅度则不到10%。

我们通过阅读相关有效文献，发现传统的艺术设计无法给观众带来强烈的共鸣感，也无法唤起观众内心的情感。然而虚拟现实可以给观众带来身临其境的体验，可以释放他们的心理压力，所以沉浸式艺术体验设计有很大的发展研究空间。

3. 沉浸式数字艺术

通过对国外173篇沉浸式艺术研究文献的梳理，我们发现有54篇相关文献聚焦于计算机运用。

国外沉浸式数字艺术是一个快速发展的艺术领域，它结合了数字技术、互动艺术和沉浸式体验，为观众提供全方位、多感官的审美体验，创造了一种全新的沉浸式体验。其中Yu L等在"Immersive virtual reality application for intelligent manufacturing：applications and art design"中提到了虚拟现实创新技术独特的交互性与艺术的融合，为观众提供了一个沉浸在数字艺术世界的界面；另外，Qingyang T等在"Experiencing an art education program through immersive virtual reality or iPad: examining the mediating effects of sense of presence and extraneous cognitive load on enjoyment, attention, and retention"中也提到了利用高沉浸感虚拟现实系统和低沉浸感平板电脑系统，创造了更强的沉浸感和临场感，而且降低了无关的认知负荷。

综上可知，沉浸式数字艺术在可将观众与艺术作品更紧密地联系在一起，让观众能够身临其境地感受艺术作品所表达的情感和意义。

第三节　沉浸式教学研究案例

随着沉浸式教学的兴起，该教育模式备受各界关注。本研究通过收集沉浸式教学相关文献，采用文献计量和可视化方法，比较国内外沉浸式教学的研究进展和研究热点。首先，本研究对沉浸式教学的界定为：沉浸式教学是利用现代教育技术，如虚拟现实、增强现实等，让学生完全投入到一个虚构的环境中，创造出身临其境的学习体验。其次，本研究介绍了沉浸式教学的热点：沉浸式教学应用领域、沉浸式教学方法、沉浸式教学的教育阶段和沉浸式教学存在的问题。最后，从完善教学理论、创新教学实践、培养教师素养、拓展教学资源方面，对我国沉浸式教学研究进行展望，以此深化理论研究，促进产业实践的发展。

随着教育科技的不断发展和教学模式的不断创新，沉浸式教学作为一种新型教学方式备受关注。教育部陆续出台相关政策支持沉浸式教学的发展，强调积极推进沉浸式教学的应用，对于提升学生学习效率和促进教育产业协同发展起着重要作用。由于传统教学模式的局限性，学生学习兴趣下降、学习效果不佳等问题日益突出，人们对沉浸式教学的认识和需求不断提高。沉浸式教学作为一种结合虚拟现实、增强现实等现代教育技术的特殊新型教学模式，逐渐成为教育领域新的研究热点，对提升学生学习体验以及教育教学质量具有深远意义。沉浸式教学逐渐受到关注，取得了一定的研究成果，但少有学者将国内外研究成果进行系统比较和综述。因此，本研究在对国内外沉浸式教学相关研究文献梳理的基础上，还比较、述评了国内外沉浸式教学的研究进展和成果，并对未来我国沉浸式教学提出几点研究展望，期望为后续相关研究提供一定的理论参考。

一、沉浸式教学的定义

在19世纪末20世纪初期的时候，美国教育家舒尔曼提出了一个概念叫作"情境教育"，即通过创设一定的情境来激发学生学习的兴趣和热情。随着时代的发展，人们对于教育的需求不断增加，这种教学方式逐渐演变成了一种新的模式——沉浸式教学。1975年美国学者哈伊·奇克森特米哈伊于提出沉浸理论，其是指当人们在进行某些日常活动时会完全投入情境当中，全神贯注地关注学习目标，并且过滤掉所有不相关的知觉，进入一种沉浸的状态，从而提升学习效率，放大学习效果。基于沉浸理论的沉浸式教学是一种具有普遍适用性的教学理念，中国有学者将这种教学模式概括为：教育教学工作者在教学过程中巧妙运用多种教学方法，激发学生的学习兴趣，使学生进入一种沉浸体验的学习状态，从而提高教学质量与成效。中国学者胡洪羽认为沉浸式教学是指在智能技术支持下，以学习环境创设为重点，引导学生身心参与实践体验、充分发挥主体性，促进学生知、情、意、行整体发展为旨的新型教学形态。笔者认为沉浸式教学是通过科学技术等方式创设环境，使学生沉浸其中以提高专注力，从而提高学习效率的一种教学方式。

二、数据来源与分析方法

本研究利用中国知网（CNKI）数据库检索中文文献，以"沉浸式教学"为主题，以"沉浸式""教学""虚拟现实""沉浸式教育""沉浸式教学"为关键词，来源类别分别为"北大核心""CSSCI"，检索时间截至2023年11月28日，剔除报纸、会议、文件等文献，最终获取200篇中文文献。同理，在中国知网（CNKI）数据库检索英文文献，以"沉浸式教学"检索词为主题，检索时间截至2023年11月28日，剔除报纸、会议、文件等文献，最终获取56篇外文文献，进行文献综述。本研究借助CiteSpace软件，绘制沉浸式教学研究文献数量及年代分布、关键词共现与关键词聚类等知识图谱，并结合图谱综合论述沉浸式教学的研究进展及研究热点。

三、总体研究进展

（一）文献历时分布

国内外沉浸式教学研究历年发表文献数量及分布情况如图6-2所示。国内沉浸式教学研究起步较早，可追溯至2010年。从研究文献数量上看，2010—2020年，国外鲜有关于沉浸式教学的研究文献发表，每年不超过4篇，这一阶段处于初步探索阶段，发文量仅占总数量的8%。2020—2023年，国内研究年度发文数量迅速增加，达到了总数量的50%，这一阶段国内基本采用线上教学，教学方式的改变为沉浸式教学的推广提供了一大助力，研究方向也多以提高教学质量

为主；国外研究大体上呈平缓的趋势。2010—2020年，国内沉浸式教学研究发
文量呈波动增长之势，约占总数量的33%，研究视角逐渐多元化，除了传统的
课堂口述教学，还出现了对翻转课堂、VR课堂等教学方式的研究，基本形成了
较为完善的沉浸式教学研究体系。2019年后国内学者对沉浸式教学的关注度明显
提升，相关研究文献数量快速增加，年度最高发文量达到了42篇，2020—2023年
发文量达到了134篇，约占总数量的67%，表明目前国内沉浸式教学研究已有一
定成果。

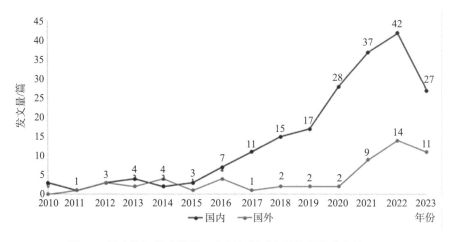

图6-2　国内外沉浸式教学研究历年期刊文献数量及分布情况

（二）研究方法

通过研究沉浸式教学文献发现，国内沉浸式教学研究方法以定性研究为
主，课堂实践分析和文本分析法是最常见的定性研究方法；定量研究主要采用
问卷调查法和模糊评价法。此外，也有少量研究采用定性和定量相结合的方法
开展研究。国外沉浸式教学研究将定性研究与定量研究相结合，但注重定量研
究，如因子分析、回归分析、指数分析等，且运用了较为复杂的数学模型，极
大地推动了沉浸式教学研究进程。本研究采用了文献查找法、文献分类法、比
较分析法对相关文献进行研究总结，得出相关的结论。

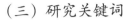

（三）研究关键词

1. 关键词共现

关键词可以快速、准确反映文章的主题，它在某一领域文献中出现的频次在一定程度上反映了该领域的研究热点。通过运用 CiteSpace 软件生成了关键词共现图谱。国内文献关键词共现图谱共包含 180 个节点、171 条连线，网络密度为 0.010 6；其中最大关键词节点为沉浸式，教学模式、思政课、人工智能、汉语教学等关键词较为突显，说明国内侧重沉浸式教学课堂的研究。国外文献关键词共现图谱共包含 57 个节点、48 条连线，网络密度为 0.030 1；最突出的关键词节点是 virtual reality（虚拟现实），其次是 immersive virtual reality（沉浸式虚拟现实）、immersive teaching（沉浸式教学）、building information modeling（建筑信息模型）等关键词，说明国外侧重教学兴趣的培养研究。

整体来看，其中散落的节点较少，联系较紧密，表明国内外沉浸式教学领域的研究热点相对集中。

2. 关键词聚类

为了进一步掌握国内外沉浸式教学研究方向，对高频关键词进行聚类分析。通常，聚类模块值 Modularity Q（Q 值）大于 0.3 时聚类结构显著，聚类平均轮廓值 Silhouette（S 值）大于 0.5 时表明该图谱聚类合理，且 S 值越接近 1 时反映网络的同质性越高。国内文献关键词聚类图谱展示了沉浸式、高职院校、美国、审美视野、第二语言等关键词。整体上看，沉浸式团块面积较大，说明在国内沉浸式教学相关研究中沉浸式是研究主题。

国外文献关键词聚类图谱展示了 virtual reality（虚拟现实）、participation and interactivity（参与和互动）、education（教育）、digital design and construction（数字化设计与施工）、laboratory practices（实验室实践）等关键词，其中 virtual reality（虚拟现实）面积较大，是国外沉浸式教学的主要研究方向。

在关键词聚类图谱中，Q 值均大于 0.8，S 值均大于 0.9，说明本研究的可视化图谱的聚类结构效果明显且具有说服力。

四、研究热点

（一）国内研究热点

1. 沉浸式教学应用领域

通过分析文献发现，有63篇文献研究了沉浸式教学在语言教育方面的应用，有10篇文献研究了沉浸式教学在舞蹈表演中的应用，有25篇文献研究了沉浸式教学应用于医学检验等方面。语言教育泛指任何语言的教导行为与学习行为，其中张力的《沉浸式教学对中外合作办学模式下英语口语课堂教学的启示》聚焦在沉浸式教学对语言教育的提升，从教学环境、教学模式、教学政策等方面，阐述了沉浸式教学对学生学习积极性的提高，帮助学生更容易地融入课堂。舞蹈表演是一种通过舞蹈演员的舞蹈动作、造型和技巧能力，将作品的思想内容转化为可视可感的舞蹈形象的艺术表现形式，其中张汕的《虚拟现实技术在高校体育舞蹈教学中的应用研究》聚焦在沉浸式教学对舞蹈表演的提升，从应用现状、理论探讨、交互策略等方面阐述了沉浸式教学对学生学习效果的提高；医学检验是对取自人体的样本进行微生物学、免疫学、生物化学、遗传学、血液学、生物物理学、细胞学等方面的检验，从而为预防、诊断、治疗人体疾病和评估人体健康提供信息的一门科学，其中赵若琳、常运立的《医学伦理学的沉浸式教学探析》聚焦在沉浸式教学对医学检验水平的提高，从必要性、实施路径、影响因素三方面阐了述沉浸式教学对医学检验程度的提高。通过研究分析大量文献，我们发现沉浸式教学在语言教育中的应用率远高于在舞蹈表演和医学检验中的应用率，所以，舞蹈表演和医学检验领域的教育机构可以适当改变教学环境、教学模式以及教学政策，提高沉浸式教学的应用率。

2. 沉浸式教学方法

通过文献研究发现，有85篇文献采用的教学方法涉及虚拟现实技术，有32篇文献采用的教学方法是教师口述创设，使学习者想象沉浸其中。虚拟现实技术是以计算机技术为主，利用并综合多种高科技发展成果，借助计算机等设备产生一个逼真的具有多种感官体验的虚拟世界，从而使处于虚拟世界中的人产生一种身临其境的感觉。其中樊艺蕾和丁伟的文章《沉浸式虚拟现实技术在科学教学中的应用述评》聚焦虚拟现实技术在教学中的应用，发现虚拟现实技术可以打破传统教学时间和空间的限制，融合视觉、听觉、触觉，为学生提供"真实"的环境，帮助学生立体、深入地学习，提升学习效果。教师口述创设是指教师通过口头叙述、语言描述、情境模拟等方式，为学生创造一个真实、生动、形象的学习情境或场景，帮助学生更好地理解和掌握学习内容，提高教学效果的一种教学方法。其中邓晓芳和徐彩华的文章《沉浸式幼儿汉语教学中教师课堂管理语言的有效性与特点》聚焦教师口述在教学中的应用，发现教师口述的教学效果不理想，很难提高学生学习效率。通过以上文献综述，我们得到关键的分析结果，教师口述创设效果较差，学生难以沉浸其中，而虚拟现实技术对提高学生学习效率有很大帮助，因此，学校应多应用虚拟现实技术教学。

3. 沉浸式教学的教育阶段

通过文献查阅，我们了解到有71篇文献的教学阶段处于高等教育阶段，有19篇文献的教学阶段处于中等教育阶段，有16篇文献的教学阶段处于初等教育阶段。高等教育是指在完成中等教育的基础上进行的专业教育和职业教育，旨在培养具有社会责任感、创新精神和实践能力的高级专门人才，在高等教育阶段的文献中大部分集中于教育理论和教育管理，小部分提及教学改革、实践教学等方面。其中姚翼源、胡海山的《劳动教育沉浸式教学理论探讨与实践展望》聚焦探讨沉浸式教学模式在劳动教育中的可行性，通过价值逻辑层面、主题逻辑层面、实践逻辑层面三大逻辑，剖析沉浸式教学机制，推动各教育阶段学生身心发展，树立劳动理念，提高教学效率。中等教育是指在完成初等教育的基础上进行的教育，包括初中阶段和高中阶段的教育。孙俊的《浅谈沉浸式教学在中学语文课堂上的应用》聚焦探讨沉浸式教学模式在中等教育中的可行性。初等教育是小学阶段的教育，通常是一个国家学制中的第一个阶段的教育，对象一般为6～12岁儿童。刘珈亦的《儿童L1习得环境对小学英语沉浸式教学法的启示》聚焦探讨沉浸式教学模式在初等教育中的可行性。通过研究分析大量文献，我们得知沉浸式教学涉及的教育阶段广，在教学改革和实践教学方面还需提高沉浸式教学的应用水平。

4. 沉浸式教学存在的问题

通过文献研究发现，有34篇文献提出目前沉浸式教学存在的问题有技术的限制和评估反馈的准确性，有31篇文献提出师资力量的不足。时元玲等的文章《多学科交叉型专业课程教学方法探索和应用——以"岩土钻掘工程"课程为例》提到虚拟现实技术在教学中发展尚不成熟，存在硬件设备成本高，使用复杂，对于学校和学生来说存在一定的技术门槛；李霄垅、张冰清的文章《大学英语沉浸式教学与习得性无助：问题与对策》指出相关师资力量在教学中发展中尚有欠缺，人工成本高，调动复杂，对于学校和政府来说存在一定的资金门槛。通过大量的文献综述，笔者发现沉浸式教学存在技术限制、教师培养与支持、教学内容和资源开发、学生参与度与注意力管理等级评估和反馈等问题。若要解决这些问题，促进沉浸式教学健康发展，需要综合考虑技术、教育和管理等方面的因素。

（二）国外研究热点

1. 沉浸式教学方法

通过文献研究发现，有30篇文献采用的教学方法涉及虚拟现实技术，有11篇文献采用的教学方法是参与和互动，使学习者想象沉浸其中。其中Krajčovič Martin等的"Virtual reality as an immersive teaching aid to enhance the connection between education and practice"聚焦虚拟现实技术在教学中的应用，发现虚拟现实技术可以打破传统教学时间和空间的限制，融合视觉、听觉、触觉，为学生提供"真实"的环境，帮助学生立体、深入地学习，提升学习效果；参与和互动是不同的概念，参与强调的是个人或群体的投入和贡献，而互动强调的是参与者之间的相互作用和影响。在合作学习中，参与和互动都是重要的要素，它们可以促进学生的合作学习和知识共享。其中Lisa Chandler和Alistair Ward的"Immersed in design: using an immersive teaching space to visualise design solutions"聚焦参与和互动在教学中的应用，发现参与和互动的教学效果不理想，效率不高，很难提高学生学习效率。通过以上文献综述，我们发现参与和互动效果较差，学生难以沉浸其中，而虚拟现实技术对提高学生学习效率有很大帮助，学校应多应用虚拟现实技术教学。

2. 沉浸式教学应用领域

经过大量相关文献分析，我们了解到有13篇涉及外国语言文字，9篇涉及计算机软件及计算机应用。外国语言文字泛指非本国人使用的语言文字，指某一地区的本土居民不使用的语言文字，Bourgoin Renée 和 Bouthillier Josée Le 的 "A task-based framework for oral language instruction in support of young language learners in French immersion" 聚焦于在加拿大采取沉浸式教学模式进行法语学习，以"逐步释放责任"模式和支架式教学为基础，探讨了沉浸式教学下的任务型教学的潜力，让学生们深入学习第二语言。计算机软件及计算机应用是两个相互关联的概念，计算机软件是指计算机系统中的程序及文档，计算机应用是对计算机软件的实际操作，其中 Peng Xindong，Dai Jingguo，Smarandache Florentin 三位作者的 "Research on the assessment of project- driven immersion teaching in extreme programming with neutrosophic linguistic information" 聚焦于项目驱动的沉浸式教学在极限编程中的实践，并以相关方式进行验证，激发学生的学习主动性。国外的沉浸式教学主要应用于语言教学和计算机软件及计算机应用，需要在其他领域挖掘潜力，加强沉浸式教学模式的应用，以推动教学发展，提高教学效率，提升学生的综合素质及能力水平。

五、评述与展望

（一）研究评述

总体而言，沉浸式教学的相关研究理论已取得较为丰富的成果，研究视角多样化，研究层次逐渐深化，为后续沉浸式教学模式的推广提供了坚实的基础。国外沉浸式教学研究较为系统，国内相关研究仍处于初步探索阶段，存在一定的欠缺与不足。

在研究内容上，国内外研究侧重点不同。国内重视沉浸式教学对学生成绩的提升及影响沉浸式教学质量的因素研究；国外侧重于沉浸式教学对学生学习兴趣的培养以及实践教育。相较于国外研究，国内研究以学习兴趣为主题进行研究的文献比较少，相关研究注重在教学模式，对实践教育的研究较少。国内学者多从管理者的视角出发，侧重于对沉浸式教学模式的研究和对教学资源的供给侧分析，缺乏基础理论研究，呈现重实践轻理论的趋势，尚未形成完善的理论框架。在研究方法上，国外注重定性研究和定量研究相结合，其中运用定量研究较多，所获取的研究数据较为翔实，在理论体系和实践研究方面都比较完善。国内研究主要体现在对沉浸式教学的教学模式上的描述性分析，虽取得初步的研究成果，但和国外相比，大部分研究停留在定性阶段，实证研究较少，研究的广度和深度仍存在较大差距。

（二）研究展望

沉浸式教学是一种特殊的教学方式，其核心理念是将学生完全置于目标环境中，使学生专注于学习，从而提高学生的语言掌握能力和运用能力。通过回顾国内外沉浸式教学研究进展，未来对沉浸式教学的研究和实践可以关注以下几个方面：

1. 完善教学理论

进一步深入研究沉浸式教学的理论基础，探索其在不同年龄段、不同学科领域、不同文化背景下的适用性。同时，应关注如何将沉浸式教学与其他教学方法相结合，以更好地提高教学质量。

2. 创新教学实践

积极探索和实践沉浸式教学的创新应用，例如结合虚拟现实、增强现实等技术手段，为学生提供更加真实、生动的环境，增强学生的沉浸感和参与度。此外，还可以尝试将沉浸式教学与学科整合，探索其在STEM、STEAM等领域的应用。

3. 培养教师

加强对教师的培训和指导，提高教师实施沉浸式教学的能力和素养。包括掌握相关技术手段、设计沉浸式教学活动、处理教学过程中的问题等。

4.拓展教学资源

积极开发和利用多元化的教学资源，包括适龄的图书馆、博物馆等沉浸式内容库，以及虚拟现实、增强现实等技术手段所提供的沉浸式学习环境。这将有助于满足学生不同的学习需求，提高他们的学习兴趣和参与度。

第四节　沉浸式乐园研究案例

在自主旅游时代，游客更加注重差异化的体验和精神层面的满足，越来越新奇的旅游体验和市场运作模式，把旅游行业带入了一个新的天地。科技+文化+旅游的运作模式也逐渐进入大众视野，从单一的机械娱乐到更深参与度的沉浸式娱乐，主题乐园作为现代服务业衍生的新业态，越来越受年轻人追捧。本研究将在对主题乐园相关研究文献梳理的基础上，通过CiteSpace软件的可视化分析得出国内、国外相关研究文献关键词，重点对国内研究中产业发展、景观设计、满意度三个高频热点，国外研究中辅助性技术、产品设计、数字化三个热点进行研究。结果显示：国内外主题乐园研究热点存在差异，国内主题乐园主要研究产业发展、景观设计的包装和造景以及如何提升满意度；国外主题乐园研究侧重于辅助性技术、IP、数字化技术对乐园的支持。

一、沉浸式乐园的定义

沉浸式乐园是一种新型的娱乐体验场所，它结合了高科技手段和创意设计，旨在为游客提供一个全方位、多感官、高度参与性的娱乐环境。沉浸式乐园有以下6个主要特点。①高度沉浸感：沉浸式乐园通过精心设计的场景、互动体验和技术效果，让游客感觉自己置身于一个完全不同的世界，从而获得深度的沉浸感。②综合技术应用：利用虚拟现实、增强现实、混合现实、投影技术、360度环绕屏幕、4D效果、全息技术等，为游客创造逼真的体验。③主题故事性：沉浸式乐园通常围绕一个或多个主题故事展开，游客在体验过程中可以参与到故事的发展中，成为故事的一部分。④互动性和参与性：乐园中的各种设施和活动设计鼓励游客参与互动，无论是通过角色扮演、游戏还是其他形式的互动，都能让游客更加投入。⑤多感官体验：除了视觉和听觉，沉浸式乐园还注重触觉、嗅觉甚至味觉的体验，以增强游客的感受。⑥个性化体验：沉浸式乐园可能会根据游客的选择或行为提供不同的体验路径，使得每次游玩都有新鲜感和个性化。

综上所述，沉浸式乐园的定义可以概括为：一种通过高科技手段和创意设计，提供高度沉浸感和互动性体验的主题娱乐场所，让游客在参与和探索的过程中，享受到身临其境的乐趣。

二、数据来源及分析方法

本研究利用中国知网（CNKI）数据库检索中文文献，以"主题乐园""迪士尼""产业发展""景观设计"等为主题，来源类别分别为"北大核心""CSS-CI"，检索日期截至2023年11月27日，剔除报纸、会议、文件等文献，最终获取81篇中文文献。同理，在 Web of Science （WOS）数据库以"主题=theme parks & 文献类型=article or review & 语种=English"为条件进行英文文献的检索，共筛选出319份有效文献。本研究基于这400篇文献进行综述，借助CiteSpace软件绘制沉浸式旅游研究文献数量及年代分布、关键词共现与关键词聚类等知识图谱，并结合图谱综合论述国内外主题乐园的研究进展及研究热点。

三、总体研究进展

（一）文献历时分布

国内外沉浸式旅游以主题乐园为例研究的历年发文数量及分布情况如图6-3所示。其中国内文献955篇，国外文献806篇。国外沉浸式旅游以主题乐园为例子研究起步较早，可追溯至1986年。从研究文献数量上看，1986—2009年，国外鲜有关于主题乐园的研究文献，每年不超过3篇，这一阶段处于初步探索阶段，发文总量为18篇；2009—2016年，国外研究年度发文数量迅速增加，总量为318篇，这一阶段国外研究侧重于视觉表现，研究方向多以视觉效果为主；

2016—2023年，主题乐园研究发文量呈波动减少之势，发文总量为460篇，研究视角逐渐多元化，除了城市分析，还出现了辅助技术的研究，基本形成了较为完善的主题乐园研究体系。国内相关研究起步较晚，大体上呈波动增长的趋势。2014—2016年，国内学者对主题乐园的关注度普遍提升，相关研究文献数量快速增加，年度最高发文量达到了150篇（2016年）。

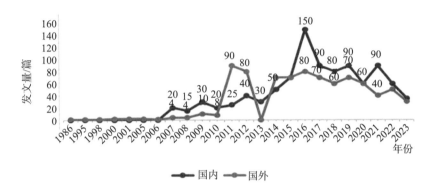

图6-3　国内外主题乐园文献数量及年代分布

（二）研究方法

首先，笔者通过梳理所有主题乐园相关文献的摘要，并对其摘要进行了分类。其中，国内主要分为产业发展、景观设计、游客满意度；国外主要分为辅助性技术、产品设计、数字化研究。然后，通过查找资料发现，国内主题乐园研究主要采用文献研究法，虚拟体验用户感受，近些年来对主题乐园的研究热度逐步上升。国外主题乐园的研究以科技计算机交互为主，多以实际视觉体验和人们视觉感受开展，以采访观察和人为实验方法进行研究。最后，笔者通过内容分析法，对主题乐园内容进行深入分析，探讨其特点、优势和不足，以便优化主题乐园设计策略。笔者还应用CiteSpace软件对所有文献进行分析，提炼出主要的关键词，并围绕关键词对国内外研究热点进行分析和总结。

（三）研究关键词

关键词可以快速、准确反映文章的主题，它在某一领域文献中出现的频次在一定程度上反映了该领域的研究热点。关键词还能反映一篇文献的主题和研究的核心。运用 CiteSpace 软件生成了关键词图谱，国内文献关键词共现图谱共包含 181 个节点和 255 条连线，网络密度 0.013 9；国外文献关键词共现图谱共包含 122 个节点和 192 条连线，网络密度 0.013 3。从整体看，其中有少部分散落节点，大体较为紧密，表明国内外研究都较为集中。

其中，国内研究中主题乐园、景观设计、主题性、沉浸式传播、主题包装等关键词较为突显，说明国内主题乐园侧重视觉效果研究。

国外主题乐园研究最突出的关键词节点是 assisstive technology（辅助性技术）、product design（产品设计）、uncertainty（不确定性）、visual schedules（视觉时间表）、digital farication（数字化）等，侧重主题乐园实体设计研究。

为了进一步掌握国内沉浸式主题乐园的研究方向，对高频关键词进行聚类分析。通常，聚类模块值 Modularity Q（Q 值）大于 0.3 时聚类结构显著，聚类平均轮廓值 Silhouett（S 值）大于 0.5 时表明该图谱聚类合理，且 S 值越接近 1 时反映网络的同质性越高。在关键词聚类图谱中，Q 值分别为 0.695 8 和 0.807 5，S 值分别为 0.979 7 和 0.893 5，说明本研究的可视化图谱的聚类结构效果明显且具有说服力。

国内文献关键词聚类图谱展示了主题乐园、景观设计、主题性、沉浸式传播、主题包装等关键词，其中的主题公园、沉浸式传播、景观设计团块面积较大，是国内主题乐园的主要研究方向。国外关键词聚类图谱展示了 assisstive technology（辅助性技术）、product design（产品设计）、future user interface（未来用户界面）、visual schedules（视觉时间表）、digital farication（数字化）等关键词。整体来看，主题 assistive technology（辅助性技术），bci（脑机接口技术）、uncertainty（不确定性）面积较大，说明在国外主题乐园相关研究文献中这些是主要的研究主题。

四、内外研究热点

（一）国内研究热点

1. 主题乐园产业发展

我们研究了主题乐园的产业发展，共检索到相关文献 112 篇，主要包括发展历程、融合与创新、发展困境三方面。其中35篇文献主要研究中国各地主题乐园的发展历程，任霄奇的《桂林市雁山区旅游文创产业发展研究》中就详细研究了雁山主题乐园的发展历程。另有12篇文献研究了主题乐园发展中的融合与创新，王欣慰的《产业融合视角下电影衍生品的发展研究——以北京环球度假区为参考》就特别提到了这一点。还有8篇文献聚焦于主题乐园发展中的困境，付什的《基于供给侧改革背景的国内大型游乐产业发展战略研究》中就提到主题乐园缺乏创新这一问题。整个主题乐园产业发展主要聚焦于以上三方面，另还有少部分文献涉及了漫画、经营等方面。通过这些研究文献的阐述，我们了解到主题乐园发展势头迅猛，但在科技高速发展的今天还存在一些不足，部分中国主题乐园照搬国外乐园的形式，导致其缺乏传统文化内涵。

为更好推动主题乐园产业发展，我们在此提出几点建议。

（1）结合中国传统文化。中华文明历史悠久，底蕴丰厚，是我国文旅发展的先天优势，要将传统文化与主题乐园融合起来，打造独属于中国人自己的主题乐园。

（2）开拓创新。现如今主题乐园游乐项目大同小异，带给游客的新意较少，要想有更大的发展空间，创新必不可少。

2. 主题乐园景观设计

通过全部文章的查找，我们发现有35篇文章聚焦于景观设计方面，其中，主要包括注重主题表现和包装、植物造景特色鲜明以及契合民族风情。要营造一个独具特色的主题乐园，最重要的是在于如何表现和包装主题。李凯林的文章《主题乐园包装场景设计研究——以广州融创主题乐园为例》中提到了注重主题表现和包装。在植物造景特色鲜明上，主题乐园在植物景观的营造方面也是非常重视的，它的植物设计不仅仅是在植物本身，更重要的是去发现植物的功能。葛星延的《浅析上海迪士尼乐园植物造景特色》中就提到了植物造景特色鲜明这一点。在契合民族风情上，融合当地的文化特色会对主题乐园的未来发展具有很大作用。其中，严海涛和颜文静的文章《地方文化与主题乐园建设的融合性研究——以上海欢乐谷为例》中提到了契合民族风情。景观设计研究主要聚焦在以上三个方面，少部分涉及了自然教育、材料应用等方面。

3. 主题乐园满意度影响因素

我们发现有22篇文章聚焦于满意度影响因素研究，主要包括人性化服务和营销策略。对于人性化服务，服务质量评估是在服务传递过程中进行的，每一次与游客接触都是一个使游客满意或不满意的节点，影响着游客的满意度，也影响着游客重游的意愿。其中，朱慧慧的文章《基于游客满意度的主题乐园重游率提升研究——以阜阳市封神魔幻乐园为例》中提到了优化人性化服务。在营销策略上，对于主题乐园来说，宣传是吸引游客的重要方式。其中，刘美灵的文章《DG海立方环游城营销策略优化研究》中提到了要制定好的营销策略。总的来说，整个满意度影响因素研究主要聚焦在以上两个方面，还有少部分涉及了餐饮服务质量、客流控制等方面。

（二）国外研究热点

1. 主题乐园辅助性技术

我们发现有87篇文章聚焦在辅助性技术方面，主要包括BIM技术和虚拟技术。BIM技术作为一种新型建筑模型应用技术，对于建筑设计工作的开展具有重要意义。其中，ZHANG Bo在 "Application of BIM Technology in theme park architectural design project" 中提到了主题BIM技术的应用。虚拟现实技术日益成熟，在文化、艺术、娱乐等众多领域得到广泛应用，其中包括一些文旅产业项目，特别是主题乐园。HAN Yue在 "The collision between virtual reality technology and traditional music culture：taking the fangte oriental divine painting liangzhu project as an example" 中提到了对虚拟技术的成熟应用。整个辅助性技术聚焦在以上两个方面，少部分涉及了视觉识别系统、数字技术等方面。

2. 主题乐园产品设计

通过检索发现，有关产品设计的外文文献有32篇，主要包括IP产业发展和主题乐园公仔周边售卖及设计理念。其中有8篇提到了IP产业，Samuel Saragih Harriman 的 "From film ip to theme park：universal studios from the perspective of cross media narration" 中提到了环球影城IP产业的发展。还有5篇提到了主题乐园公仔周边售卖及设计理念，Robinson Kathryn 的 "Emotional comfort and flexible resistance："LinaBell" from the perspective of youth subculture"中就提到了主题公仔玲娜贝儿的售卖与设计理念。关于产品设计，主要集中于IP文化，塑造拟人化形象，依靠IP营销，吸引大量消费者。主题乐园产品设计研究主要聚焦于以上两方面，还有少部分涉及绿色设计、创新等方面。

3. 主题乐园数字化研究

有关主题乐园数字化研究的文献共有15篇，主要包括数字化建造技术和数字化旅游。其中7篇聚焦于数字化建造，Lian Zhen的文章着重提到了数字化建造技术在大型主题乐园城堡片区的应用；还有6篇提到了数字化旅游，Katherine Degroff在"Research on the value cocreation model of digital construction of cultural tourism"中提到了数字旅游、数字传播，这将促进文化旅游业的发展。数字化技术作为新兴技术，不仅能提高建筑水平，还能吸引更多游客，有利于产业的稳定发展。数字化研究主要聚焦于以上两方面，另有少部分涉及政策、转型等方面。

第五节　沉浸式传播研究案例

随着互联网技术的飞速发展，融媒体时代已经来临。融媒体时代下的沉浸式传播作为一种新兴的传播方式，不仅改变了传统传播模式，还给受众带来了全新的体验。本研究旨在通过搜集融媒体时代下沉浸式传播的相关文献，采用文献计量和可视化方法，探讨融媒体时代下沉浸式传播的方式、策略、影响等。沉浸式传播具有使受众置身于现场，精准还原事件本身，受众主体性增强等正面影响；同时也存在拟真度低、直播性不强等局限性。沉浸式传播带来优势的同时也面临着挑战，如何正确看待沉浸式传播带来的影响，有效利用其优势，仍然是值得思考和探讨的话题。

一、沉浸式传播的定义

沉浸式传播是指利用先进的技术手段和创意内容，创造出一个全方位、多感官、高度参与性的信息传递环境，使接收者能够在一个虚拟的情境中深度体验并与之互动的传播方式。以下是沉浸式传播的定义和主要特点。①深度参与：沉浸式传播鼓励用户积极参与到传播过程中，而不仅仅是被动接收信息。②多感官体验：通过视觉、听觉、触觉甚至嗅觉和味觉的结合，提供全面的多感官体验，增强信息的真实感和吸引力。③技术驱动：依赖于虚拟现实、增强现实、混合现实、360度视频、全息投影等技术的支持。④情境模拟：创造或模拟一个特定的情境，让用户在特定的环境中接收信息，从而提高信息的传递效率。⑤情感共鸣：通过沉浸式体验，传播内容能够更有效地触发用户的情感反应，形成情感共鸣。⑥互动性：用户可以在沉浸式环境中与内容互动，这种互动性是沉浸式传播的一个重要特征。⑦故事性：沉浸式传播往往以故事的形式展开，通过故事化的内容吸引用户，增强信息的传播力。

二、数据来源与分析方法

本研究按照中国知网（CNKI）数据库检索中文文献，以"沉浸式传播""沉浸式体验""媒体传播""沉浸式融媒体""沉浸式体验传播"等检索词为主题，来源类别分别为"北大核心""CSSCI"，检索时间截至2023年11月20日，剔除报纸、会议、文件等文献，最终获取272篇中文文献。同理，在Web of Science（WOS）数据库以"主题=Immersive communication or immersive experience & 文献类型=article or review & 语种=English"为条件进行英文文献的检索，共筛选出475份有效文献。本研究基于这747份文献进行综述，借助CiteSpace软件绘制沉浸式体验传播研究文献数量及年代分布、关键词共现与关键词聚类等知识图谱，并结合图谱综合论述融媒体时代下的沉浸式体验传播研究进展及研究热点。

三、总体研究进展

（一）文献历时分布

国内外沉浸式传播研究历年发表文献数量及分布情况如图6-4所示。由图可知，国内外研究几乎同时期开展，大体都呈现上升趋势，从2015年开始国内外都呈爆发式增长。2002—2015年，国内沉浸式传播研究处于平静期，2010年起，国外研究文献数量呈增长态势，国外起步早于国内。这个时期，国外主要探究电子游戏类的沉浸式传播。2015—2023年，是沉浸式传播研究的热度期，由于互联网热度的影响，未来的传播方式将主要聚焦在虚拟交互现实以及元宇宙的探索。2019年，国内沉浸式传播研究文献数量高于国外，主要得益于国内直播带货等传播新形式的助力。2015年和2022年，国外文献发文量分别为58篇和72篇，达到了顶峰；2023年国内文献发文量达到61篇。国外研究文献数量普遍大于国内研究文献数量，可见国外对沉浸式传播的研究热度更高。在2022年以后，国内研究数量不断攀升，国外研究热度有所下降，这一时间段，国内沉浸式传播的研究热度主要聚焦在虚拟现实体验上。

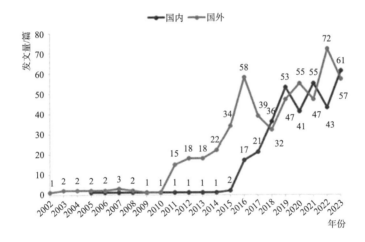

图6-4 国内外沉浸式传播文献数量及年代分布

（二）研究方法

通过梳理文献发现，国内沉浸式传播研究方法以文献研究法、线下实地体验法、情景交互法、虚拟体验用户感受法为主。沉浸式传播种类多、范围广，例如，有艺术的沉浸式传播，有其他行业的沉浸式传播。近年来，国内对于线上的沉浸式传播研究热度有所上升，主要通过文献研究法、问卷调查法、评论数据收集法等，收集用户在虚拟交互中的体验和感受来研究沉浸式传播。国外沉浸式传播的研究以科技虚拟交互为主，以实际体验和人们的心理开展研究，涉及人类心理学和人脑与机器交互的深入科学研究，多运用心理学的研究方法，以采访观察和人为实验方法为主开展研究。本研究首先通过内容分析法，对沉浸式传播内容进行深入分析，探讨其特点、优势和不足，以便优化传播策略。其次，通过创新技术的应用，探讨新兴技术（如虚拟现实和5G等）在沉浸式传播中的应用，以提升传播质量和效果。

（三）研究关键词

关键词能反映一篇文献的主题和研究的核心。通过运用CiteSpace软件生成了关键词图谱，国内文献关键词共现图谱共包含217个节点和310条连线，网络密度0.013 2；国外文献关键词共现图谱共包含254个节点和347条连线，网络密度0.010 8。从整体看，其中有少部分散落节点大体较为紧密，表明国内外研究沉浸式传播热点都较为集中。国内沉浸式传播研究多以融媒体、新媒体、直播、虚拟交互、沉浸VR、增强现实为主，符合时下的国际环境以及热点。国外多以virtual reality（虚拟现实）、metaverse（元宇宙）、The digital world（数字世界）、Immersive technology（沉浸式技术）为主的沉浸式传播研究也同国内基本接轨，研究进展大致相同。

为了进一步掌握国内沉浸式传播的研究方向，对高频关键词进行聚类分析。通常，聚类模块值Modularity（Q值）大于0.3时聚类结构显著，聚类平均轮廓值Silhouett（S值）大于0.5时表明该图谱聚类合理，且S值越接近1时反映网络的同质性越高。在关键词聚类图谱中，Q值分别为0.669 6和0.637 6，S值分别为0.915 7和0.845 7，说明本研究的可视化图谱的聚类结构效果明显且具有说服力。国内论文关键词聚类图谱展示了新媒体、全媒体、虚拟现实、数字化、交互设计、主流媒体、新闻传播、沉浸式传播等关键词，其中虚拟现实、新媒体、主流媒体、交互设计的类聚面积比较大，是国内沉浸式传播的主流研究方向。国外论文关键词聚类图谱展现了 immersive communication、metaverse、virtual reality、new media、media convergence、international communication、integrated media、all media、broadcasting 等关键词。从整体看，主题虚拟现实、新媒体、融媒体面积较大，说明国外在沉浸式传播研究中，这些是主要研究主题。

通过梳理沉浸式传播研究文献，并分析关键词图谱，归纳出国内外研究热点。国内研究热点可分为虚拟现实、新媒体发展、新闻传播、文化体验、数字化等方面；国外研究热点主要包括虚拟现实、元宇宙、国际传播、媒体融合、传播方式等方面。

四、国内外研究热点

（一）国内研究热点

1. 沉浸式传播的传播方式

在搜集的文献里，国内共272篇研究文献，其中164篇聚焦在媒体传播、旅游传播及文化传播上面，55篇聚焦在数字化传播和马克思主义传播等方面。媒体传播是指通过各种媒介向公众传播信息、观点、意见、知识等内容的过程。其中刘宗义的文章《全媒体时代沂蒙精神的多维传播路径研究》，提到全媒体时代下，传播方式、传播渠道以及传媒生态环境发生了巨大变化，层出不穷的新媒体为沂蒙精神的传播带来了新的机遇。数字化传播是以数字化的声音、图像、视频和文字等方式进行传播，其中谢文的文章《融媒体语境下沉浸式VR报道的国际传播实践》，阐述了VR产品给新闻领域带来了全新的传播方式，它所营造的沉浸式体验是一种全新的体验形式。通过以上文献综述，得到以下关键分析结果：新媒体传播会对沉浸式传播产生很大的影响，应该不断加强这种传播方式的效用和影响力，以便帮助人们进一步了解热点，了解世界，并提升对沉浸式体验的认识。

2. 沉浸式传播的传播策略

通过研究发现，在所有中文文献中，有143篇文献聚焦在媒介传播和价值传播上面，79篇聚焦在文化传播和情感传播等方面。媒介传播是指利用电话、计算机及网络、报纸、广播、电视等与传播技术有关的媒体进行传播，其中付麟

雅和龚彦方的文章《情感、文化与价值：融媒体"传播力"分析——基于融媒
体新闻实务的考察》，阐述了在"大融合观"的背景下，我国融媒体形成了四种
融合实践，分析了融媒体环境中的三种传播策略，并以此构建出融媒体在互联
网视域下的"传播力"基本形态。文化传播是指在社会中传播各种文化信息的
过程，包括艺术、音乐、语言、宗教、哲学、科技等各个方面，其中刘永琴的
文章《传统节日文化的融媒体传播创新研究》，阐述了在借助融媒体创新手段
后，河南卫视的传统节日文化传播突破了先前单纯以报纸、电视和网络的传统
传播格局。通过以上文献综述，得到以下关键分析结果：媒介传播是沉浸式传
播的主要传播策略和手段，应该多通过这种方式来传播信息，弘扬中国传统文
化，并且需要不断加强其他传播策略的效用和影响力，使沉浸式传播更加丰富
化、多样化。

3. 沉浸式传播的呈现方式

通过研究查找的所有中文文献发现，部分文献聚焦在沉浸式传播的呈现方
式上，最主要的两个方面分别是融媒体、虚拟现实的呈现方式。其中融媒体充
分利用媒介载体，把广播、电视、报纸等既有共同点，又存在互补性的不同媒
体进行全面整合，实现资源通融、内容兼融、宣传互融、利益共融。例如朱迪
的《融媒体背景下少儿期刊发展策略研究——以〈小星星〉为例》、陈皓祺和储
蕾芳的《融媒体在功德林素菜馆的体验设计研究》、李昊燃的《融媒体时代下体
验式新闻产品研究》，通过研究融媒体与各个媒介相结合，给被传播者提供了一
个沉浸式的体验，使信息传播人群多元化、年轻化。将融媒体技术与传播的各
个方面进行结合，通过媒介传播的方式进行呈现，提升了传播的效率。虚拟现
实传播主要呈现载体为屏幕端配合可穿戴设备，传播依赖于受众的动作参与，
主要调动人的视觉、听觉和行为系统。其中姚爽等的《基于使用与满足理论的
科技馆VR展项应用——以长春中国光学科学技术馆为例》一文中，阐述了长春
中国光学科学技术馆的VR展项，科技馆行业跟随技术风潮，推出VR产品给参
观者打造更真实的体验。以展项和VR技术为基础，以受众接受为中心来搭建
VR传播系统，实现受众沉浸式的体验。通过以上文献综述，我们得到结论，沉
浸式传播的呈现方式在不同场景下对不同受众有着不同的影响，合理运用传播

的呈现方式有利于更好地提高传播效率，从而达到沉浸式传播的目的。

4. 沉浸式传播的影响

沉浸式传播具有显著的正面影响，但也存在局限性。在查找的中文文献中，大部分文献聚焦在沉浸式传播的正面影响，只有少部分聚焦在沉浸式传播的局限性。其中，杨婧言在《虚实对话：数字化博物馆的沉浸式传播》一文中提到，数字化博物馆的人机交互对于受众的控制感体验具有显著的正面影响，场景构建、感官刺激对于受众的时空知觉转变影响最为明显，对于受众的沉浸感体验而言，控制感、注意力集中度对于受众的参观行为和信息获取行为的正向影响更为显著。还有一部分文献，比如张道正的《商业财经新闻如何实现大众化传播——中国商报"新媒体实验稿"的成功经验》，提到新媒体时代对商业财经新闻的可读性提出了新要求，研究如何提高商业财经新闻可读性、实现大众化传播成为业界当下之急。由于技术成本的制约，沉浸式传播所构造的三维世界还是相当粗糙的，受众无法获得与现实观众完全一样的新闻细节和冲击力。通过以上文献综述，得到结论：沉浸式传播具有使受众仿佛置身于现场、精准还原事件本身的效果，解决了文字、图片等带来的失真问题，具有使受众主体性增强等正面影响；同时也存在拟真度尚低、直播性不强等局限性。

（二）国外研究热点

1. 沉浸式传播的原理

国外共475篇相关研究文献，大部分文献聚焦在沉浸式传播的技术基础上面，少部分聚焦到沉浸式传播的核心要义和实现方法。沉浸式传播的技术基础主要涉及VR技术、AR技术、3D建模与渲染、AI技术、网络与传输技术等，通过这些技术的相互结合与协同，实现真实与虚拟世界的融合，为用户提供沉浸式的体验。其中Kimh的"Interactive immersive experience"，以及Balapur Ali等的"The relationship between immersive experience and shelf life of mobile apps: an empirical study of a gaming application"，均从硬件和软件的角度，对各种技术优势方法进行了全面的调查和详细的分析，强调沉浸式传播方式借助于人工智能、虚拟现实、大数据等技术，为用户提供个性化、定制化的内容和服务，并将5G技术集成到5GB，为AR和VR应用提供了低延迟环境。Xianli Wang等的 "Research on immersive experience of rural tourism marketing in the internet era"，通过一系列实验结果证明了光通信制导技术，可以提高光速的潜力，而通过超低延迟传输多感官跟踪信息并采用最优调度策略，对沉浸式传播技术的提高具有重大影响。沉浸式传播的核心要义是通过技术手段，让用户在某种程度上忘记现实环境，沉浸在一个全新的虚拟环境中，从而提高用户体验感和参与度。这种传播方式强调虚拟现实、人机交互和感知互动等技术特点。Tseng MF的 "A study of online synchronous immersive communication in Mandarin Chinese"明确提出了沉浸式传播的核心是通过技术手段，让用户在某种程度上忘记现实环境，沉浸在一个全新的虚拟环境中，从而提高用户体验感和参与度。由此可见，沉浸式传播的原理是利用虚拟现实、增强现实等技术，构建一个仿真的三维环境，让用户能够身临其境地体验和感知信息。这种传播方式旨在提高信息传递的吸引力和效果，广泛应用于各个领域。

2. 沉浸式传播的应用场景

通过分析整理外文文献发现，大部分聚焦在生活类短视频和文旅产业的应用，少部分聚焦在其他领域的应用。其中Shen Xuemin等的 "Toward immersive communications in 6G"，论述了以短视频平台为载体，运用创意剪辑、视觉特效等手段，打造具有沉浸感的场景，有助于提升用户情感体验，满足人们追求美好生活的需要。以美国RokniL和AvciT为首的学者在Emerging Immersive Communication Systems中，率先提出IP、AR、VR等科技手段在文旅产业的应用，结合虚实空间，打造沉浸式环境，促进了沉浸式博物馆、沉浸式演艺、沉浸式展览等新兴业态的发展。沉浸式文旅项目在国际迅速崛起，成为文旅产业的下一个风口，但也面临着创新不足、同质化竞争等问题。除此以外，Tseng MF的 "A Study of Online Synchronous Immersive Communication in Mandarin Chinese"研究了沉浸式传播在教育、医疗、商业等领域的应用。教育方面，虚拟实验室、远程教育等应用场景，提升了学生的学习效果和互动体验；医疗方面，虚拟现实技术在康复训练、心理治疗等方面的应用，为患者提供了更加有效的治疗手段；商业方面，沉浸式购物中心、广告宣传等场景，提升了消费者的购物体验和品牌影响力。沉浸式传播在各领域的应用日益广泛，为产业发展提供了新的机遇。然而，伴随着市场竞争和技术变革，沉浸式传播也面临着诸多挑战。

3. 沉浸式传播的发展趋势

关于沉浸式传播发展趋势的研究，国外学者主要从传播融媒体发展、虚拟现实技术这两方面研究沉浸式传播发展趋势，同时也涉及有关多样化的沉浸式体验方式发展等的研究。所有查找的外文文献中，大部分文献聚焦于科学技术的发展对沉浸式传播的发展的影响，还有部分文献研究了沉浸式传播多样化的变化发展方式。其中外国学者 Qin Li 在 Immersive Communication 中谈到随着网络技术的飞速发展，新媒体的即时性和庞大的受众给环境信息的传播带来了新的发展趋势，也为信息传播提供了越来越多可供选择的方式，深刻地改变了人们的信息交流方式和获取方式。Wulong Xu 在 "Visual dissemination of intangible cultural heritage information based on 3d scanning and virtual reality technology" 中提到，以虚拟现实（VR）技术、三维扫描技术、增强现实（AR）技术等为切入点的新兴技术发展正日益改变人们的生活、工作等众多领域。特别是在人工智能对沉浸式传播的发展的研究上，有关 "AI 人工智能" 的关键词出现百余次，由此可见，融媒体时代下科学信息技术的发展，对沉浸式传播的发展方向产生了深远影响，逐步向更高的图像质量和更快的渲染速度，更低的延迟和更高的帧率，更广泛的感官刺激，更智能的内容生成的方向发展。除此之外，小部分国外研究关注沉浸式体验方式的多样化发展，其中涉及到了历史文化、政治、商业营销、教育培训等，可以看到沉浸式传播下，传播形式多样，给大众带来了不同的感官体验。通过分析可知，沉浸式传播的发展离不开科学技术的支持，但其也推动着播方式的更新与发展，日益向多元化、科技化、大众化发展。

4. 沉浸式传播的优势与挑战

沉浸式传播带来的优势与挑战也是国外学者关注的议题之一。在新媒体时代，社交网络作为一种新的传播方式，以其独特的优势逐渐成为人们日常生活中不可或缺的一部分。新媒体传播与社交网络的融合，不仅为信息传播带来了便利，也为沉浸式传播的发展提供了新的机遇和挑战。通过对外文文献的分析整理，我们发现在所有外文文献中，大部分聚焦在沉浸式传播带来的优势，少部分聚焦在沉浸式传播带来的挑战。Ziyi Guang 在 "New media communication mode with mental health education on public social anxiety disorder" 中提到新媒体传播与社交网络的融合，使信息传播更快，用户互动更频繁，社交行为更便捷，沉浸式传播的发展为人类带来诸多优势。也有部分学者认同沉浸式传播带来的挑战，其中 Jinluo 在 "At a loss what to do to past dark willows and flowers in bloom——the transformation and development of paper media in the new media era" 就提到人们传统的阅读和观看习惯逐渐被新媒体阅读方式所取代，新媒体传播方式远远快于传统媒体，传统纸媒逐渐被替代，现代电子产品对视力的危害等。可以看到，沉浸式传播下新媒体的发展仍面临着挑战。综上可知，沉浸式传播带来优势的同时也面临着挑战，如何正确地看待沉浸式传播带来的影响，有效利用其优势，仍然是值得思考和探讨的话题。

第六节　本章小结

沉浸体验在各个领域展现出了巨大的潜力和魅力。沉浸式艺术让观众沉浸于美的世界，感受艺术的震撼与魅力；沉浸式教学为教育带来新的活力，提升学习效率和乐趣；沉浸式乐园成为人们逃离现实、追寻梦幻的胜地；沉浸式传播则以全新的方式传递信息，增强受众的参与感和认同感。随着技术的不断进步，沉浸体验必将不断创新和发展，为人们带来更多惊喜。让我们共同期待沉浸体验在未来继续拓展边界，为我们的生活带来更加丰富多彩的体验；让我们在沉浸式的世界中探索无限的可能，享受更加美好的生活，开启属于沉浸体验的新时代。

第七章　抗压时代的环境沉浸与心理疗愈

社会的快速发展，使得快节奏生活越来越普遍，由此产生的心理健康问题日益突出，释放压力以及怎样借助和设计旅游来疗愈人的身心健康成为研究热点。因此，环境沉浸与心理疗愈的概念逐渐引起了广泛关注。环境沉浸是指通过特定的自然或人造环境，促使个体在感官上获得深度体验，从而达到放松心理和调节情绪的目的。近年来，身心旅游和沉浸式旅游作为新兴的旅游形式，正逐渐被视为缓解心理压力的重要途径。身心旅游强调的是身心的和谐与统一，倡导通过亲近大自然、参与冥想或瑜伽等活动，帮助个体重拾内心的宁静。沉浸式旅游则通过虚拟现实和增强现实等技术，为游客提供身临其境的体验，帮助他们逃离日常生活的喧嚣。近年来，"躺平"青年开始基于应变视角寻求缓解压力的渠道和方式，情绪调节和旅游疗愈成为他们适应快节奏时代和保持对现实感知的重要手段，调整心态、放松心情以及释放压力的"躺平"思想成为了多数青年的心声，但是鲜有研究关注懒人心态和慢节奏沉浸疗愈的内在联系。身心旅游和沉浸式旅游所形成的旅游沉浸疗愈办法，为人们提供了一种新颖而有效的心理疗愈方式。

本章针对躺平现象，基于沉浸性理论视角，运用实验室实验、网络调查实验和线上问卷实验，探究了躺平心态、环境场景和沉浸性感知对消极性个体的积极疗愈的影响及其内在机制。研究结果显示：①在旅游环境中，躺平心态显著增加了非积极性游客的积极性疗愈，但对积极性游客几乎没有影响。②躺平心态对非积极性游客的积极性疗愈的影响受到了旅游环境中沉浸性感知的调节作用。③在新冠肺炎疫情之后，躺平心态对非积极性游客积极疗愈的影响仍然是以沉浸性感知为中介的。该研究不仅提出相应的旅游沉浸疗愈路径，为旅游疗愈、情绪调节和旅游行为研究提供了有益补充，同时，也为在抗压时代寻求心理舒缓与情感支持的人们提供有益的实践和理论参考。

第一节　环境沉浸与心理疗愈的背景和现状

近年来，随着旅游业振兴发展，旅游与医疗、公共卫生等相关产业的跨界融合不断升级。旅游业也从一开始的特种兵旅游发展到下沉式旅游，又拓展到反向旅游、躺平式旅游、盲盒式旅游等新形式，旅游需求开始不断快速复苏。

旅游体验对于个体的身心健康有着重要的促进作用，娱乐、教育、逃避、美感、移情五种体验类型分别给游客塑造舒畅而独特的身心体验。以往研究指出，以环境心理学为基础发展而来的疗愈环境理论对提升人类健康水平有着重要作用，如针对老年人身心特点进行特殊设计的疗愈性空间环境，能有效缓和老年人的精神行为症状，延缓病程发展。不同类型的旅游体验能起到不同的心理修复作用。如康养旅游作为一种专项度假旅游，通常以良好的物候条件为基础，能促进游客身心健康，增强游客幸福感；节庆旅游的一些独特属性，如节庆氛围、互动性、社会交往体验、特殊的景观元素等，能增强游客的休闲体验、社交体验和节庆体验，如今已开始被当作一种减压康复的疗养手段走入公众视野，可显著改善人们的身体与精神状态。生命叙事实践，在共情场域中唤醒和联结情感记忆，并在情感创伤的"外化"过程中获得心理疗愈。中国剪纸、贴年画、刺绣等手工疗愈功能在情绪疏导、自我认识、意识提升、创伤修复等多个方面具有显著效果。

企业逐渐意识到旅游中个体的沉浸性感知对其身体和心理具有积极疗愈作用。旅游产业开始通过守护田园、山水、森林、荒野等大自然资源，或建设许多兼具宜居、休闲、生态等多功能的乡村，借此开发各类满足人们深层次身心需求的疗愈项目，达到旅游疗愈的辅助效果。旅游疗愈是指游客通过参与旅游活动达到疗愈其心理或生理疾病的目的，游客们通过参与旅游活动，置身于旅游的场景/环境之中，能够获得愉悦、放松、畅爽等情景式体验，进而提高自身的身心健康，并在一定程度上达到可替代临床医学干预的目的。旅游疗愈中游客的心态是否会影响疗愈的效果？躺平的放松心态是否更有利于增强疗愈作用？如果有，这种影响对积极性个体和消极性个体的影响是否相同？沉浸性感知在其中是否起到中介或调节作用？本研究将基于上述问题，探讨躺平心态、环境场景和沉浸性感知对消极性个体的积极疗愈的影响及其内在机制。

第二节　身心旅游综述与假设

一、旅游疗愈文献溯源

首先，游客怀着躺平的心态去旅游，以达到实现自身的放松、远离生活和工作压力的目的，期待躺平心态的旅游能够让自身的烦恼得到消散，并获得愉悦感。其次，躺平心态是否能够影响游客的身心疗愈？躺平心态是否对所有的游客都会产生显著的积极性疗愈？躺平心态对消极性或者积极性游客的积极性疗愈是否具有显著的影响，特别是游客自身进行积极性疗愈。最后，对于积极性游客和消极性游客需要采取不同的策略，因为对积极性游客有效的策略方法可能并不适用于消极性游客。

1. 文献溯源思路

为了解决上述问题，我们先通过文献深度分析来进行全面和深入的文献和理论溯源，即对大量关于参与心态的研究进行了文献溯源分析，从旅游疗愈类型和背景两个维度解释了它们的差异：沿着环境因素的差异、情绪特性（积极、消极）、背景（心态、状态、周期、环境、对象特征），如表7-1所示。基于文献溯源分析，在86个研究成果中提取上千个引用成果，涉及四个旅游周期、四种旅游环境、四种生命周期、两类疗愈类型。与传统的观念认为躺平心态主要是一种懒式、消极和不好的状态相反，我们观察到躺平心态对沉浸性感知和积极性疗愈有一种更加强大的影响。研究结果进一步显示，不同的目标需要不同的心态、不同的场景和不同的情绪。

表 7-1　文献溯源框架

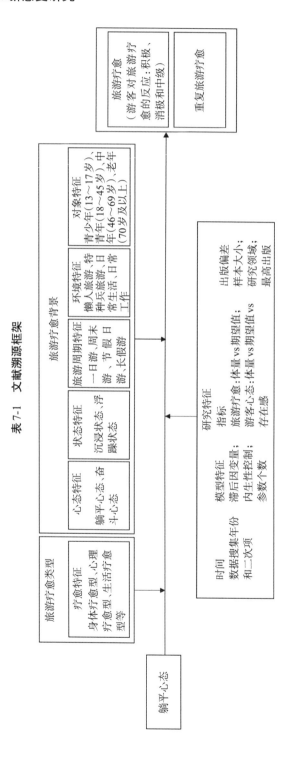

2. 疗愈影响因素

在旅游过程中，通过调整游客的心态对游客进行身体和心理的积极性疗愈。为了更好地理解旅游中躺平心态（懒人式旅游）对个人身体和心理上的积极性疗愈作用，我们引入了中间变量——沉浸性感知。

（1）身心疗愈：身心疗愈是指游客通过参与旅游活动达到疗愈其心理或生理疾病的目的，游客通过参与旅游活动，置身于旅游的场景/环境之中，能够获得愉悦、放松、畅爽等情景式体验，进而提高自身的身心健康，并在一定程度上达到可替代临床医学干预的目的。

（2）躺平心态：特指不管外界压力如何，当事人内心毫无波动、不想采取任何行动的一种状态，反映了被动消极的人生态度。"躺平即快乐""不想努力了，只想躺平"等口头禅逐渐成为部分群体追求个性的做人哲学。目前，躺平心态已经延展出更多的积极模式，如接受服务、放松恢复、安静阅读、平和沟通、缓解情绪、大脑充电、返乡探亲，等等，这可能源于每个人都有自己的生活方式，有人偏爱城市的繁华与便捷，有人则钟情于乡村的宁静与慢节奏。

（3）沉浸状态：沉浸就是专注于当前的目标情境，让人感到愉悦和满足，而忘记真实世界的情境，具体包括观影、观展、比赛、乐园、度假、运动、购物，等等。以康养旅游体验为例，游客通过沉浸式的养生体验，获得康养旅游带来的心理和生理上的满足。

通过研究已有的大量旅游资料发现，旅游疗愈效果受到游客心态、参与状态、旅游环境、旅游对象和旅游周期的影响，其中旅游情绪特性（躺平心态、沉浸状态）相关研究较少。通过旅游相关文献的梳理和溯源，最近的研究调查了跨不同环境的积极性疗愈（如表7-2所示）。

表 7-2　文献提炼的跨不同环境的旅游疗愈

研究主题	作者	疗愈类型	输出变量	疗愈类型 积极疗愈	疗愈类型 消极疗愈	影响因素 躺平心态	影响因素 奋斗心态	影响因素 沉浸状态	影响因素 浮躁状态	环境 旅游	环境 生活	疗愈对象	疗愈周期	旅游形式
互联网中新饮食实践与文化疗愈的关系	冯智明	身体疗愈	饮食视频、身体感知、镜像世界、身体疗愈	√		√					√	青少年	不定	懒人式旅游
旅游经历对老年人心理问题的疗愈作用	吕兴洋	心理疗愈	心理疗愈、幸福感、回忆疗法、过往旅游经历	√			√			√		老年	不定	下沉式旅游
太极对老年人身心健康的影响	蔡晓梅	身心疗愈	拼装理论、疗愈景观、太极疗愈、能动欲望	√		√					√	不定	不定	下沉式旅游
阅读对疗愈的积极作用	徐雁	心理疗愈	阅读疗愈、情绪疗愈、图书服务	√				√			√	不定	不定	沉浸性旅游
民宿游客解决身心健康	徐学敏	身体疗愈、心理疗愈	自然环境	√		√				√		青年、中年	周末游	躺平式旅游
森林康养缓解现代社会压力	李建军等	身体疗愈、心理疗愈	绿植体验	√		√				√		中年、老年	节假日游	反向旅游、下沉式旅游
原始空间环境健康与疗愈	刘滨谊梁竞	生理疗愈、心理疗愈和精神疗愈	自然原始空间环境	√		√				√		不定	不定	反向旅游、下沉式旅游
旅游活动对游客生命质量的影响	杨振之沙莎	生理疗愈、心理疗愈	旅游服务、旅游活动	√		√				√		不定	不定	盲盒式旅游

续表

研究主题	作者	疗愈类型	输出变量	疗愈类型		影响因素				环境		疗愈对象	疗愈周期	旅游形式
				积极疗愈	消极疗愈	躺平心态	奋斗心态	沉浸状态	浮躁状态	旅游	生活			
适老疗愈型森林康养基地研究	江绪旺 俞书涵	身体疗愈	景观资源,环境质量,设施资源	√			√					老年	长假游	反向旅游、下沉式旅游
森林康养旅游感知利益对游客消费意愿的影响	周彬 刘思怡 虞虎等	心理疗愈	环保态度,康旅开发态度,旅游感知利益	√			√		√			青年	节假日游	反向旅游、下沉式旅游
居民感知价值影响康养旅游的行为	何茅 张紫雅等	心理疗愈	感知价值,支持行为,积极情绪,先前知识	√			√					青年	节假日游	常规旅游
旅游康养福祉带动产业创新	徐虹 于海波	身心疗愈、生理疗愈	养颜健体,修心养性,关爱环境	√			√					青年	长假游	下沉式旅游
中国森林康养基地供给产品特征	谢一帆 熊伟	身体疗愈	地区,规模,运营主体,绩效	√			√					青年	长假游	反向旅游、下沉式旅游
养老资源、信息平台与智慧康养关系	刘阳 姬茂旺	身体疗愈、心理疗愈	养老资源配置,智慧康养价值	√			√					老年	长假游	下沉式旅游
森林公园生态旅游问题与路径探析	郭祁 李明泉	身体疗愈、心理疗愈	政府主导模式,动态测量	√		√	√		√			青年	节假日游	盲盒式旅游、下沉式旅游
休闲康养型民族村寨旅游空间生产	曾鹏 汪玥	心理疗愈	村寨吸引力,民族文化旅游发展	√		√		√			一	不定	短期游	短期旅游、反向旅游

续表

研究主题	作者	疗愈类型	输出变量	疗愈类型		影响因素				环境		疗愈对象	疗愈周期	旅游形式
				积极疗愈	消极疗愈	躺平心态	备斗心态	沉浸状态	浮躁状态	旅游	生活			
农村旅居康养的发展、限制与展望	李俏、赵天予	不定	康养与旅游融合、乡村舒适驱动型	√		√					√	中老年	长期	乡村旅游
森林康养指标体系构建	周如意、王丽等	身体心理	森林康养指标体系	√		√		√		√	√	不定	短期	盲盒旅游
森林康养旅游空间适宜性评价	刘楠、魏云洁等	身体心理	乡村旅游转型发展、高质量发展	√		√				√		不定	短期	乡村旅游、反向
草原康养功能环境影响因子研究	董爽、张忠藏等	身体心理生理	需求满足	√				√		√		不定	长期	盲盒
研学旅游实现教育功能	白长虹	心理	优势行动、积极心理	√			√					青年	长期	特种兵旅游
结合赛博空间技术的虚拟旅游规划	王璐、吴华意等	身体心理	赛博空间、虚拟旅游	√		√						不定	不定	赛博旅游

备注：疗愈类型：身体、心理、生理、社会疗愈；疗愈对象：青少年（13～17岁）、青年（18～45岁）、中年（46～69岁）、老年70岁及以上；疗愈周期：一日游、周末游、节假日游、长假游。

在疗愈中，为了区分两种疗愈效果的类型，即通过精准划分提供给积极性游客和消极性游客的内容，以此来更好地理解疗愈环境的差异和共性。表7-3提供了关于游客躺平心态在不同场景中的积极性和消极性疗愈影响示例内容。

表7-3　游客躺平心态在不同场景中的沉浸性感知影响类型案例

旅游疗愈的作用	旅游模式		生活工作	
	懒人式旅游	特种兵旅游	生活	工作
积极	中国青年报:"游历名山大川固然是好,但我更喜欢慢下来,在忙碌的生活里喘口气,感受岁月静好,这才是旅行的真谛"	新传热点:大学生特种兵旅游是一次生活出走。大学生特种兵旅行指大学生以打卡和过度消耗体力的方式进行报复性旅游,打卡旅行的意义不仅仅是社交分享或者为了出发而出发,它就是一次对抗,是对没有尽头的、琐碎生活的对抗和出走	时事热点:30岁硕士拿着100万"躺平式养老" 据橙柿互动3月2日报道,一位30岁的年轻硕士拿着100万元的本金,在云南过上了吃利息的"躺平式养老"生活,通过分享养老经验,吸引了不少年轻人关注	小红书:姿态上内卷,心态上躺平。俞敏洪曾说:"躺平,有两层含义。一种是靠父母、靠他人,不思进取的躺平;而另一种就是心态上的躺平,能够保持心态的平和,不敏感、不内耗。工作中,谁都有不顺心的时候,跟情绪较劲,徒劳无功。给心态松绑,把精力放在更重要的事情上,才是成熟的人该有的工作观"
	中国青年报:"这种放松式的旅游对我们来说是一种低成本的消遣,包括情绪上的低成本,用最低的成本获得最大的快乐"	小红书:土耳其旅游攻略,省钱又好玩必须码住歌词说:"我想要带你去浪漫的土耳其"	@山扉 sunny feel 躺平有时候是生活的解药。世界的节奏过快,我们的生活时常被撕成凌乱的碎片、被琐事纠缠,压力也紧跟而上。这时候,为什么不选择躺下,躺平也可以是一种生活的解药	小红书:首先什么是摆烂?当工作压得我喘不过气的时候,适当的摆烂心理能帮忙调节我的情绪及状态,让我不至于因为工作而崩溃

续表

旅游疗愈的作用	旅游模式		生活工作	
	懒人式旅游	特种兵旅游	生活	工作
消极	金融八卦：像刘昂这样的年轻人，越来越喜欢在旅游中"摆烂"。旅行日常就是躺在酒店睡到自然醒，饿了吃外卖，无聊时就看综艺，躺够了就出门溜达，在陌生的城市喝喝咖啡、做做疗养	百度：在旅游中采用"特种兵式"等军事化的方式进行，有可能会对自己和他人的人身安全造成威胁，并且容易引起恐慌和社会不安。此外，这种方式可能会违反当地旅游规定和文化习惯，影响旅游形象和市场信誉	人民日报：对躺平说不！躺平真的能解决眼前的困难吗？或许在网络上高唱"躺平"的年轻人，大概也感受到这属于一种"浪漫主义空想"	2023年春晚节目《坑》受到观众好评。2023年1月22日，中央纪委国家监察委网站发布快评《不能让"躺平式干部"再坑人了》
	大型旅游网站"驴妈妈"国内度假事业部总经理吴雪峰告诉记者，如今"懒人"越来越多，"懒人旅游"成为当下旅游的新形式。虽然这些旅游人士很"懒"，但对旅游品质的要求并不低	百度：特种兵式旅游其实是在透支生命。首都医科大学宣武医院医生胡水清接受科技日报记者采访时指出："特种兵式旅游其实是在透支生命。"高强度运动会加重脏器负担，再加上睡眠不足，身体功能缺乏恢复时间，容易诱发多种疾病	华语辩论赛：现实一点，你就会发现对方所有的论证都预设了一个前提，即资源是无限的，一旦资源是有限的，蛋糕是有限的，这个时候其实是一个分配体制的问题，你想要创造价值，可是谁给你创造价值的资源和条件	面试热点："小油条"干部你怎么看？它的本质是另类躺平，不思进取、消极无力的表现。其特征是年轻但不愿干事、不想作为，信奉事不关己高高挂起、事若关己必须一起的太极哲学，若不及时更正，让消极心态蔓延，会影响整个队伍作风，损害党和人民的利益

3. 旅游模式特征

旅游环境包括懒人旅游（慢节奏：深度游）、特种兵旅游（快节奏：跟团游）等，而生活工作包括休闲生活（慢节奏：咖啡吧、茶楼）、压力生活（快节

奏：快餐、加班）等。游客旅游中的躺平心态对游客的沉浸性感知的影响会有所不同，旅游中比在生活和工作中更容易产生沉浸性感知。对于基于客观因素产生的沉浸性感知，我们的预测是：在旅游环境中，躺平心态和积极性的交互作用会影响游客的积极疗愈，特别是对消极性游客而言。

二、旅游疗愈研究假设

1. 旅游心态和身心疗愈

现代社会生活节奏越来越快，人们面临的压力也越来越多，既有来自于工作、学习、家庭等方面的，也有来自于自身内心的，这些压力都需要通过适当的疗愈来化解。在旅游的过程中，徒步旅行、攀岩、滑雪等各种运动，既可以增强游客体力和耐力，提高身体的免疫力，还可以摆脱压力，放松身心以及恢复体力。同时，旅游对个体的疗愈还可能出现在认知、正念或者积极情绪上。旅游地疗愈或者自然疗愈，主要指以自然资源为基底、自然景观为主要构成环境，以治疗生理和心理两方面为主的疗愈方式，这类疗愈不仅提供了物质、社会和心理多重资源，还可以释放压力和缓解抑郁，最终降低个人的焦虑，降低游客的抑郁风险等。回忆过往旅游经历对老年心理问题也具有很好的疗愈作用，这种经历一方面通过提升积极情绪增强老年人当下幸福感，另一方面通过提升存在意义感增强老年人回溯幸福感。所以，笔者提出假设H_1：在旅游环境中，躺平心态和积极性的交互作用影响积极疗愈。具体来说，只有对消极性个体，躺平心态影响积极疗愈。

莫里托的《全球经济将出现五大浪潮》指出，到2015年人类将进入休闲时代，新技术和其他一些趋势可以让人们把生命中50%以上的时间用于休闲。休闲经济将在旅游产业体系中占据首位。美团、大众点评数据显示，新冠肺炎疫情放开后，躺平旅游相关搜索比去年同期上涨50%，攻略笔记同比上涨70%，30岁年轻搜索人群占比超过七成，按周预订的酒店订单量同比去年上涨超200%。数据表明越来越多的人开始注重内心的放松和休息，而非外在的风景和体验。将舒适度和投入度摆在第一位是躺平式旅游的主旨所在，很多酒店与附近景区合作，推出消夏漂流等套餐，让客人无需旅途劳顿，就能有难忘的度假体验。从反向旅游到躺平旅游乃至赛博旅游，新一代游客创造了多种新型旅行模式。给旅行做减法，不赋予旅行太多意义，更容易享受旅行本身的沉浸性价值。所以，我们提出假设 H_2：躺平心态与环境的交互作用影响当下沉浸性感知。躺平心态在懒人旅游环境中比在生活工作中更容易产生沉浸性感知。

2. 积极身心疗愈

自我疗愈是指通过自我调节、自我治疗，达到心理、身体健康的目的。沉浸式技术的主流应用和投资预计将呈指数级增长，为旅游业的扩张和渗透提供了机会。沉浸性氛围可以带来一种沉浸式的、真实的旅游体验，同时，数字技术也在旅游目的地中兴起，正在逐步以一种引人入胜的方式保护遗产，供子孙后代享受和体验。另外，通过研究关于情绪诱导方法的文献可以发现，沉浸式技术或者沉浸式感官可以创造更沉浸式的环境，由此发挥更大的旅游身心疗愈效果。所以，我们提出假设 H_3：沉浸式感知对积极性疗愈的影响受到积极性的调节。沉浸式感知显著增加了消极性旅游者的积极性疗愈，但对积极性旅游者的积极性疗愈没有显著的影响。

3. 沉浸性感知

沉浸体验在积极心理学领域是指，当人们在进行活动时完全投入情境当中，注意力专注，并且过滤掉所有不相关的知觉，即进入沉浸状态。近年来，沉浸式包罗万象，成为热门词汇，沉浸式文化旅游项目，如沉浸式博物馆、沉浸式主题公园、沉浸式购物、沉浸式阅读等等，越来越受到老百姓的关注。基于康养旅游感知价值，具有较高康养旅游知识（即先前知识）的居民，其感知价值对积极情绪的影响更强烈。沉浸式体验是当今文化与科技融合而形成的一种新业态，是一种以空间造境为核心业态的体验活动，它又融入了大量富于现代审美特色的创意内容。康养旅游主要聚焦于人的身体、精神以及生活质量等方面，疗养旅游主要聚焦于预防疾病、某种特殊的疗法和病后恢复等，偏重于医疗、康复的功能，而以康复和养生为目的的康养旅游顺应大众需求成为了有效缓解压力、促进身心健康的旅游方式。有研究表明，态度感知、预期情绪和感知行为控制可以更好地诱发积极性欲望。所以，我们提出假设 H_4：在旅游环境中，躺平心态对消极性游客积极性疗愈的影响受到沉浸性感知的中介作用。

第三节 沉浸式旅游实验研究

一、研究内容与方法

1. 研究内容概要

为验证以上假设，我们开展了四个研究。研究 1 采用实验室实验法，以旅游学院旅游相关专业的学生为实验对象，检验主假设（H_1），即躺平心态对积极性水平较低的旅游者积极性疗愈的影响。研究 2 通过对刚刚度假归来的实际游客进行旅游后网络调查，从他们的实际积极性疗愈行为而非大学生的疗愈意愿（增加外部效度）出发，增强了研究 1 所得结论的稳健性，并扩大了抽样范围。研究 3 采用 2（非躺平心态和躺平心态）×2（日常生活工作和旅游环境）×连续（积极性特质）的组间设计，检验当前效应是否只发生在旅游环境中，且只针对消极性旅游者，并通过考察沉浸性感知的中介作用，揭示躺平心态效应背后的作用机制。最后，研究 4 通过对新冠肺炎疫情后旅游游客进行旅游后在线调查，并考察他们的实际积极性疗愈，增强了结论的有效性和稳健性。每项研究的详细情况见表 7-4。

表 7-4 四个研究概要

研究	样本	目的	检验
研究 1	西南某两所大学旅游相关专业学生（N=150）	H1（在旅游环境中）	曼-惠特尼 U 检验和海耶斯 PROCESS 插件模型
研究 2	游客（N=142）（旅游后调查）		海耶斯 PROCESS 插件模型
研究 3	某大学旅游专业学生（N=128）	H2（在旅游环境中） H3（在旅游环境中） H4（在旅游环境中）	海耶斯 PROCESS 插件模型 海耶斯 PROCESS 插件模型 海耶斯 PROCESS 插件模型
研究 4	游客（N=127）（旅游后调查）	H4（新冠肺炎在疫情后）（在旅游环境中）	海耶斯 PROCESS 插件模型

2. 研究模型及假设

根据文献综述和研究内容，提出理论模型假设图，如图7-1所示：

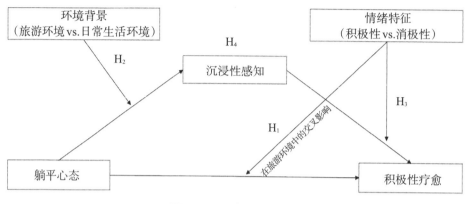

图7-1　理论模型假设图

二、躺平心态对积极性水平较低的旅游者积极性疗愈的影响

1. 研究设计

为了检验假设H_1，研究1采用2（非躺平心态和躺平心态）×连续（积极性特质）组间设计的实验室实验。以某大学在校大学生作为研究对象，他们被邀请到行为实验室参加实验。所采用的方法如下。

首先，所有参与者被随机分配到非躺平心态组或躺平心态组。然后，让他们观看一段大约2分钟的视频，以找到置身于旅游环境中的感觉。这段视频展示了云南抚仙湖的风景和设施，包含湖、日落、蓝天、荷花、酒店、游乐活动设施等。结果显示，参与者能够清晰地区分抚仙湖的旅游环境和他们的日常生活工作环境。

其次，向所有参与者展示一张旅游环境图片，然后进行文字描述。非躺平心态组写道："你正在浏览本地风景，与大自然互动，你对后续的行程安排和旅行衔接比较在意。"躺平心态组写道："你正在浏览本地风景，与大自然互动，你对后续的景点安排、交通衔接、酒店住宿等不太在意。"然后，参与者回答"你认为旅游过程中，行程的相关事项，比如行程交通、行程住宿、行程时间规

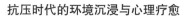
划、行程购票等，这些让你在意的程度？"（1-7分，得分越高，对行程相关事项在意程度越高。）

再次，积极性疗愈是通过一个简单的问题来衡量的：在旅游过程中，你发现一个不错的恒温足疗项目，这个项目不仅可以放松疲劳的身体，还可以治理皮肤和关节炎等，假如后续的行程中出现更好的水疗项目，但是会比较麻烦，你有多么想积极进行足疗？请指出你参与这个项目的可能性。参与者按7分制作答，1=非常不好，7=非常好。用于这一衡量的选择项目来自84名学生的预测反馈，预测中询问他们对旅游中的实际疗愈项目和期望疗愈项目（ $M_{期望项目}$ =水疗； $M_{实际项目}$ =足疗）。

最后，参与者报告了他们的人口统计细节，并完成了积极性特征量表。积极性是根据雷宇提供的17项量表进行测量的，每个项目的评分从1到7（1=非常不一致，7=非常一致）（详见表7-5）。其中，积极性得分低于平均数的个体被认为是消极性的人。

表7-5 测量变量

变量	变量定义及测量题项	研究
躺平心态	变量定义:积极放松模式,如接受服务、放松恢复、平和沟通、缓解情绪、大脑充电等,生活方式,钟情于宁静与慢节奏。 (1)非躺平心态组写道:"你正在浏览本地风景和与大自然的互动,你对后续的行程安排和旅行衔接比较在意。" (2)躺平心态组写道:"你正在浏览本地风景和与大自然的互动,后续的景点安排、交通衔接、酒店住宿等你都不太在意。" (1)你认为旅游过程中,行程的相关事项,比如行程交通、行程住宿、行程时间规划、行程购票等,这些让你在意的程度?(1=比例很小,7=比例很大) (2)在当前疗愈如足疗过程中,当你不在意后续的行程时,你会想继续当前疗愈吗?(1=有限程度,7=很大程度) (1)躺平心态组读到这些文字:"请想象你正在云南抚仙湖/COTTI休息,你对后续的行程安排和旅行衔接不太在意。" (2)非躺平心态组阅读:"请想象你正在云南抚仙湖/COTTI休息,你对后续的行程安排和旅行衔接比较在意"	研究 1 (Sailesh A etc. P S .2023) 研究2(卫玎,2023) 研究3(郭晓轩,2023) 研究4(Jamison C J .2019)

续表

变量	变量定义及测量题项	研究
积极性特征	变量定义：又称积极主动性，从来源上讲它是指个体意愿与整体长远目标任务相统一的动机，积极主动性是士气的表现。 你认为以下词语的描述在多大程度上符合你的日常行为？（1=非常不一致，7=非常一致）。 ①积极性；②活力；③热情；④乐观；⑤自信；⑥勇敢；⑦坚定；⑧进取；⑨创新；⑩激情；⑪当仁不让；⑫一马当先；⑬争先恐后；⑭全神贯注；⑮废寝忘食；⑯专心致志；⑰一心一意	研究1（Sailesh A etc. P S. 2023） 研究2（卫玎，2023） 研究3（雷宇，2016） 研究4（Natalja M .2023）
积极性疗愈	变量定义：积极疗愈是指通过自我积极调节、自我积极治疗，达到心理、身体健康的目的。 在旅游过程中，你发现一个不错的恒温足疗项目，这个项目不仅可以放松疲劳的身体，还可以治理皮肤和关节炎等疗效等，但是后续的行程中可能会出现更好的水疗项目，但是会比较麻烦。你有多么想积极进行当前足疗疗愈？（1=肯定不会，7=很可能） （1）一日旅程后，疲劳原因，我会提前安排充分的时间进行身体放松。（1=非常不同意，7=非常同意） （2）多天旅游结束后，来一次足疗项目所带来的身体放松远远超过我的想象。（1=非常不同意，7=非常同意）	研究1（Sailesh A etc. P S. 2023） 研究2（于沁辰，2023） 研究3（Tugade.et al 2007） 研究4（陈冬，等，2023）
沉浸性感知	变量定义：完全投入情境当中，注意力专注，并过滤掉所有不相关的知觉。 当前情景下，你会多大程度专注于这个事情，比如欣赏风光或者慢慢品尝咖啡？（1=非常常见，7=非常罕见）	研究3（雷宇，2016） 研究4（陈冬等，2023）
认知偏差	您在新冠肺炎疫情后的这次旅行后，感觉同自己的预期差距有多大？（1=很低，7=很高）	研究4（曹萍萍，等，2023）
干扰问题	您对新冠肺炎疫情后的这次旅行，负面因素（堵车、服务恶劣、环境差）对你的旅游体验干扰程度？（1=很低，7=很高）	研究4（李瑛，2008）

2. 研究结果

研究1招募了164名实验对象。将其中回答问卷不完整的、回答总时间低于30秒的、填写不合规的、在连续的项目中重复答案的排除在外，得到150个有效样本进行验证假设。其中男性占27.3%，女性占72.7%；18.2%为大二学生，

61.7%为大三学生，其余的10.8%，9.3%为研究生。有70.67%的实验对象平均月生活费为1200～1550元。

本研究采用t检验来验证是否成功地操纵了躺平心态。以感知躺平心态作为因变量，躺平心态的影响是显著的（$M_{非躺平心态}$=3.213，$M_{躺平心态}$=5.653），$t(1,150)$=−8.741，p=.000）。这证实了有效地控制了躺平心态因素。

躺平心态对消极游客积极疗愈的影响。首先，根据先前的研究，基于积极性平均得分（平均值=3.873），积极性特征被作为二分类变量处理。样本被分成两组：积极性特征得分低于平均值的个人被分配到消极性组，其他被分配到积极性组。两个组别在以下方面没有显著差别，性别上（p=.302）、年龄上（p=.5）和每月生活费上（p=.241）。Mann-Whitney U检验（非参数检验）显示，对于消极组（<3.873），躺平心态组和非躺平心态组之间存在显著的差异性（p=.000）；对于积极组（>3.873），躺平心态组和非躺平心态组之间没有显著差异（p=.667）。各组的平均值如图7-2（a）所示。

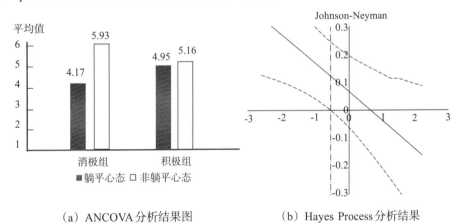

（a）ANCOVA分析结果图　　　　（b）Hayes Process分析结果

图7-2　Mann-Whitney U和Hayes PROCESS检验

然后，采用Hayes PROCESS模型进行假设的检验。模型1中采用积极性特征作为连续变量。结果证实了躺平心态对积极性疗愈的主效应是显著的：β=0.49，下限CI（LLCI）=0.33，上限CI（ULCI）=0.79（即0没有在95%置信区间里面，表示显著性。躺平心态和积极性特征的相互交叉作用也是显著的：β= −0.39，LLCI= −0.81，ULCI= −0.17。接下来，为了揭示调节变量（积极性特征）的具体价值观，其中焦点解释变量（躺平心态）对被解释变量（积极性疗愈）的作用是显著的，利用Johnson-Neyman泛光分析技术分析发现躺平心态对积极性疗愈影响的显著区域。与假设1一致，一个显著区域被发现。仅仅对于积极性特征得分低于3.873的参与者（平均值=3.873，SD=0.83；26.9%的参与者），躺平心态对积极性疗愈有显著的正向影响。此外，积极性特征得分越低，躺平心态对积极性疗愈的作用越明显，H_1假设得到了验证。结果如图7-2（b）所示。

3. 研究讨论

研究1验证了假设，在一个（模拟）旅游环境中，躺平心态显著增加了消极性游客的积极性疗愈，但对积极性游客没有显著影响。实验室实验的一个优点是，探索了自变量的顺序，然后测量因变量，这样能够测试因果关系。此外，使用均匀样本和随机分配，实验室环境也可以更好地控制外生变量的影响。然而，在实验室里，积极性疗愈是作为一种意愿来衡量的，这可能无法准确地反映实际的积极性疗愈行为。此外，学生样本也不能代表大众样本，所以，为了提高本研究的有效性和可靠性，一项旅行后的调查被用来研究不同游客样本的实际积极性疗愈行为。

三、旅游后调查

1. 研究设计

在研究2中，实验对象由一个专业的旅行社公司进行招募（拥有1 000万以上的旅行成员）。首先，在正式调查之前，参与者被要求回忆最近两年的最后一次游游经历，并回答："最近两年你旅游了吗？你最后一次旅游是通过哪种方式出游的（随团游、自助游、自驾游、家庭游、其他方式）？旅游途中，你是否感觉比之前要好（压力得到放松，情绪得到改善等）?"只有过去两年旅行过的并且身心得到疗愈的参与者，可以继续回答以下问题："近年来你的旅行频率平均每年几次？"目的地及持续停留时间也被记录下来。研究时间为2023年5月。

第二，参与者被要求回忆他们在旅途中的疗愈体验细节。然后，依次测量在旅游和积极性疗愈过程中的躺平心态感知。两个题项测量了躺平心态："在旅行途中感受良好的时候，你还有多在意后续的行程，包括住宿、交通或排队等？"受访者给出了1～7分的得分，分数越高表明躺平心态占据更大的比例。"在足疗过程中，当你不在意后续的行程时，你会想继续足疗吗？"这个也被标为1～7分，得分越高表明越主动积极。积极性疗愈也通过两个题项来衡量："一日旅程后，疲劳原因，我会提前安排充分的时间进行身体放松。""多天旅游结束后，来一次足疗项目所带来的身体放松远远超过我的想象。"这两个项目的评分范围为1～7分，分数越高表明更同意这一说法。

最后，参与者报告了他们的统计信息，并完成了积极性量表（与研究1相同）。

2. 研究结果

研究2样本特征。总共有149名具有旅游经历的实验对象参加了此次调查。这些问卷在60秒内完成，将回答问卷不完整的、回答总时间低于30秒的、填写不合规的或在连续的项目中重复他们的答案的排除在外，剩余142份有效问卷用于数据分析（占95.3%）。在参与者中，男性占26.06%，女性占73.94%；20岁以下占19.72%；20～30岁占52.82%，30～40岁占19.1%，40～50岁占8.36%。大部分样本（72.1%）的月收入为3 000～10 000元人民币。

结果表明整个模型的信度和效度是满足要求的（$\chi2/df = 3.53 < 5$，CFI=0.88，IFI=0.93，RMSEA=0.05）。所有变量的平均提取方差值（AVE）均大于0.50，这说明构件的收敛效度是合适的。Cronbach's alpha值均大于0.70；所有构件的复合信度均高于0.75，表示内部一致性。此外，AVE的平方根高于变量间的相关性，表明模型具有良好的区分效度。

躺平心态对消极游客积极性疗愈的影响。同样，使用Hayes PROCESS模型1来验证 H_1。性别、年龄、月收入和旅游频次是影响积极性疗愈的协变量。躺平心态对积极性疗愈的主要影响是显著的；$\beta=0.17$，LLCI=0.06，ULCI=0.25。躺平心态和积极性的相互作用也是显著的：$\beta=-0.14$，LLCI=-0.21，ULCI=-0.06。对于那些积极性特征小于平均值的参与者（平均值=6.05，SD=0.69，61.27%），躺平心态显著影响了积极性疗愈。在旅游环境中，躺平心态增加了消极性游客的积极性疗愈行为。H_1 从而得到验证。

3. 研究讨论

研究1和研究2的结果一致证明了，在旅游环境中，躺平心态对消极个体的积极性疗愈具有影响。复制性增加了本研究的有效性和稳健性。然而，躺平心态和消极性游客的积极性疗愈之间的潜在机制尚未得到检验。实验室实验可以有效地评估潜在机制，因为研究人员可以设置启动和测量变量的顺序。因此，采用研究3来验证中介效应，并对整个模型进行解释。

四、实验揭示环境因素与积极性疗愈之间的作用机制

1. 预测试

在正式研究之前，使用前测来检查日常生活和旅游环境的操纵；使用的图片可以激发参与者对日常生活环境和旅游环境的环境感知。参与者从大学里面招募，并随机分为两组（日常生活组和旅游环境组），同时看到了研究1里面的视频图片，开启了旅游环境的感知，以及看到了从一个音乐咖啡吧COTTI的图片（一个靠近学校门口的音乐咖啡吧，那里抽取了学生样本）以此来开启日常生活的感知。然后两组都读到："你认为以下图片中所显示的情况是否更像是你所在的环境（日常生活环境或旅游环境）。"最后，对人口学特征进行测量。图片展示如图7-3。

76名学生参加了前测，67.8％为女性，86.2％年龄在19～25岁之间。在日常生活组，93.9%的参与者将情况视为日常生活组的情景。在旅游环境组，99.2%的参与者认为是旅游环境的情景。结果表明，情境的操纵是成功的，可以用来开启参与者对日常生活和旅游环境的感知。

（a）抚仙湖　　　　　　　　　　（b）COTTI咖啡吧

图7-3　环境感知操纵图

2. 研究设计

为了检验中介效应和整个模型，研究3开展实验室实验，即一个2（非躺平心态和躺平心态）×2（日常生活和旅游环境）×连续的（积极性）群间设计。参与者从大学中招募，流程跟研究1保持一致，来自云南省的大学生被排除在样本之外。

第一，所有参与者被随机分成四组（2（非躺平心态和躺平心态）×2（日常生活和旅游环境），他们的积极性在雷宇量表上得到测量。

第二，激活躺平心态和情景感知。躺平心态的操作与研究1相同，对旅游环境和日常生活感知的启动和预测试的程序一样。具体来说，旅游环境小组的参与者被要求阅读"请想象你正在云南抚仙湖旅行"，并给他们看从研究1的视频中剪下来的图片。日常生活组的参与者阅读"请想象一下你在COTTI咖啡吧的环境中"，并展示了商场环境内的图片以及咖啡吧内的咖啡产品。接下来，躺平心态被激活。躺平心态组读到这些文字："请想象你正在云南抚仙湖/COTTI咖啡吧休息，你对后续的行程安排和旅行衔接不太在意。"非躺平心态组读到："请想象你正在云南抚仙湖/COTTI咖啡吧休息，你对后续的行程安排和旅行衔接比较在意。"

第三，沉浸性感知测量，使用单一测量题项"当前情景下，你会多大程度专注于这个事情，比如欣赏风光或者慢慢品尝咖啡"，评分为1～7分，分数越高表示体验感知的沉浸性程度越高。

第四，积极性疗愈通过一个单一的问题来测量（与研究1相同），人口统计特征测量和研究1一样。

3. 研究结果

研究3的样本特征。研究3招募了141名参与者。将回答问卷不完整的、回答总时间低于30秒的、填写不合规的、在连续的项目中重复他们的答案的排除在外。最终128份有效样本被用来进行验证假设，其中男性占25.78%，20～30岁的占78.12%；71.2%的人平均每个月开支预算在1 250～1 500元人民币。

躺平心态操纵试验。t检验证实了躺平心态的成功操纵。当躺平心态感知作为因变量（与研究1相同），躺平心态组的影响是显著的（$M_{非躺平心态}$=5.304，

$M_{躺平心态}$=4.942，$t(1,128)=-1.257$，$p=.000$）。这证实了对躺平心态的有效操纵。

躺平心态和环境对沉浸性感知的交互作用。同样，模型1被用来检验环境的调节作用。性别、年龄和月生活费为协变量。只有躺平心态和环境的交互效应是显著的：$\beta=0.84$，LLCI=0.401，ULCI=1.371。更具体地说，只有在旅游环境中，躺平心态才会增加参与者的沉浸性感知：$\beta=1.09$，LLCI=0.692，ULCI=1.413。在日常生活（COTTI咖啡吧刺激）中，躺平心态对沉浸性感知的影响是不显著的：$\beta=0.17$，LLCI=−0.156，ULCI=0.515（即95%置信区间包含值为0），H_2得到验证（见表7-6）。

表7-6　研究3模型14的输出一

输出	调节	作用	SE	t	Sig.	95%CI	
						LICI	UICI
沉浸性感知（H_2）	躺平心态×环境	0.76	0.26	3.662	0.0001	0.401	1.371
	旅游环境	1.15	0.18	6.117	0.0000	0.692	1.413
	日常环境	0.24	0.17	1.052	0.1998	-0.156	0.515

此外，作为补充，100个参与者被分配到日常生活组来进行单独的分析。模型1显示，躺平心态和积极性的交互效应是显著的：$\beta=0.77$，LLCI=0.46，ULCI=1.13。与旅游环境相比，在日常环境中的响应值，躺平心态降低了非积极性游客的积极性疗愈（$\beta=-0.73$，LLCI=−1.13，ULCI=−0.22）。这一发现进一步证明，对于消极性人群来说，其生活行为模式和日常环境背后的机制与旅游环境完全不同。

沉浸性感知与积极性对积极性疗愈的交互作用。根据H_2，只有在旅游环境中，躺平心态才会增加参与者的沉浸性感知。因此，本次分析使用了100名旅游环境组参与者的回答。t检验结果显示，两组人口统计学特征差异无统计学意义（$p_{性别}$=0.244；$p_{年龄}$=0.537；$p_{月支出}$=0.212）。

首先，将积极性特征作为二分类变量处理。按积极性特征平均得分（平均数=4.023），人员被分为两组。积极性得分低于平均数的属于消极组，其他人被分配到积极组。两组在性别（p=0.211）、年龄（p=0.914）、月收入（p=0.164）方面差异无统计学意义。

其次，将积极性特征作为连续变量处理。模型1用于验证 H_3。沉浸性感知对积极性疗愈的影响是显著的：$\beta=0.37$；LLCI= 0.23，ULCI=0.61。沉浸性感知与积极性的交互作用也是显著的：$\beta= -0.24$；LLCI= -0.39，ULCI= -0.04。对于那些积极性特征得分为小于4.023（中位数=4.023，SD=0.61；57.81%），沉浸性感知对积极性疗愈有显著的正向影响。积极性特征得分越低，正面效果也越明显。H_3 就得到了验证。

更进一步，模型14验证了沉浸性感知和整个模型。性别、年龄、每月收入为协变量。躺平心态是自变量，沉浸性感知是中介，积极性是调节因素，而积极性疗愈是一个因变量。调节变量的指数为-0.23，LLCI=-0.40，ULCI=-0.06。躺平心态对沉浸性感知有正向影响：$\beta=0.91$；LLCI= 0.63，ULCI= 1.19。沉浸性感知是对积极性疗愈具有显著的影响：$\beta=0.34$，LLCI=0.19，ULCI=0.62。沉浸性感知与积极性的交互作用对积极性疗愈具有显著作用：$\beta= -0.24$，LLCI=-0.43，ULCI = -0.05。此外，对于积极性较低的游客，沉浸性感知的中介作用为正显著性：$\beta=0.56$，LLCI=0.31，ULCI=0.87。对于积极性更高的游客，沉浸性感知的中介作用不显著：$\beta=0.13$，LLCI=-0.12，ULCI=0.41。结果表明，躺平心态和环境的交互作用通过沉浸性感知影响了非积极性游客的积极性疗愈。总而言之，躺平心态对非积极性游客的积极性疗愈的影响反映了旅游环境中沉浸性感知的调节作用（见表7-7）。因此，H_4 得到了验证。

表7-7　研究3模型14的输出二

输出	变量		作用	SE	t	Sig.	95%CI	
							LICI	UICI
积极性疗愈	躺平心态		0.91	0.15	5.799	0.000 0	0.63	1.19
	沉浸性感知×积极性特征		−0.24	0.10	−2.461	0.016 1	−0.43	−0.05
	沉浸性感知	较少积极性(-1 SD,2.83)	0.56	0.17	-	-	0.31	0.87
		中等积极性(M,3.39)	0.29	0.13	-	-	0.17	0.61
		更多积极性(+1 SD,4.16)	0.13	0.14	-	-	−0.12	0.41

五、新冠肺炎疫情前后的旅行后调查

前三项研究的数据收集于新冠肺炎疫情之前，为了进一步探讨新冠肺炎疫情是否会影响模型并增强结论的稳健性，笔者增加了一项旅行后调查。由于疫情开放一到两个月能旅行，2023年"五一"后旅游业应能恢复至疫前模式。所以，笔者以2023年5月1日作为调查的分水岭。

1. 研究设计

在研究4中，实验对象是通过一个专业的旅行社公司进行招募（与研究2相同）。首先，在正式调查之前，参与者被要求回忆疫情前上次旅行的情况，并写上他们去过的目的地和日期。其次，受访者被要求回忆他们在旅途中的疗愈细节。然后，疗愈过程中，躺平心态被感知，沉浸性感知和积极性疗愈相继被测量。此外，本研究还测量了认知偏差和负面干扰问题。期望和失望是两个相辅相成的决策属性，在考虑决策者失望—欣喜感知的情境下，引入失望理论将决策值进行修正，偏好值可以解决风险型多属性决策问题，领导创新期望通过探索式—利用式学习张力会影响员工灵活性和突破性创新投入，游客对目的地的期望和到目的地后的实际感知相比较，会形成愉悦或失望的偏差感觉状态。

最后，参与者报告了他们的人口统计信息并完成积极性量表（雷宇量表）。

2. 研究结果

研究4共收集有136份问卷。在疫情之前没有旅行、没有购物经历的人，在60秒内完成问卷，不完整、连续重复回答项目被排除在外。其中有效问卷127份（占93.38%）。在参与者中女性占59.06%；其中，20～30岁者占49.61%；大多数样本（79.4%）月收入在5 000～9 500元之间。

整个模型的信度和效度均令人满意（$\chi2/\mathrm{d}f = 2.17 < 3$，CFI=0.93，IFI=0.96，RMSEA=0.05）。所有变量的平均方差提取值（AVE）均大于0.52，表明构件的收敛效度是合适的。Cronbach's alpha值均大于0.72，各构件的复合信度均大于0.71，构件具有内在一致性。此外，AVE的平方根值高于变量间的相关性，表明具有良好的区分效度。

模型14验证了整个模型。性别、年龄、月收入和停留目的地是协变量。调

节中介指数为 –0.05，LLCI= –0.13，ULCI= –0.04。躺平心态对沉浸性感知有正向影响：β=0.37，LLCI=0.22，ULCI=0.53。沉浸性感知对积极性疗愈有正向影响：β=0.61，LLCI=0.15，ULCI=1.12。沉浸性感知与积极性对积极性疗愈的交互作用显著：β= –0.14，LLCI= –0.23，ULCI= –0.03。对于积极性程度较低的游客，沉浸性感知的中介效应是显著的：β=0.12，LLCI=0.06，ULCI=0.17。对于积极性程度较高的游客，沉浸性感知的中介作用是不显著的：β=0.02，LLCI= –0.05，ULCI=0.09。结果表明，躺平心态和积极性的交互作用影响消极性游客的积极性疗愈（H_1）。此外，沉浸性感知和积极性之间的交互作用影响了消极性游客的积极性疗愈（H_3）。此外，沉浸性感知的调节中介作用也得到了验证（H_4）。综上，可以得出结论，在新冠肺炎疫情五个月后，躺平心态对消极性游客积极性疗愈的影响仍然是通过沉浸性感知来中介的（见表7-8）。

表7-8　研究4模型14的输出

输出	变量		作用	SE	t	Sig.	95%CI	
							LICI	UICI
积极性疗愈	沉浸性感知×积极性特征		–0.14	0.06	–2.108	0.022 5	–0.23	–0.03
	沉浸性感知	较少积极性(–1 SD,2.83)	0.12	0.04	-	-	0.06	0.17
		中等积极性(M,3.39)	0.05	0.02	-	-	0.02	0.13
		更多积极性(+1 SD,4.16)	0.02	0.03	-	-	–0.05	0.09

此外，我们测试了新冠肺炎疫情后认知偏差是否在该模型中起调节作用。结果表明，认知偏差的中介或调节中介作用不显著。如果以认知偏差为自变量，积极性为调节变量，积极性疗愈为因变量，则认知偏差和积极性的交互作用对游客的积极性疗愈具有负向影响（β= –0.23，LLCI= –0.34，ULCI= –0.15）。研究结果表明，认知偏差对消极性游客的积极性疗愈行为没有显著影响，但认知偏差是新冠肺炎疫情后消极性游客积极性疗愈行为的负向前项。我们还分析了负面干扰问题的影响，与调查认知偏差的方式相同，结果没有发现显著的关系。

六、沉浸式旅游整体验证

为了评估模型拟合的优度，采用 d_{ULS}、d_G 和 SRMR 来进行衡量。结果显示，SRMR 数值为 0.066（低于阈值 0.080），HI_{95} 为 0.064，HI_{99} 为 0.133，d_{ULS} 为 2.807，d_G 为 0.903，均支持结论。此外，所有差异度量值均低于其相应参考分布的99%分位数（HI_{99}），表明估计模型在1%显著性下达到能接受的水平。因此，本研究的模型适配度是可以接受的。本研究采用迭代程序技术的 Warp-PLS3.2.3 进行测试，结果如图 7-4 所示，研究模型解释了36.2%沉浸性感知和81.4%积极性疗养。

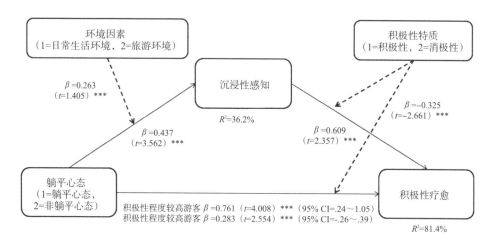

图7-4　模型检验测算结果（图中数字为相关系数、t值以及显著性）

情绪特征显著调节了躺平心态和积极性疗愈之间的影响（$\beta=0.325$，$t=2.661$），因此，H_1 得到支持。环境背景显著调节了躺平心态和沉浸性感知之间的影响（$\beta=0.263$，$t=1.405$），因此，H_2 得到支持。情绪特征显著调节了沉浸性感知和积极性疗愈之间的影响（$\beta=0.382$，$t=2.171$），因此，H_3 得到支持。此外，躺平心态对沉浸性感知有正面显著影响（$\beta=0.263$，$t=1.405$），沉浸性感知对积极性疗愈有正面显著影响（$\beta=0.609$，$t=2.357$），躺平心态对积极性疗愈有正面显著影响（$\beta=0.761$，$t=4.008$），因此，H_4 得到支持。这些结果表明躺平心态水平的增加会导致沉浸性感知的提高，同时，环境背景在一定程度上会提高躺平心态对沉浸性感知的影响强度。沉浸性感知水平的提高导致积极性疗愈的增加，同时，情绪特征（特别是积极性）会在一定程度上提高沉浸性感知对积极性疗愈的影响强度。特别是对消极性个体而言，躺平心态对该游客积极性疗愈的影响既有直接的影响，也有通过沉浸性感知间接的影响。

第四节　张弛有度旅游沉浸疗愈路径

一、环境沉浸与心理疗愈主要发现

本研究揭示了两个主要发现。第一，旅游环境和躺平心态能显著增加消极性游客积极性疗愈行为，但对积极性游客的影响却不显著。研究结果表明，躺平心态对日常生活环境和旅游环境的影响存在差异，只有在旅游环境中，躺平心态才会增加消极性游客的积极性疗愈。值得注意的是，在日常生活环境中没有这种影响，消极性游客不太可能进行积极性疗愈。

第二，在旅游环境中，躺平心态通过当前体验进入一种沉浸性感知，这种沉浸性感知鼓励消极性游客通过一种无意识的感知参与一种旅游行为（即积极性疗愈）。本研究主要针对消极性游客，如果刺激使他们感觉到增加的沉浸性价值，消极性游客可能会疗愈更积极。

二、旅游沉浸与旅游疗愈应用

在消极人群进行身体心理疗愈方面，研究结果对相关理论文献作出了一些贡献。先前关于旅游疗愈的研究主要集中在游客对景区的满意度、体验感和老年人康养方面。本研究主要在于，通过证明如何和采取什么旅游模式，可以激励消极性人群积极地开展身体心理上的疗愈，从而找到了旅游模式或者康养模式如何可以更好地带动非积极性人群疗愈。因此，应该将视角从"旅游能给游客带来什么"转移到"怎样的旅游会更有效"，并最大限度地利用躺平心态提高游客的沉浸性和调动游客的积极性，从而达到积极性疗愈效果。

本研究结果对旅游业和游客个人有一定的启示。结果表明，当游客在景区旅游过程中，只有心态躺平或心态舒缓下来，才更有可能感知到景区提供的内容和服务，并愿意进一步深入参与旅游，从而更积极地进行身体和心理的疗愈。因此，建议景区在游客到达景点后，提供舒缓性的服务，加大对智慧景区的投入力度，提供更加便捷和迅速的服务，提高顾客对周围环境的沉浸性体验。同时，当景区开设沉浸式活动和服务时，应注重调动游客的积极性，提供积极的情绪信息，让游客获得更多更为完整的体验，更有效地缓解在日常生活和工作中的负面情绪，从而加深对景区的印象、增强游客重游的意愿。

三、环境沉浸与心理疗愈局限和未来研究

本研究存在一些局限性。首先，本研究只关注消极游客积极疗愈的前因，而不是积极疗愈的后果。例如，旅行中非躺平心态的游客通常会获得更多的旅游感知和认识，但是从深入和感悟程度来看，他们可能会觉得有些失望，毕竟这可能影响他们后续的身心体验效果。在未来的研究中，这种无感悟的积极性疗愈对消极游客的疗愈后果值得探讨。其次，在研究4中，笔者发现虽然认知偏差对消极性游客的积极性疗愈行为没有显著影响，但它能显著降低具有积极性特征的游客在新冠肺炎疫情后的积极性疗愈。未来的研究可以探讨是什么诱发了旅游的认知偏差，并显著降低了积极性游客的购买积极性。最后，本研究的样本偏向于青年人群。因此，针对康养疗愈、身心疗愈、情绪疗愈等领域，未来研究可以进一步探讨不同人群范围的游客在认知偏差下可能存在的行为差异。

第五节　本章小结

在抗压时代，环境沉浸与心理疗愈的结合为现代人提供了一种有效应对压力和焦虑的方式。随着社会对心理健康的重视，环境沉浸的概念逐渐得到普及，身心旅游和沉浸式旅游作为其中的重要组成部分，展现出独特的疗愈潜力。通过亲近自然、参与互动体验和感官享受，游客能够在高度紧张的生活中找到平衡，实现身心的放松与恢复。此外，沉浸式旅游借助先进的科技手段，创造出虚拟与现实交融的环境，帮助游客在安全的空间中探索自我，缓解心理

压力。这种沉浸式的体验不仅仅是视觉与听觉的享受，更是情感和心理上的深度连接，使游客能够在活动中找到归属感与满足感。

　　未来，随着研究的深入与实践的拓展，旅游沉浸疗愈路径将不断完善，更多的旅游项目将融入心理疗愈的理念，形成多样化的选择。通过这种方式，游客不仅能够享受到旅行的乐趣，更能够在旅途中获得心灵的滋养与成长。环境沉浸与心理疗愈的结合，将为人们在追求身心和谐的过程中开辟出新的可能性，成为应对现代生活压力的重要手段。

第八章　小众旅游中的心理特质与沉浸体验

当前旅游业蓬勃发展，旅游模式多种多样，小众旅游悄然兴起。它不同于大众旅游的常规路线，而是聚焦于鲜为人知的目的地、独特的活动及个性化体验。小众旅游涵盖偏远乡村、未充分开发的自然景观及特定文化主题之旅等。随着人们对个性化追求的提升，小众旅游愈发受欢迎。在旅游过程中游客心态和情绪体验非常重要，良好的旅游心态可以帮助游客更好地享受旅游过程，提高旅游体验和满意度。然而，当前对其研究尚存不足，尤其是旅行者的心理特质与沉浸体验方面。

本研究围绕小众旅游展开，阐述其概念，梳理研究现状。借助CiteSpace文献统计分析软件，对国内外在小众旅游研究领域相关的6 078篇论文的关键词、内容等信息进行统计，剖析国内外在小众旅游模式下游客心理特质和沉浸感研究领域的成果和特点，梳理和分析该领域的研究热点等，同时开展实验验证文献结果。通过实验研究方法，如实地调研与问卷调查，综合定性与定量研究，剖析心理特质对旅游环境体验的影响。文献和实验结果一致，均表明：小众旅游环境氛围会提高沉浸感，环境氛围特征，特别是积极性会在一定程度上提高旅游心理特质对沉浸感的影响强度。本章旨在为小众旅游沉浸体验理论的发展与实践创新助力，满足小众旅行者需求，推动其可持续发展，开启探索小众旅游魅力的征程。

第一节　小众旅游的概念和介绍

新世纪以来，随着经济的发展，人们逐渐开始追求宁静致远、愉悦身心的生活方式。为了脱离工作的疲惫以及追求个性化的体验，旅游成为人们追寻自我的特殊方式。随着旅游热潮的逐步复苏，人们的旅游意识也日益增强，传统的大众旅游方式和旅游模式已经无法满足人们日趋增长的需求和旅游新观念。同时，伴随着国内人均收入水平的提高和出国旅游人数的增加，人们对旅游也呈现出不同的观点和看法，个性化消费、自由化旅行的发展，推动了小众旅游市场的快速扩展。

2023年的重大节庆期间，国内旅游出游人数高达8.26亿人次，热门景点甚至出现了"人从众"现象。传统热门景点虽然仍占据主导地位，但小众旅游目的地旅游，比如乡村旅游、反向旅游等，也逐渐成为人们的新选项。伴随着中国旅游行业的不断发展，政府也制定了一系列旅游政策来推动旅游行业的发展和调整，其中包括加大对旅游业的资金投入、旅游基础设施的建设、旅游产业融合升级、旅游服务质量水平提高等方面，这些政策的实施为旅游业的发展提供了有力的支持和保障。

对于旅游业从业者来说，了解游客的旅游的心理特质和沉浸感对于提高旅游服务和产品质量有着重要的意义，了解游客的心理特质和动机，可以更好地满足他们的需求和期望，提高游客的满意度和忠诚度。同时，丰富多彩的游玩体验和良好的沉浸体验也会提高游客的幸福感、满足感和获得感。所以，本研究在对国内外小众旅游模式、旅游心理特质、沉浸感等相关研究文献基础上进行梳理，比较和评述国内外小众旅游模式、旅游心理特质、沉浸感领域的研究成果和研究进展。同时，针对我国小众旅游业的发展，本研究也会提出几点具体展望，以期为相关旅游研究和旅游行业提供理论和实践上的指导和参考。

第二节　小众旅游的研究现状

在当今旅游行业快速发展的背景下，旅游类型逐渐多样化、创新化、自由化，人们不再局限于传统的旅行方式，倾向更为自由、个性化的旅游。大众旅游是以"到此一游"为基本的服务理念，定位大众消费人群，基本没有客户细分、兴趣细分、需求细分，主要解决"去哪里""何时去"等问题，也造成了以下三个方面的问题：首先，单一化的产品类型和格式化的服务质量造成了游客沉浸体验欠佳；其次，热门景点遭人为破坏，乱扔垃圾造成了环境破坏；最后，个别旅行社的盈利模式受到了一定的限制。在这种情况下，与大众旅游相比，迎合不同兴趣群体的小众旅游就有了存在的必要性。因此，近年来，在小众旅游模式下游客的旅游心理特质和沉浸感引起了旅游行业的重视，学术界研究者的参与度也日益提高。研究成果的增多，有利于对小众旅游模式、旅游心理特质、沉浸感进一步的分析与研究。小众旅游模式提供了多元化和丰富化的旅游选择，旅游产品多样化和自由化，满足了不同游客的需求，推动当地经济和文化发展，具有创新意义。目前，尽管小众旅游模式的研究已经得到很大程度的完善，但部分细节仍然存在问题，比如旅游模式的认识程度不高、旅游发展方向比较模糊、旅游数据时效性不强等。

一、小众旅游

小众旅游指旅游人数明显少于大众旅游的小范围内的旅游，例如户外探险、体育旅游、反向旅游、黑色旅游等。户外探险是指有组织的、户外进行的、非普通模式的体验式旅游探险活动，如户外骑行、路亚（一种钓鱼方法）、登山、潜水、攀岩等，这些活动的风险性高于普通常见的旅游活动，它们更加强调探险过程或者结果的刺激感和成就感；体育旅游也指赛事旅游，是围绕影响赛事和赛事管理等问题进行的旅游；黑色旅游指游客前往灾难事件或悲剧发生地进行的旅游。

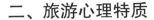
二、旅游心理特质

人们对旅游对象和旅游条件有肯定和否定之别，也包括旅游消费心理倾向和旅游服务行为心理倾向等。旅游态度在旅游决策和行为中起着重要的作用。国内学者认为旅游态度是旅游活动中，个体产生的一种感知、认识、评价以及行为反应，尤其与政治、环境等方面有关。旅游心理是大脑对旅行的心理意象，可以调节游客的旅游感知。

三、沉浸感

沉浸感包括控制、注意力集中、好奇心、内在兴趣等四大构件。随着智能技术与生活和工作的融合，人们期望通过一种有效的方法获得更加深入的体验，于是沉浸教学等体验形式诞生了。沉浸式交互体验设计是当代一种创新的技术手段，其中沉浸意味着使人全神贯注于设计师所创造的环境中，通过感官和认知体验，创造出一种让参与者感到愉悦和满足的氛围，使他们暂时忘却现实世界的存在。

第三节　小众旅游实验研究方法

为了验证以上旅游模式下的游客态度和状态，本研究进行了两项实验研究。研究1采用实验室实验法，以西南某两所大学旅游相关专业的学生为实验样本，检验主假设（H_1），即旅游心理特质对旅游环境体验的影响，由此进一步影响游客的沉浸感。研究2通过对刚刚旅游（场景归属）归来的实际游客进行旅游后网络调查，从他们的实际旅游心理特质和沉浸感（增加外部效度）出发，增强了研究1所得结论的稳健性，并扩大了抽样范围。最后，通过结构方程模型对不同旅游模式下的旅游心理特质和沉浸感的相关性进行了结构分析和实证研究。每项研究的详细情况见表8-1。

表 8-1　两项研究概要

研究	样本	目的	检验
研究 1	西南某两所大学旅游相关专业学生(*N*=150)	H₁(在旅游环境中)	U 检验和 PROCESS 插件模型
研究 2	新媒体社团会员(*N*=221)(旅游后调查)	H₂(在旅游环境中)	SEM 模型 Warppls

第四节　旅游心理特质对旅游环境体验的影响

一、旅游心理特质实验设计

1. 研究假设

为了检验小众旅游过程中的旅游心理特质和沉浸感之间的联系，特提出如下假设。

假设 H_1：旅游过程中的旅游心理特质和沉浸感之间存在显著相关性。

假设 H_2：旅游过程中的旅游心理特质和旅游环境体验之间存在显著相关性。

假设 H_3：旅游环境体验在旅游心理特质和沉浸感之间具有显著的调节作用。

研究 1 采用实验室实验，以某大学在校大学生作为研究对象，他们被邀请到行为实验室参加实验。

2. 研究变量设计

（1）旅游环境体验设计

所有参与者被随机分配到大众旅游环境或小众旅游环境组。针对大众旅游环境组，让他们观看一段大约 2 分钟的视频，以找到置身于大众旅游环境中的感觉。这段视频展示了云南抚仙湖的风景和设施，包含湖、日落、蓝天、荷花、酒店、游乐活动设施等。针对小众旅游环境组，让他们观看一段大约 2 分钟的视频，以找到置身于小众旅游环境中的感觉。这段视频展示了新疆塔克拉玛干沙漠的旅游。塔克拉玛干沙漠位于新疆南疆的塔里木盆地中心，这里的气候极其干燥，沙漠地形复杂，有大量的沙丘和沙垄，其中流动沙丘的规模和数量都非常壮观。这里还有许多珍稀的动植物物种。预测显示，参与者能够清晰地区分抚仙湖的大众旅游环境和新疆塔克拉玛干沙漠的小众旅游环境。

（2）旅游心理特质设计

向两个不同旅游模式组的参与者展示一张旅游环境图片，然后进行文字描述。大众旅游环境组写道："你正在浏览本地风景，与大自然互动，可以欣赏上天赋予的各种神奇景观，可以了解不同的人文地理知识，可以享受各地不同的饮食，可以品尝到各种地域的果实。"小众旅游环境组写道："我小众，我快乐，我追求的就是与别人不一样的旅行，纵情跋涉。"

参与者回答："通过视频，相较于没看之前你认为以下词语的描述在多大程度上符合你在旅游过程中的感觉？"，1～7分，得分越高，越重视该旅游模式下的心态。环境氛围是根据许怡提供的17项量表进行测量的，每个项目的评分从1到7（1=非常不一致，7=非常一致）（详见表8-2）。得分低于平均分的游客被认为是受环境影响较小的人。

表8-2　测量变量

变量	题项	研究
旅游心理特质	(1)大众旅游环境组："你正在浏览本地风景，与大自然互动，可以欣赏上天赋予的各种神奇景观，可以了解不同的人文地理知识，可以享受各地不同的饮食，可以品尝到各种地域的果实。" (2)小众旅游环境组："我小众，我快乐，我追求的就是与别人不一样的旅行，纵情跋涉。" (3)在日常生活中，你与下面哪个选项更相符？ (4)你认为以下词语的描述在多大程度上符合你在日常旅游过程中的感觉？(1=非常不一致，7=非常一致) ①充满好奇　②追求刺激　③充满挑战　④追求个性　⑤爱国 ⑥民族　⑦文化	研究1
旅游环境体验	通过视频，相较于没看之前你认为以下词语的描述在多大程度上符合你在旅游过程中的感觉？(1=非常不一致，7=非常一致)。 ①充满好奇　②追求刺激　③充满挑战　④追求个性　⑤爱国 ⑥民族　⑦文化	研究1 研究2
旅游沉浸感	当前情景下，你会多大程度沉浸于这个事情，比如欣赏风光或者慢慢品尝咖啡。(1=非常不一致，7=非常一致)	研究2

（3）旅游沉浸感设计

使用单一测量题项"当前情景下，你会多大程度沉浸于这个事情，比如欣赏风光或者慢慢品尝咖啡"，评分为1～7分，分数越高表示体验感知的沉浸性程度越高。

（4）人口统计设计。参与者报告了他们的人口统计信息。

3. 理论框架

根据以上假设和变量设计，提出理论模型，理论框架如图8-1所示。

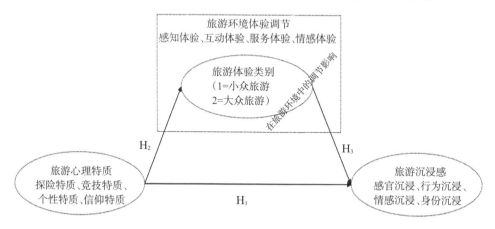

图8-1　理论模型框架图

二、旅游心理特质实验结论

研究1招募了164名受试者。将其中回答问卷不完整的、回答总时间低于30秒的、填写不合规的、在连续的项目中重复的答案被排除在外。共获得150个有效样本进行验证假设，其中男性占27.3%，女性占72.7%；18.2%为大二学生，61.7%为大三学生，9.3%为研究生，其余为10.8%。有70.67%的实验对象平均月生活费为1 200～1 550元。

本研究采用t检验来验证是否成功地操纵了旅游模式。以旅游模式作为因变量，旅游模式的影响是显著的（$M_{大众旅游模式}=3.224$，$M_{小众旅游模式}=5.143$），$t(1, 148)=-8.733$，$p=.000$）。这证实了实验有效地控制了旅游模式因素。

1. 旅游心理特质对旅游沉浸感的影响

根据先前的研究，基于旅游心理特质平均得分（平均值=3.873），旅游心理特质被作为二分类变量处理。样本被分成两组：旅游心理特质得分低于平均值的个人被分配到内向型组，其他被分配到外向型组。两个组别在以下方面没有

显著差别，性别上（p=0.302）、年龄上（p=0.5）和每月生活费上（p=0.241）。Mann-Whitney U 检验显示，对于内向型组（<3.254），大众模式和小众模式之间存在显著的差异性（p=0.000）。然而，对于外向型组（>3.254），大众模式和小众模式之间没有显著差异（p=0.645）。各组的平均值如图8-2（a）中所示。

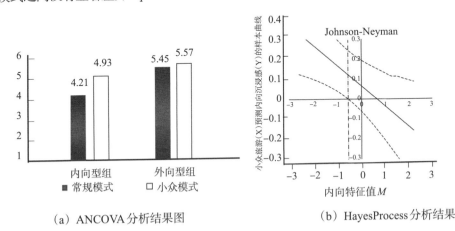

（a）ANCOVA分析结果图 　　　　（b）HayesProcess分析结果

图8-2　分析结果图

2. 模型假设检验

采用Hayes PROCESS模型进行假设的检验。模型1中采用心理性特征作为连续变量。结果证实了旅游心理特质对沉浸感的主效应是显著的：β=0.49，下限CI（LLCI）=0.33，上限CI（ULCI）=0.79（即0没有在95%置信区间里面，表示显著性）。旅游心理特质和旅游环境体验的相互交叉作用也是显著的：β=−0.37，LLCI=−0.82，ULCI=−0.15。接下来，为了揭示中间变量（旅游环境体验特征）的具体价值观，其中解释变量（旅游心理特质）对被解释变量（沉浸感）的作用是显著的。利用Johnson-Neyman泛光分析技术分析发现旅游心理模式对沉浸感影响的显著区域。与假设1一致，一个显著区域被发现。仅仅对于心理性特征得分低于3.254的参与者（平均值=3.254，SD=0.84；31.9%的参与者），旅游心理特质对沉浸感有显著的正向影响。除此之外，内向性特征得分越低，旅游心理特质对沉浸感的作用就越明显。H_1假设得到了验证。结果如图8-2（b）所示。

其次，将旅游环境体验特征为连续变量处理。模型1用于验证 H_2。旅游心理特质对沉浸感的影响是显著的：$\beta=0.36$；LLCI=0.25，ULCI=0.57。旅游心理特质与旅游环境体验特征的交互作用也是显著的：$\beta=-0.24$；LLCI=-0.39，ULCI=-0.04。对于那些旅游环境体验特征得分为大于4.115（中位数=4.1043，SD=0.61；58.81%），旅游心理特质对沉浸感有显著的正向影响。旅游环境体验特征得分越高，正面效果也越明显。H_2就得到了验证。

3. 研究结论

研究1验证了假设，在一个（模拟）旅游环境中，旅游环境体验显著增加了内向型旅游心理特质游客的沉浸感，但对外向型游客没有显著影响。实验室实验的一个优点是，探索了自变量的顺序，然后测量因变量，这样能够测试因果关系。此外，使用均匀样本和随机分配，实验室环境也可以更好地控制外生变量的影响。综上所述，可以得出结论，旅游心理特质对内向型游客沉浸感的影响仍然是通过旅游环境体验感知来调节的（见表8-3）。

表8-3　研究1模型的输出

输出	变量		作用	SE	t	Sig.	95%CI	
							LICI	UICI
沉浸感	旅游环境体验特征	较少大众(-1SD,2.83)	0.12	0.04	-	-	0.06	0.17
		中等大众(M,3.39)	0.05	0.02	-	-	0.02	0.13
		更多大众(+1SD,4.16)	0.02	0.03	-	-	0.05	0.09

第五节　旅游心理特质与沉浸体验机制

为了评估模型拟合的优度，采用 d_{ULS}、d_G 和 SRMR 来进行衡量。结果显示，SRMR 数值为 0.066（低于阈值 0.080），HI_{95} 为 0.065，HI_{99} 为 0.141，d_{ULS} 为 2.821，d_G 为 0.911，均支持结论。此外，所有差异度量值均低于其相应参考分布的99%分位数（HI_{99}），表明估计模型在1%显著性下达到能接受的水平。因此，本研究的模型适配度是可以接受的。本研究采用 WarpPLS3.2.3 进行测试，结果如图8-3所示，研究模型解释了68.8%紧张性状态，如图8-3所示。

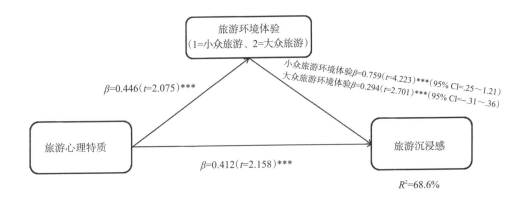

旅游环境体验
(1=小众旅游、2=大众旅游)

小众旅游环境体验β=0.759(t=4.223)***(95% CI=.25~1.21)
大众旅游环境体验β=0.294(t=2.701)***(95% CI=-.31~.36)

β=0.446(t=2.075)***

旅游心理特质

旅游沉浸感

β=0.412(t=2.158)***

R^2=68.6%

图8-3　模型检验测算结果（图中数字为相关系数、t值以及显著性）

旅游心理特质和小众旅游沉浸感之间存在显著的正相关关系（β=0.412，t=2.158），因此，H_1得到支持。旅游心理特质和旅游环境体验之间存在显著的正相关关系（β=0.446，t=2.075），因此，H_2得到支持。旅游环境体验特征和小众旅游沉浸感之间存在显著的正相关关系（β=0.759，t=4.223），因此，H_3得到支持。这些结果表明旅游心理特质会直接影响小众旅游沉浸感，也会通过旅游环境体验间接影响小众旅游沉浸感。同时，旅游环境体验会在一定程度上影响沉浸感，特别是对小众旅游环境体验而言，旅游心理特质对沉浸感的间接影响程度会更大。

第六节　旅游心理特质与沉浸体验总结

一、研究结论

研究1验证了小众旅游模式显著增加了内向型游客的沉浸感，但对外向型游客没有影响，而小众模式对内向型游客沉浸感的影响仍然是通过旅游环境氛围来调节的。研究2验证了旅游心理特质和沉浸感之间存在显著的正相关关系，旅游环境氛围特征显著调节了旅游心理特质和沉浸感之间的影响。两个研究一致表明，小众旅游环境氛围会导致沉浸感的提高，环境氛围特征（特别是小众环境）会在一定程度上提高旅游心理特质对沉浸感的影响强度。

二、理论贡献

在研究方法上，国内外研究都采用了问卷调查、深度访谈、实地观察等方法。其中一些研究还采用了实验方法和量化分析方法，以便更深入地了解旅游者的心理和行为特征。总的来说，国内外研究的实证取向愈发鲜明。到目前为止，学术界测度小众旅游模式的方法已从模式—心态影响法逐步扩展到心态—沉浸感及虚拟现实和增强现实等技术的相关应用方面。未来，随着旅游业的发展和变化，相信这些研究领域还将继续扩大和深入。

三、实际贡献

随着旅游业的发展和消费者需求的多样化，小众旅游成为了一种趋势。本书的研究结果可以从以下两方面推动小众旅游业的发展：一是促进旅游地的文化传承与发展。旅游者选择目的地的一大动机是体验新文化与自然景观，因此，需融合传统文化与现代元素，创造独特文化体验，加深游客对目的地文化的理解和欣赏。二是推进智慧旅游建设。利用大数据、云计算等现代信息技术，提高旅游服务质量和管理效率，为游客提供更加便捷、个性化的服务体验。通过这两方面的努力，不仅可以提升游客的满意度，也有助于实现小众旅游地的可持续发展。

第七节　本章小结

通过对小众旅游的全面研究，我们对其有了更深入的理解，明确了小众旅游独特的概念与丰富多样的形式，在旅游市场中逐渐占据重要地位。在研究现状方面，已有成果为进一步探索奠定了基础，但现有研究也存在局限与空白。实验研究方法的运用，让我们得以从科学角度剖析小众旅游中的各种现象。了解到心理特质对旅游环境体验有着显著影响，不同心理特质的旅行者在小众旅游中有着各异的感受与收获。同时，深入探究了沉浸体验机制，明白了它是如何在小众旅游情境中形成，以及其对旅行者的重要意义。

　　未来，我们应继续深化对小众旅游的研究，不断完善理论体系，为旅游实践提供更有力的支持，让小众旅游在满足旅行者个性化需求的同时，实现可持续发展，为人们带来更多独特而难忘的旅游体验，引领小众旅游行业走向更加多元化和精细化的发展道路。

第九章 旅游智能化中的模仿增强和替代淘汰

在当今科技飞速发展的时代，旅游智能化已成为不可阻挡的趋势。旅游智能化的发展离不开人工智能AI技术的支持，它在旅游领域中展现出强大的模仿增强能力，为游客提供更加个性化、高效的服务。然而，这也引发了人们对于传统旅游模式是否会被替代淘汰的担忧。与此同时，人性特征在旅游智能化进程中起着重要的调节作用。智能旅游利用技术提升旅行体验，包括在线规划、智能导航、虚拟现实预览及移动支付等便捷服务，而旅游人机合作是指在旅行中利用AI技术，如智能助手、自动化服务等，以增强旅游管理效率和服务质量。本研究需要深入研究旅游智能化、AI与人性特征之间的关系，探索如何在利用科技提升旅游体验的同时，保留旅游的人文魅力。

本研究整合了机器学习和智能化网络的观点来研究AI与人类之间的协助式和替代式的不同组合如何影响AI在旅游景区与人类的合作。选择我国旅游行业作为检验假设的合适环境，因为它同时具有广泛的智能化、智慧化发展和一定程度的人机合作。我们首先搜集了2004年至2023年该行业内的信息化数据，通过结合三种数据源构建了一个较为全面的智能化数据库并进行分析。使用固定效应模型来检验假设，分析单位为AI—景区员工—年份，允许预测变量与因变量之间存在1年的滞后期。固定效应估计量对不变变量具有较好的控制作用，是解释可能存在的内生性问题的有效方法。

利用我国重点线性旅游行业（2004—2023年）的纵向数据，结果发现相对智能化（即AI的智能化程度）与AI对人类的合作呈倒U型关系，即验证了假设1（H_1）相对智能化与AI在和人类的合作过程中存在曲线关系（呈倒U型），也就是说智能化中弱智能化（即提供更多的机会和选择，提升工作效率）增加了AI与对人类的合作，达到了一个临界点，在这个临界点，这种合作开始下降。同时，这种关系在人机合作中受到人性特征（如生理特征、心理想象力和行为传递）的调节作用，即人类生理特征和传递环节特性的负向调节，而且受到心理想象力的正向调节，也就是这种倒U型关系或被扁平化或被拉高。

这项研究有助于旅游智能化发展中的一个核心研究领域：人类增强和替代自动化的影响。本研究通过调查旅游智能化发展是否会导致AI和人类之间的增强与替代来补充相关研究的不足。我们通过分析人机合作之间智能关系的构成，并在任务传递环节的背景下研究它们之间的相互联系来探讨这个旅游智能化问题。发现除了先前智能化导致模仿增强的人机合作的路径依赖模式之外，人机合作关系的某些构成可以导致一种新的互动路径——从劳动力市场的协助到替代的转变。给定两种程度智能化的某种组合，如果AI拥有比人类更多的效率、成本和机会，那么这种合作就会更强，但如果人类的创造力不足，那么这种合作就会更弱。

本研究运用多种研究方法，对旅游智能化中的模仿增强和替代淘汰现象进行深入分析，为旅游行业的可持续发展提供有益的参考。

第一节　旅游智能化背景

1. 如何在人工智能革命中生存

以人为本的人工智能方法设想了一个人与机器是合作者而不是竞争对手的未来。1950年，艾伦·图灵提出了一个机器是否智能的测试：机器能否很好地模仿人类。从那时起，创造与人类智力相匹配的智能就或明或暗地成为了成千上万的研究人员、工程师和企业家的目标。类人AI的好处包括生产力的提高，闲暇时间的增加，也许最深刻的是对我们自己思想的更好理解。谷歌的一位软件工程师曾宣布，他与该公司的人工智能聊天机器人的交谈使他确信，它已经有了"感知能力"。随着自然语言处理、机器学习和深度学习等AI技术的迅速发展，它产生从模仿人类走向淘汰人类的想法也在迅速发展。埃隆·马斯克警告说，超级智能机器可能会"接管世界"。人类和AI将长久地陷入竞争的幻想（或噩梦）。这也分散了人们对AI真正潜力的关注。

在《图灵陷阱》这篇论文中，斯坦福商学院以人为本人工智能研究所研究员埃里克·布林约尔松认为，人们对算法或机器人将成为人类替代品的想法过于关注了。相反，将注意力转移到设想AI与人类一起工作的方式上，将刺激创新和生产力，同时带来经济利益。使用AI将人类的智能和劳动自动化，是"一个令人难以置信的强大和令人回味的愿景，但它是一个非常有限的愿景"。另一种选择是增强：使用AI来补充人们，使他们能够做新事情。自动化和增强都可以创造效益，都可以盈利。但现在很多技术专家、管理人员和企业家都过于强调自动化。除了人类可以完成的任务和可以自动化完成的有限任务之外，人类还可以在机器的帮助下完成更大范围的工作，这就是增强的领域。随着AI的进步，它可以比以往任何时候都更接近地模仿人类。或者，人们可以从更广阔的角度看待AI，他们将能够做更多的事情。

2. 行动中的增强

AI的许多潜在用途尚未实现。然而，增强已经在这里，最明显的是AI助手的爆炸式增长，从仪表板和厨房柜台到律师事务所、医疗办公室和研究实验室。增强人工智能的好处可以在医疗保健行业中看到，比如摔倒是医院常见的受伤原因，使用AI可以很好的防止这个问题。患者摔倒或病情迅速恶化而未被发现，持续监测有跌倒风险的护士或者护理人员是不可行的。智能传感器技术可以为医疗保健提供者提供一双额外的眼睛，以增强人类看护人的注意力，并添加相关信息，在需要提醒时发出警报。AI还可以在短时间内完成必要且烦琐的任务，比如使用机器学习帮助医生筛选堆积如山的医学文献的"纯增强"。AI工具帮助做家务是增强功能最引人注目的卖点之一，因为AI正在做的是消除无聊或无用的任务类型，它解放了人类，让人类专注于真正重要的事情。可以快速消化大量数据的机器学习工具已经广泛应用，并被用于医学、保险和银行业。这种辅助技术是双赢的。人工智能并没有消除人类，而是使人类的工作更快、更有效。

若机器成为人类劳动的更好替代品，工人就失去了经济和政治上的议价能力，社会发展就会越来越依赖于控制技术的人。相比之下，若人工智能专注于增强人类而不是模仿人类，人类仍有能力坚持分享所创造的价值。更重要的是，增强创造的新功能、新产品和服务，最终产生的价值远远超过仅仅是模仿人类的AI。

3. 超越自动化

员工的毅力——长时间专注于一项任务的能力——经常被强调为成功的关键。然而，计算机具有非凡的持久性，特别是对于常规的、重复性的工作。一些研究人员正在批判性地思考这一革命性技术的未来，他们也相信，它必须超越自动化。几个世纪以来，机器一直在帮助人类，取代人类的劳动。然而，当前的数字浪潮不同于定义了工业革命的机械化浪潮。与19世纪和20世纪的机器工具不同，因为它们需要不断的人为干预才能保持运行，而AI工具可以自主运行。人类让机器做一些只有人类才能做的事情，这些机器越来越多地受到其他机器的控制，人类被排除在循环之外的想法"把人类吓得魂飞魄散"。

整个人工智能领域都是朝着自动化方向发展的想法实际上是一种误解，需要"梳理"围绕人工智能的"炒作"，并着眼于其更广泛的应用，例如破译复杂数据并使用它来做出决策，以及驱动与世界互动的车辆和机器人。自动化可以在救灾、消防和制造业等工作中保护人们免受伤害方面发挥重要作用。让机器承担"作为人类的生物学特性本身就是一种劣势"的任务是有道理的。这项智能技术有更多的机会来增强人类，而不是取代人类。人工智能可能导致的后果很难预测，但根据麦肯锡全球研究所的数据，到2030年，自动化可能会取代超过4 500万美国工人。

AI能改变人类的工作方式——变得更好。有研究指出，自新冠肺炎疫情暴发以来，85%的人表示自己的倦怠程度有所提高。过去几年，越来越多的数据显示，人工智能能帮助缓解工作中的脱节和不满。探索如何构建"增强人类尊严和自主权"的人工智能。如果"增强"可以促进增长、教育和能动性，那么它将是提高人们幸福感和生产力的关键方式。人工智能不应该被简单地视为人类能力的替代品。自动化可以用来"取代人力，降低劳动力成本"，增强功能为员工提供了更大的经济利益，因为他们不会像旧部件一样被换掉。但它也将为雇主和消费者提供更多的机会和选择。技术已经极大地提高了生活水平，主要是通过创造新的能力和产品，而不是降低现有商品和服务的成本。

增强将带来更具包容性的增长，而自动化将恶化当前的经济趋势。尽管过去的机械化时代，利用新技能有助于提高生产率和收入。当拥有机器的人变得富有时，收入的分配比现在更广泛。数字时代加剧了工作和收入的两极分化。

4. 融合中发展

在企业领导人接受增强技术之前，有必要让他们了解即将采用的技术带来的"意想不到的后果"，包括应该如何引导AI，应该如何治理AI，以及它如何反映社会价值观。这些治理和道德的问题也是AI挑战中更大的一部分。开发一个框架来指导AI的实际应用变得更加紧迫，它必须来自商界人士，以及有社会科学、伦理或政策背景的人。

现在有一股"淘金热"，就是如何应用这些令人难以置信的强大机器学习技术，但是最大的差距在于让经济和商业方面迎头赶上，让AI如何快速实施新商业模式来提高利润。企业将进行符合其底线的投资，帮助人们以增强的方式使用AI，从而影响行业的发展轨迹。AI应用的领域需要那些想要以有意义的方式影响现实生活的人，包括在工程教育和科幻文化之外的环境中长大的人，而不仅仅是抽象地解决问题。目前的税收政策有利于安装机器而不是雇佣工人的公司，这种对资本还是对就业更有利的问题值得关注。在过去几千年里，大多数进步都来自于做人类以前从未做过的新事情，而不是简单地将我们已经在做的事情自动化，这就需要人类利用一种无法通过编程植入机器人的超能力：想象力。以人为本的AI方法设想了一个人与机器是合作者而不是竞争对手的未来。

5. 旅游行业的人工智能发展

旅游的人始终是很多的，所以景区中的设备也是要有变化的，在这种环境之下也就催生了智慧景区，而智慧景区中有很多的AI使用。电子购票与扫码入园，现在已经推广应用得比较多，这让游客购买景区门票方便了许多。智慧识别一定程度上已经完全替代了景区人员的工作。智慧大脑采用的是功能集成、网络集成、软件界面集成等多种集成技术，同时以地理信息系统、数据挖掘分析系统、信息展示系统为辅助手段。智慧大脑在一定程度上已经很好地实现了协助景区管理者和工作人员的目标。智慧景区的建设最终目的是提升景区智慧化程度，给游客带来更加舒适、便捷、智能的旅游体验，增加景区收益。智慧浏览一定程度上已经完全替代了景区人员的工作。智能化系统主要为门户网站提供数据接口，建立目的地门户网站，向游客介绍和推送特色以吸引游客前来景区游玩，实现目的地电子商务。

第二节　旅游智能化理论和假设

人工智能已经渗透到旅游行业中多个方面，正在影响旅游业的发展。基于AI的导游机器人除了可以讲解固定的内容，还可以实时答复游客的咨询问题，导游机器人一定程度上已经替代了景区人员的工作。AI可以实现客服的功能，为客户提供各类服务，包括答复客户的电话咨询，帮助客户通过电话预订酒店、机票旅游项目等，电话客户服务一定程度上已经替代了景区人员的工作。基于AI的酒店服务机器人在酒店内可以为顾客送毛巾、送水果等，在一定程度上已经很好地实现了对酒店管理者和工作人员的协助。基于AI的机场与高铁服务机器人可以在机场、高铁内可以为顾客提供各类信息的查询服务，通过实时语音对话，解答旅客的疑难问题等。服务机器人一定程度上已经完全替代了机场和高铁人员的工作。基于AI的人脸识别、动作识别等，可以发现非酒店顾客进出酒店的情况，还可以检测顾客的摔倒动作。安全防护AI在一定程度上已经很好地实现了对酒店管理者和工作人员的协助。基于AI技术与大数据技术，可以对客户的需求与满意度进行综合分析，进一步改进服务质量。

一、人工智能的相对智能化与人机合作

AI可以更好地塑造个人做出的选择，还可以使用金钱和时间来谋求人类福祉，以及AI和混合现实（XR）等技术重新定义了人类之间的互动。AI除了推动信息技术进步，提升信息生产力外，还加强了数字信息定价与共享、工作绩效评估、数字商务分析。以人为本的AI描述了一个人与他人是合作者，而不是未来的竞争对手。动机目标也是AI的核心要素，机器和服务机器人都存在目标追

求和社会动机。AI在数字市场中为消费者和卖家提供决策服务，在各种营销活动中，包括互联网搜索广告、展示广告、重新定位和电子邮件营销等，其都可以在平台和系统后端给予科学性支撑。

AI的辅助技术在工程环境方面的影响也不可小觑，分别在绿色化学、医疗设备、纳米技术以及3D打印方面取得了重大的科学突破。在不确定性和规定性分析下，AI动态优化工具具有很好的功效，其可以应用于复杂价值链中的运营和合作。基于组织智商的概念，AI可以量化公司或组织利用信息做出快速有效的决策，这促进了信息系统的智能决策思维。同样，智能分析还应用到了数据科学、数字平台、运营优化等。互联网和数据中心的智能化算法逐渐渗透到交通、电力和回收等领域，以此疏通了拥堵、降低了燃料成本和环境污染。

在电视游戏秀行业、专业视频游戏和移动医疗保健行业中，作为组织结构的成员，AI的部署可以很好地影响组织内成员之间的协作和学习。人类社会是通过社会互动产生和固化的，网络结构在这一过程中发挥了很强的作用，而文化类别又是人们组织和参与这一相互作用时形成的，特别是人工智能的出现，对文化社会、数据科学的进步和演进具有很重要的推动力。心理特征（如人格）与广泛的组织和社会结果（包括工作绩效、人—工作适合度、消费者偏好和意识形态）之间的联系机制往往需要行为和数据识别，机器学习、数据挖掘和涉及大量数据观察分析的任务关联可以通过AI更好地实现。

AI从诞生之初，就和数据与算法结下了不可分割的关联，尤其是跟人打交道的行当。人类心理和心智的智能化分析应用更多，支付意愿与选择的偏好逆转、政策评价"匹配效应"都越来越受重视。同样，概率预测、心理学猜测、群体智慧启示、决策自主性、心理极端厌恶等也备受关注。另外，高科技市场营销、信息集成营销、消费者和管理决策层面的智能应用也很广泛，比如聪明/愚蠢的服务策略，智能信息战略、竞争市场取胜、均衡知识公平等。神经科学和计算工具也可以理解经济和消费者决策的生物学基础，以及如何使用基于大脑的方法来生成和验证对客户思想、感受和行为的洞察。在营销分析方面，通过如目标定位、客户流失管理、因果分析、机器学习和实验设计等，AI潜移默化融入了国家货币、赞助搜索广告、无线电广播、汽车保险和乳腺癌预防等领

域。对群体忠诚度和可信度的审视介入了AI，捆绑选择和多样性组合也需要更多AI的辅助，连饮食、吸烟以及健身等和病情的关联和分析都越来越依靠智能工具的帮助。

客户体验广泛渗透到各行各业，企业不断开展和实施以客户体验为中心的战略，全面和深入地理解和洞悉客户的心理和行为，AI在不确定的世界中扮演着边界助理师的角色。由于智能分析和大数据的框架，AI在商业过程自动化、数据分析和客户挖掘方面可以更进一步，特别是惠普、AT&T、赛门铁克、日立、柯蒂斯-赖特、美国银行等一系列企业的提前布局，都不同程度地开展了卓越运营、数据分析、基于互联网和基于代理的客户服务、流程自动化和企业软件开发等项目。技术变革往往存在去中心化的措施，分布式运营和管理更加有效，AI加快和加大了信息搜集和生产，收集信息的努力越多，考虑到补充和替代的不同模式，平均产量也会出现提高或降低的情况。人类在复杂环境中学习和做出决策是十分困难的，人与AI的合作和协同可以改善人类决策，并优化管理以人为中心的运营，进而延伸到零工经济和工作服务。服务操作、数码市场、可持续性、排队经济学等领域，AI在数据的支持下更加容易挖掘出客户真实的需求并给出最优的目标路径。

互联网和智能化正在改变人类发现和消费新产品的方式，以及在这一过程中可能出现的信念和观念的潜在偏见，特别是艺术行业。酒店行业、旅游行业也在随着互联网的智能化而进步。以数据驱动决策和机器学习为基础的半智能化，也推动了AI在电子商务、个性化、在线营销和服务系统中的应用。体育行业也引来了更多的智能场景和智能设备，特别是在比赛场地的设计和塑造过程中，智能和智慧都不可或缺。人类的发展和人工智能的发展都是相似的，为了更好地发现客户体验设计元素，包括情感、品牌和新兴媒体/数字技术的作用，消费者行为和消费者体验前后都需要智能分析。

人类做出多属性选择时，感知价值对于评估和衡量影响很大，智能跟踪、大数据分析和定量预测可以补充和扩展现有消费者的搜索行为和注意力应用。夫妻如何做出财务决策？如何激励个人消费者做出更负责任的财务决策？人们如何从各种消费体验中获得最大限度的幸福和享受？从个人到家庭再到社会领域，都会广泛涉及消费者智能财务分析。市场营销不仅仅是简单的人与人之间的营销，复杂的历史数据和相关的环境数据都会影响营销的过程和结果，数据驱动营销变得尤为重要，特别是医疗保健、营销数据隐私、非营利组织和营销分析等。在不同的商业环境和业态下，传统食品和消耗品的销售、产品开发、品类分析、采购和贸易、销售和电子商务等都广泛涉及定量分析和数据挖掘，传统小规模零售企业如何实现现代化并采用包括金融科技在内的数字技术也越来越普及。

从大数据中发现可操作的见解，量化广告对消费者选择的影响，可以深入了解食品标签的影响。知识图谱挖掘、文本因果推断以及理解技术介导的沟通说服也介入到了消费行为 AI 数据分析中，还便于了解和预测客户的购物和购买活动，并进行客户关系管理。

假设 1（H_1）相对智能化与 AI 在和人类的合作过程中存在曲线关系（呈倒 U 型）。

二、人性特征的调节作用

人性特征（如人格）与广泛的组织和社会结果（包括工作绩效、人—工作适合度、消费者偏好和意识形态）之间的联系机制往往需要行为和数据识别，机器学习、数据挖掘和涉及大量数据观察分析的任务关联可以通过 AI 更好地实现。

1. 生理特征关系

目前使用机器学习、深度学习和结构计量经济学方法可以从底层方向来研究消费者和协助企业决策，特别是通过建立数据驱动的模型，了解消费者如何做出选择，并调查与定价、目标定位和销售团队管理问题有关的公司决策。近年来，机器学习和智能化各处开花，医疗保健、交通和金融领域的优化，随机系统、机器学习及其应用得到了更好的普及和深入。在 IT 项目管理、数字转型、IT 程序管理等方面逐步加入智能模式的时候，智慧型运输系统、全球供应链管理、绿色供应链管理、紧急救灾物资以及逆向物流等方面也融入了智慧化和智能化。消费品、社交媒体、医疗保健等行业以及产品管理、定价和销售等功能领域，都需要开展数据科学进行经济量化和商业决策优化，而智能化、自动化和数据化可以从底层和逻辑层面给予最大支持。人类进化和发展过程中，包括年龄、性别和种族等人口特征都会影响人际关系的形成，而AI或人类的社交网络却不会影响它分享知识给他或她的能力。

自动化和智能化开始逐步相互渗透，比如驾驶自适应巡航控制（ACC）、汽车变道功能在驾驶员主动机动中的使用、使用自然多模态驾驶数据集建模驾驶——自动化交互于一体、基于无人机的模型在物流中的应用和研究途径等。在全渠道物流网络设计中，综合客户送货和退货偏好也依赖于大数据和智能化算法，采用了混合整数规划（MIP），可以系统全面地管理全渠道零售商在线订单的包裹运营商的网络设计问题，如城市配送中心、中间仓库、包裹办事处以及收集通道点……

假设2（H_2）AI与人类之间的生理特征关系负向调节AI在劳动力市场上与人类之间的关系，即当生理特征关系较高时，这种倒U型关系被拉平。

2. 心理想象力关系

深入研究了机器学习、AI以及无人机等技术创新的最新进展的颠覆性潜力，新技术和先进算法将使未来的最后一公里物流服务为消费者和企业创造更高的价值。在当今快节奏和相互关联的全球经济中，供应链中断和复杂性变得越来越普遍，这凸显了供应链素养的必要性。对供应链管理有深刻的理解对企业和个人都是至关重要的，因为它影响效率、盈利能力、就业能力和运营的可持续性。供应链管理和AI的相互结合可以让人类在职业生涯和当今不断变化的商业环境中占据优势。

零售商或在线市场等市场参与者，与有心理偏见的消费者如何互动，这就需要基于历史数据、现场观测数据等来充分考虑消费者的行为，智能的数据挖掘和探索成了更好的工具和帮手。食品和农业供应链的运营都涉及到行为过程和供应链设计，基于领域的方法研究基本的和新兴的运营管理（OM）问题很好地解决了这些问题，包括在线平台的设计和影响，以在资源受限的环境中实现高效的实体供应链，供应链的结构属性对各利益相关者行为的影响，消费者行为对零售运营的影响。

假设3（H_3）AI相对于人类的想象力模仿关系正向调节AI在劳动力市场上与人类之间的关系，即当AI的想象力模仿关系越高时，倒U型关系越陡峭。

3. 行为传递关系

市场营销对任何公司来说都是一项至关重要的活动，无论是大公司还是小公司，是盈利公司还是非盈利公司。市场营销侧重于从公司、消费者和其他利益相关者的角度研究复杂市场的运作方式。市场营销不仅仅是广告或销售产品，它还包括消费者和企业合作的所有方式，以及它们如何影响业务层面的结果（例如品牌资产、盈利能力、长期增长率）和消费者层面的结果（例如品牌态度、客户忠诚度、消费者心理和幸福感）。移动设备的兴起、社交媒体的无处不在以及高度复杂的基于AI的分析所提供的大量客户数据，这些技术进步意味着它在不断变化。智能分析涉及不同领域和不同对象，包括利用社交媒体实时追踪品牌声誉、在深度学习框架中使用地球观测数据预测未来的土壤湿度插值、味觉疲劳；认知损耗降低了对复杂口味的享受、代词选择对消费者参与行为的影响；探索全球顶级品牌的社交媒体传播心理学和市场营销、元宇宙；消费者行为的新数字前沿、AI能帮助众包吗？基于理论的众包竞赛创意筛选模型、听起来对的时候跟着鼻子走；品牌名称如何影响消费者对产品气味的反应、从平板电脑到餐桌；增强现实技术如何影响人们对食物的渴望、野生动物贸易与全球驴皮产品网络之间的联系、归咎于机器人；用户与聊天机器人互动中的拟人化和愤怒等，这些社会现象、企业行为、消费过程、数据逻辑等都穿插着智能化、辅助化、替代化等要素。

以数据为中心、以分析和证据为基础的营销实践方法越来越盛行，这都与营销新技术（如AI）相关，也与客户和企业如何从新技术中受益等密切相关，对数字营销、社交媒体、广告和消费者行为作出了重大贡献。拓展到具体社会现象，比如从平板电脑到餐桌：增强现实如何影响食物的可口性；黄金领域：抓取网络数据以获得营销洞察力，消费者数字信号如何重塑客户旅程；责备机器人：客户聊天机器人交互中的拟人化和愤怒、智能手机，坏信号？消费者使用手机、分心和对手机的依赖对遵守购物计划的影响、市场营销认同理论研究数字手册和社交媒体研究等。

传统制造业和服务环境中的流程，以及医疗保健、办公室和博物馆中的流程，都涉及如何设计、分析和改进，智能化和自动化会释放更多人工精力和投入资源，特别是这些环节都覆盖了运营战略、供应链管理、声誉管理、网络安全等。具体包括IT项目成本超支的经验现实：发现幂律分布；交易平台的去国际化：一个探索性案例研究；供应链中的伦理：一个图解调查全球物流；运营和供应链管理的数字化：理论和方法的意义；供应链中断：行业和地理对企业反应速度的影响；全渠道零售的最后一公里框架。从客户的角度进行交付、解开供应关系形成的复杂性：日本汽车行业的企业产品多样化和产品无所不在等。

假设4（H₄）AI与人类之间的行为传递关系正向调节AI在劳动力市场上与人类之间的关系，即当行为传递关系越复杂时，这种倒U型关系被扁平化。

第三节　研究方法

一、研究样本

选择我国旅游行业作为检验假设的合适环境，因为它同时具有广泛的智能化、智慧化发展和一定程度的人机合作。我们首先收集了2004年至2023年该行业内的信息化数据，使用了多个数据源——中研网、中投顾问、文化和旅游部智慧化平台、文旅界、省级信息化平台、城市数字化库、信息化产业研究院、科技智能顾问等——它们具有非常相似的报告信息的标准，包括信息化开始的年份、智慧化合作伙伴的名称、智能化程度的描述以及每个部门通常只报告所有智慧化活动的一小部分。虽然跟踪旅游行业的数据库通常是可靠的，但我们发现信息化数据库涵盖了更多的历史数据，而科技平台和智能平台则包含了更多的近期信息。我们通过结合这三种数据源构建了一个较为全面的智能化数据库。

在自动化生产阶段，"机器换人"强调大规模的机器生产；而伴随着智能化的转变，强调的是机器能够自主配合要素变化和人的工作，"人机协同"成为新的生产方式。人—机协作（HRC）指的是人和自动化机器共享工作空间并同时进行作业的工作场景。由于受工业4.0驱动，这种模型可以实现高度灵活的工作过程、最高的工厂可用率和生产力以及经济效率。在提出工业4.0之前很长时间内，工业自动化领域就开始关注人和机器之间的交互。为了衡量人机合作，主要提出了两种交互场景，"共存与合作"覆盖了90%的人机交互情况。在智慧文旅云和旅游大数据平台中，我们找到了158家拥有相互共存、协作和合作信息的人机合作场景，并确定了2 982个观测值作为样本，观测时间从2004年到2023年。

二、因变量

人机合作。根据先前的研究，笔者用人机共存来衡量行业或景区中人机交互的合作程度，描述了人机合作的强度和多样性。该变量包含三个题项：旅游景点在智能化后，智能设备对景点工作人员形成的合作行为的数量以及合作行为的广度和深度；宽度维度衡量了智能设备进入与工作人员的不同工作岗位领域的数量，深度维度衡量了智能设备针对工作人员发起的工作性替换（即取代的工作流程）的数量；与互联网化、APP化、小程序的推出相比，取代的工作流程推出是一种更激进的合作替换行动，因为前者的岗位独占期要长得多。我们对这三个条目进行了因子分析，发现三个条目在一个潜在因子上的负荷都很高（>0.73），而Cronbach's α 系数为0.81，这表明它是一个可靠的概念。我们使用这三个项目的平均分来测量因变量。

三、自变量和调节变量

相对智能化计算为旅游景点员工对工作岗位中植入或者实施的智能化设备进行干预或者控制的次数与总执行次数的比值。AI是计算机科学中的一个分支，旨在为计算机注入像人一样的思维和能力。弱人工智能是指针对特定任务设计的AI系统，例如智能语音助手和智能家居设备，而"弱人工智能"则是特定领域内的智能表现，局限性更大，缺乏自主学习的能力，仍需要人类干预和指导。"强人工智能"或"超人工智能"意味着拥有与人类智能相媲美的认知能力，可以独立地进行学习、思考和决策，甚至超越人类的智能水平。

我们使用景区工作人员的工作日志内容分析来构建这个变量，以确定样本中每个智能设备的智能化的性质。具体来说，以操作和协助工作任务为目标的智能化行为被编码为智能化能力，而主要利用现有指令和人工命令的智能操

作、执行和协助等动作则被归类为弱人工智能。值得注意的是，并不是所有的设备协助都是人工智能化的；在数据集中，如果景区设备进行了机械功能或者循环功能的操作，则该智能被编码为弱智能化的。该变量取值范围为0～1。

生理特征关系反映的一个重要因素在于AI能够克服人脑和身体的诸多生理局限，借助物化的智能延展人脑和身体的功能，使人从繁杂的脑力劳动和重体力劳动中解放出来，从而能够进行更有意义、更富创造性的劳动。AI没有生理极限，只有工程极限限。目前AI只是硅基逻辑实体承担运算，还没有扩展到碳基湿件来承担运算的讨论或实践。AI可以克服人类的生理缺陷。由于大脑会自然地交替出现注意力集中和注意力分散，注意力疲劳是视频监控操作工作人员面临的一个主要问题之一，如果通过AI介入与人类合作完成，则可有效减少此类情况的发生，甚至更加完美。我们通过统计景区员工无法完成的体力类工作任务，需要机器设备的协助，并且大部分其他工作人员也会遇到这种情况的次数来测量这一变量。

心理想象力就是人类创造、探索和发现的能力，它可以从无限领域中产生创意。在写作、艺术、科学、工程等各个领域中，想象力都起着至关重要的作用。没有想象力，人类可能永远无法发明电灯、飞机、电脑等现代科技产品，也无法创造出令人感动的艺术作品或引人入胜的小说。我们通过统计景区员工无法完成的脑力类工作任务，需要机器设备的参与，并且大部分其他工作人员也会遇到这种情况的次数来测量这一变量。

行为传递关系捕捉了两个工作人员或员工之间的行为传递性。我们首先构建了2004—2023年旅游行业内部的年度团队工作矩阵，采用1年的移动窗口。总共确定了16 862对员工，其中包括2004—2023年之间开始的团队。我们使用Ucinet 6构建了这些景区每年的团队对称（非定向）矩阵，然后计算每个景区在上述团队网络矩阵中的行为传递程度。行为传递度计算为景区团队的行为关联度减去非直接团队伙伴的行为关联度。

四、控制变量

我们控制了样本异质性，纳入了以往研究提出的影响智能化与人机合作关系的三个变量。

1. 景区等级

从一个基本的艺术系统开始，本研究的目标就不仅是使机器能够理解是什么让人类的创造作品变得"美丽"，而是要推进AI产生真正鼓舞人心的艺术作品的能力。景区数字智能化是指利用信息技术和智能化设备，对景区进行数字化、智能化升级，以提高景区的服务水平、管理效率、安全保障和环境保护的能力。要达到5A级景区的标准并不容易，除了保护自然风光和历史人文，景区还需要进行智慧化升级，其中，建设智慧导览系统是至关重要的一环。因此，我们控制了人工智能的等级参与性，以参与任务的景区等级衡量AI的景区环境等级。

2. 数据互通度

已有研究表明，景区间的数据互通性和共享性会影响其相似智能贡献程度。区块链技术可以支持建立一个数据共享网络，为人机共生的任务完成提供证明机制。如果一个用某些景区贡献的任务训练出来的生成性AI系统要完成一项服务任务，那么出处追踪机制将能够识别贡献的景区类别和特征，从而实现某种形式的共享所有权。因此，我们通过衡量数据互通程度来控制二元相似度，计算该景区与其他景区之间数据互通数量和跨景区区域人流的百分比。

3. 人均教育水平

影响就业结构的一个重要因素是人均受教育水平，平均学历越高，就业的结构应该更偏向中等和高级技能，而AI和人类之间的协助或者合作，很大程度上取决于人类的受教育水平。在模型中，我们使用改编自先前研究的测度来控制人均受教育水平，如果具有高中文化则编码为0，如果具有大学文化则编码为1，如果高于大学文化则编码为2。

五、研究分析

我们使用固定效应模型来检验假设。分析单位为AI—景区员工—年份，我们允许预测变量与因变量之间存在1年的滞后期。固定效应估计量对时不变变量具有较好的控制作用，是解释可能存在的内生性问题的有效方法。例如，不可观测的异性性，如AI对景区员工的协助力和替代性的倾向，在AI—景区员工中是恒定的，那么就可能存在内生性问题。固定效应估计量可以通过消除时不变的异质性来排除这种可能性。固定效应模型还允许我们考虑随着时间的推移，由同一配对的多个观测值引起的簇内相关性。我们在模型中使用了双生子固定效应和对双生子的聚类标准误差。

第四节　分析讨论

一、数据分析

表9-1列出了所有变量的描述性统计和相关性，包括二次项和交互项。为了减少自变量与其高阶项之间的非必要病态性，我们在创建二次项和交互项之前对变量进行均值中心化处理。因变量和自变量显示出相当大的方差，相关系数与预期一致。

表9-1　描述性统计和相关性表

	变量	平均值	S.D.	1	2	3	4	5	6	7	8	9	10	11	12	13	14	15	16	17	18
1	人机合作	0.152	0.878																		
2	景区等级	0.792	5.663	-0.019																	
3	数据互通度	3.182	3.094	0.105	0.156	-0.201															
4	生理特征关系	0.327	0.658	-0.011	-0.106	0.059	-0.105	0.042	-0.032	-0.011											
5	心理想象力	-0.202	5.418	0.017	-0.141	0.359	-0.311	0.015	-0.031	-0.105	0.099										
6	行为传递关系	9.107	12.661	0.155	-0.074	0.302	-0.364	0.172	-0.028	0.055	0.419	0.083									
7	人均教育水平	0.617	0.192	-0.117	0.401	-0.172	0.098	-0.064	-0.063	0.008	0.019	-0.075	0.041								
8	相对智能化	0.319	0.357	0.026	0.041	-0.109	0.051	0.011	-0.033	0.416	0.093	-0.119	0.082	0.048							
9	相对智能化平方	0.236	0.337	-0.063	0.146	-0.115	0.055	-0.206	-0.007	-0.083	-0.114	-0.005	0.037	0.169	0.047						
10	相对智能化性理特征关系	0.132	0.365	-0.013	0.038	0.012	-0.062	0.014	0.048	-0.088	0.195	0.032	0.121	0.013	-0.077	-0.152					
11	相对智能化平方性理特征关系	0.085	0.267	0.025	-0.026	0.035	-0.108	0.065	-0.007	0.007	0.673	0.084	0.236	0.024	-0.085	-0.069	-0.237				
12	相对智能化心理想象力	-0.256	2.715	0.034	-0.046	0.168	-0.08	0.023	0.018	-0.101	0.026	0.048	0.072	-0.015	-0.106	-0.108	-0.125	0.107			
13	相对智能化平方心理想象力	-0.223	2.356	0.015	-0.133	0.366	-0.246	0.018	-0.025	-0.302	0.162	0.694	0.081	-0.027	-0.246	-0.152	-0.164	0.07	0.522		
14	相对智能化*行为传递关系	5.462	10.301	0.014	-0.024	0.117	-0.073	0.033	0.014	-0.035	0.222	0.073	0.203	-0.023	-0.077	-0.005	-0.043	0.293	0.137	0.143	
15	相对智能化平方为传递关系	3.861	8.548	0.045	-0.096	0.246	-0.211	0.072	-0.012	0.029	0.163	0.091	0.707	-0.033	-0.199	0.074	0.005	0.185	0.284	0.192	0.562

注：（a）N=3 752；（b）使用非中心变量值计算平均值。

　　我们遵循分层方法运行固定效应模型：模型1仅包括控制变量，而模型2至5增加了独立变量和交互变量。模型6是全模型，包括所有独立变量和交互变量。计算所有模型的方差膨胀因子（VIF）分数；所有的最大VIF都没有超过2.5，这大大低于经验方法的临界值10。然后，使用Stata中的"coldiag"过程进行了贝尔斯利，Kuh和Welsch的多重共线性诊断测试，结果表明完整模型的条件数为7.53，远低于阈值30。我们还使用无中心的数据运行了固定效应模型；结果一致。由于集中估计会使结果的解释变得不那么直观，因此，在表2中报告了使用原始变量值的估计结果。

　　在表9-2的模型2中，我们通过同时引入相对智能化的线性项和二次项来检验假设1。结果表明，人机合作随着相对智能化（$b=1.508$，$p=8×10^{-8}$）的增加而显著增加，然后随着相对智能化（$b=-1.439$，$p=1×10^{-7}$）的继续增加而显著降低。这一结果表明，相对智能化与人机合作之间存在曲线关系（倒U型），具有中等效应量（Cohen's $d=0.428$）。我们按照Lind和Mehlum提出的三个步骤检验了这种关系的边际效应。首先，考察了二阶项是否显著且具有预期符号；结果证实了这一点。其次，测试了在相对智能化的数据范围两端，坡度是否确实足够陡。利用Stata12中的"margin"命令，证实了当相对智能化=0时，斜率$dy/dx=1.701$（$p=4×10^{-5}$）；当相对智能化=1时，斜率$dy/dx=-1.561$（$p=3×10^{-5}$）。最后，检验了转折点是否位于相对智能化的数据范围内。使用Stata12中的"nlcom"命令证实了这一点，显示当相对智能化= 0.522时，倒U形出现转折，转折点[0.504、0.539]的95%置信区间在相对智能化的取值范围内。我们通过在图9-1中绘制了这种关系。这些结果表明假设1得到了支持。

表9-2　人机合作的固定效应分析

	1	2	3	4	5	6
常量	39.286	37.947	38.294	36.838	39.115	38.105
	(19.014)	(16.334)	(16.142)	(5.773)	(15.505)	(5.636)
景区等级	0.024	−0.003	−0.005	−0.004	−0.013	−0.01
	(0.028)	(0.035)	(0.036)	0.028)	0.037)	(0.031)
数据互通度	2.832	2.786	2.776	2.785	2.775	2.769
	(0.738)	(0.702)	(0.701)	(0.704)	0.707)	(0.702)
生理特征关系	0.015	−0.139	−0.156	−0.138	−0.142	−0.155
	(0.014)	(0.036)	(0.035)	(0.033)	0.033)	(0.030)
心理想象力	0.017	−0.054	0.032	−0.053	−0.045	0.027
	(0.025)	(0.015)	(0.039)	(0.016)	0.017)	(0.038)
行为传递关系	0.01	0.01	0.009	0.005	0.01	0.005
	(0.006)	(0.006)	(0.006)	(0.006)	0.005)	(0.007)
人均教育水平	−0.001	−0.001	−0.001	−0.001	0.001	0.001
	(0.001)	(0.001)	(0.001)	(0.001)	(0.001)	
相对智能化		1.508	1.802	1.471	1.77	2.024
		(0.267)	(0.259)	(0.257)	(0.248)	(0.249)
相对智能化平方		−1.339	−1.682	−1.377	−1.792	−1.944
		(0.265)	(0.251)	(0.269)	(0.247)	(0.253)
相对智能化*生理特征关系			−0.669			−0.559
			(0.163)			(0.147)
相对智能化平方*生理特征关系			0.693			0.571
			(0.153)			(0.142)
相对智能化*心理想象力				0.055		0.057
				(0.015)		(0.014)
相对智能化平方*心理想象力				−0.053		−0.057
				(0.024)		(0.024)
相对智能化*行为传递关系					−0.025	−0.018
					(0.008)	(0.008)
相对智能化平方*行为传递关系					0.023	0.018
					(0.009)	(0.009)
R^2	0.422	0.442	0.427	0.442	0.426	0.443
Log可能性	−3 882	−3 817	−3 842	−3 845	−3 844	−3 838
$x^2(2)$（与基本值比较）		67	78	72	75	88
Prob>x^2		$2.23×10^{-15}$	$5.62×10^{-18}$	$2.90×10^{-16}$	$4.28×10^{-17}$	$9.04×10^{-20}$

注：（a）N=3752；（b）括号内为稳健标准误差；（c）纳入回归但未报告的年份变量。

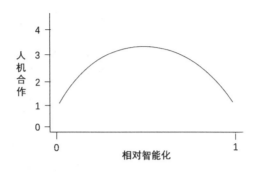

图9-1　相对智能化和人机合作之间的关系

在模型3中，引入生理特征关系与相对智能化的线性和二次项的交互项，以检验假设2：生理特征关系是否负向调节倒U型关系。如果二阶交互项显著为正，则支持这一调节效应。正如结果所证实的那样，二阶交互项的确是正的（$b=0.677$，$p=6×10^{-6}$），具有中小规模的效应量（Cohen's d$=0.358$）。图9-2说明了这种调节效应，当生理特征关系的价值较高时，倒U形被扁平化，支持了假设2。

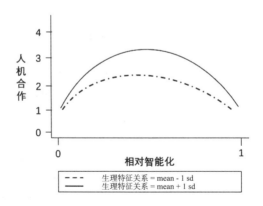

图9-2　生理特征关系的调节作用

模型4引入心理想象力与相对智能化的一次项和二次项的交互项，以检验假设3：人工智能的心理想象力是否正向调节倒U型关系。如果二阶交互项显著为负，这种调节效应得到支持。我们发现，二阶交互项的确是负的（$b=-0.052$，

p=0.017），具有中小规模的效应量（Cohen's d=0.314）。图9-3说明了这种调节效应，当人工智能的心理想象力较高时，倒U形曲线变得陡峭，支持了假设3。

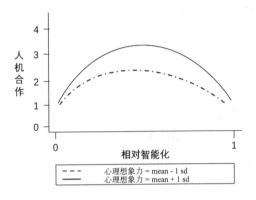

图9-3　心理想象力的调节作用

模型5引入行为传递关系与相对智能化的线性和二次项的交互项，以检验假设4：行为传递关系是否负向调节倒U型。正如结果所示，二阶交互项是正的（b=0.023，p=0.007），具有中小规模的效应（Cohen's d=0.309）。图9-4说明了这种调节效应，当行为传递关系的程度较高时，倒U型被压平，支持了假设4。

模型6是全模型，包括所有控制、独立和交互变量；模型2与模型5的结果均成立。

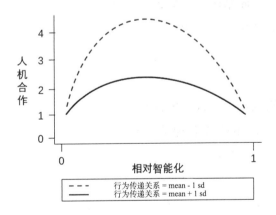

图9-4　行为传递关系的调节作用

二、总结分析

我们进行了六项额外的分析，要么是作为稳健性检验，要么是为了获得对主要关系的额外见解。这些分析研究了以下6个方面的内容：（a）结果是否对相对智能化的替代措施具有稳健性；（b）旅游景区中的哪些人工智能更有可能替代工作员工；（c）哪些因素决定了人工智能对工作员工合作行为的反应；（d）在某一领域获得的心理想象力和旅游景区系统的数据知识能够在多大程度上应用于不同技术领域对同一工作岗位人员的替换；（e）研究结果对不同范式的人机合作是否稳健；（f）景区等级和数据互通性的潜在调节效应。

第五节　研究结果

一、研究结论

这项研究有助于智能化发展中的一个核心研究领域：人类增强和替代自动化的影响。先前的研究对如何促进智能化和信息化的发展以带动生产和制造提供了重要的见解，在此基础上，笔者通过调查智能化发展是否会导致人工智能和人类之间增强和替代补充了这一研究。通过分析人机合作之间智能关系的构成，并在任务传递环节的背景下研究它们之间的相互联系来探讨这个问题。我们发现，除了先前智能化导致模仿增强的人机合作的路径依赖模式之外，人机合作关系的某些构成可以导致一种新的互动路径——从劳动力市场的协助到替代的转变。此外，人类的行为传递关系可以调节这一转型过程。

本章的研究方法和成果如下。

首先，本研究扩展了关于智能化发展中协助和替代之间共存的见解。先前的研究一直认为，智能化发展中的智能化设备学习了人类的基本工作技巧和要领，可以更好地协助人类开展工作。我们通过识别智能化的不同程度和人性特征的不同关系，将智能化中的机器学习转化为劳动力市场上的模仿和增强，作为重要的机制，扩展了这一方面的理论基础。因此，本研究连接了两个研究领域：智能化中的模仿学习和劳动力市场的替代竞争。

其次，我们扩展了先前关于机器学习的研究，这些研究倾向于关注基于人机合作中的状态。我们研究了人机合作之间的所有工作任务的类型，就其分类而言，在决定人工智能与人类的合作中所起的作用。研究结果表明，在生理特征任务中，人工智能与人类的劳动力市场合作较高；而在心理想象力任务中，人工智能与人类的劳动力市场合作并不高。笔者绘制了相对智能化与人机合作之间的曲线关系，突出了强智能化或超级智能化的发展决定了人机合作中的演化作用。

最后，本研究通过研究行为传递关系在智能化—人机合作关系中的调节作用，进一步扩展了相关研究。我们证明了行为传递关系——即独立传递性、单项传递性和双向传递性——影响了相对智能化与人机合作之间的关系。我们的研究结果直接说明了在研究智能化学习时超越二元合作的重要性，这是对越来越多的研究的一个有价值的补充，这些研究探讨了智能化的行为传递特征如何影响人机合作的互动模式和表现。

二、研究不足和未来研究方向

本研究的研究结果应该对其局限性和不足之处进行探讨，这也为未来的研究提供了机会。首先，我们仅在中国旅游行业的非线性旅游景点背景下检验了相关假设。尽管研究结果有力地支持了那些假设，但将其推广到其他线性旅游景点或其他行业（例如智慧化）时，必须验证其适用性。研究者可以进一步推进这一新兴的研究范式，考虑智能化和行业特定条件在人机模仿增强和替代淘汰关系中的作用。

第二，虽然智能化机器学习视角为理论框架的搭建提供了重要的支撑，但我们也意识到人机合作是一种复杂的"伙伴关系"。例如，研究人员可以探讨智能化如何通过生理增强和超越自动化构建人机壁垒，以防止人机合作的发生。

第三，虽然我们研究了在人工智能领域被广泛研究的人机关系的一个重要维度（即人机合作），但仅限于单体智能化设备，比如扫地机、景区讲解系统等，多个或组合的人工智能维度未被纳入研究。研究这些联合或组合的智能化将丰富人们对智能化人机合作的全面认识。实地研究，例如深入的案例研究和访谈，可能会发现一些潜在的和重要的过程，而这些过程是我们目前不能完全实现的，未来该方向的研究将是必要的。

第六节　本章小结

本研究考察了智能化领域中一个重要但被忽视的关系：智能化发展对人机模仿增强和替代淘汰的影响。结合智能化学习和人性特征，我们认为智能化发展过程中人机关系的组成影响了人机合作之间的模仿增强和替代淘汰。我们发现，机器学习的相对智能化与其在人机合作关系中协作和替代之间存在倒U形关系。这种曲线关系被他们的生理特征关系和行为传递关系拉平，被他们在人性特征中的心理想象力关系拉陡。本研究对旅游智能化和人机动态合作之间的相关研究提供了一定的基础，同时也呼吁更多的学者来研究这个有趣的领域。

总之，在旅游智能化的进程中，模仿增强与替代淘汰现象并存。人工智能在旅游领域的应用虽带来了诸多便利和创新，但也引发了对传统旅游模式和职业的冲击。然而，人性特征在其中起着关键的调节作用，提醒人们不能忽视旅游的人文本质。本研究为旅游智能化的可持续发展提供了科学依据和指导，确保在科技进步的同时，旅游始终保持其独特的魅力和价值。

第十章　结论和展望

第一节　主要发现

一、案例可视化分析发现

国内文献研究结论为：对国内小众旅游模式的游客心理特质和沉浸感文献的关键词进行分析的关键词聚类图谱中，结果显示一共出现了5个聚类。根据研究领域的聚集情况和走势趋向分析，结合文献阅读，国内的相关研究重点主要集中在以下三个方面：①环境与态度研究；②旅游动机满意度研究；③旅游感知研究。

国外文献研究结论为：对国外小众旅游模式的心态和沉浸感文献的关键词进行分析的关键词聚类图谱中，共呈现出7个聚类。根据相关研究领域的聚集情况和趋向，并结合文献阅读，国外的研究重点集中在以下三个方面：①虚拟现实技术及其应用；②黑色旅游中的情绪研究；③沉浸理论视角下的体验研究。

二、旅游研究案例发现

在当今多元化的旅游模式中，体育旅游、探险旅游、自驾旅游、文化旅游和反向旅游各具特色。体育旅游结合运动与自然美景，让游客参与或观赏赛事；探险旅游强调个人挑战与极限体验，吸引着寻求刺激的旅行者；自驾旅游给予游客更大的自由度，可按喜好规划行程；文化旅游则专注于历史文化遗产，为文化爱好者提供深入了解的机会；反向旅游鼓励避开热门景点，探索宁静未开发之地。

现代人越来越追求个性化和有深度的旅行体验，不仅希望放松心情，更渴望心灵上的滋养和成长。沉浸式体验成为提升旅行质量的关键，通过虚拟现实等技术或精心设计的文化活动，使参与者能够深入融入当地环境，产生情感共鸣。选择适合自己的旅游方式至关重要，未来旅游业的创新与发展将为旅行带来更多可能性。总之，找到最适合自己需求的旅行模式，并从中获得快乐与启示，是每位旅行者的共同目标。

三、环境沉浸与心理疗愈发现

本研究揭示了两个主要发现。第一，旅游环境和躺平心态能显著增加消极性游客积极性疗愈行为，但对积极性游客的影响不显著。研究结果表明，躺平心态对日常生活环境和旅游环境的影响存在差异，只有在旅游环境中，躺平心态才会增加消极性游客的积极性疗愈。值得注意的是，在日常生活环境中没有这种影响，消极性游客不太可能进行积极性疗愈。

第二，在旅游环境中，躺平心态通过当前体验进入一种沉浸性感知，这种沉浸性感知鼓励消极性游客通过一种无意识的感知参与一种旅游行为（即积极性疗愈）。本研究主要针对消极性游客，如果刺激使他们感觉到增加的沉浸性价值，消极性游客可能会更积极参与疗愈。

四、心理特质与沉浸体验发现

实验一验证了小众旅游模式显著增加了内向型游客的沉浸感，但对外向型游客没有明显影响，而小众模式对内向型游客沉浸感的影响仍然是通过旅游环境氛围来调节的。实验二验证了旅游心理特质和沉浸感之间存在显著的正相关关系，旅游环境氛围特征显著调节了旅游心理特质和沉浸感之间的影响。两个实验结果一致表明，小众旅游环境氛围会导致沉浸感的提高，环境氛围特征，特别是小众环境会在一定程度上提高旅游心理特质对沉浸感的影响强度。

五、模仿增强与替代淘汰发现

本研究有助于智能化发展中的一个核心研究领域：人类增强和替代自动化的影响。先前的研究对如何促进智能化和信息化的发展以带动生产和制造提供了重要的见解，在此基础上，笔者通过调查智能化发展是否会导致人工智能和人类之间增强和替代补充了这一研究。通过分析人机合作之间智能关系的构成，并在任务传递环节的背景下研究它们之间的相互联系来探讨这个问题。我们发现，除了先前智能化导致模仿增强的人机合作的路径依赖模式之外，人机合作关系的某些构成可以导致一种新的互动路径——从劳动力市场的协助到替代的转变。此外，人类的行为传递关系可以调节这一转型过程。

第二节　本研究的创新点

1. 研究工具创新

在旅游研究中应用CiteSpace软件绘图，可以揭示领域内的知识结构和发展脉络，识别关键研究节点与新兴主题。通过构建关键词共现图谱和聚类图谱，研究者能直观发现热点话题、重要作者与论文，以及国际合作网络。这不仅有助于把握当前研究趋势，预测未来发展方向，还能够为旅游业的战略规划和政策制定提供有力的数据支持。

2. 研究案例创新

研究案例分析了不同旅游模式的特点与游客态度，例如探险旅游追求刺激与自然接触，文化旅游强调历史与艺术体验。通过调查问卷和深度访谈收集数据，探讨旅游者对各种模式的体验感受与偏好变化，识别新兴趋势，如可持续旅游意识增强。此类研究不仅丰富了旅游理论，也为旅游产品设计提供了实证依据。

3. 研究实验创新

本研究创新性地结合沉浸性理论与多种实验方法，探究躺平心态对消极个体疗愈效果的影响。通过文献统计分析，梳理小众旅游模式下的心理特质与沉浸感研究热点，结合实地调研与问卷调查，综合定性与定量分析，揭示心理特质对旅游体验的影响。使用固定效应模型分析旅游智能化中的模仿增强与替代淘汰现象，为行业可持续发展提供参考。

第三节　理论和实际应用

一、理论应用

1. 文献理论应用

在旅游研究中，国内外对沉浸式旅游的研究均关注虚拟现实和心态特点。国内研究内容主要聚焦旅游者动机与体验感受，同时关注旅游地居民对旅游者的态度及反应，探索居民与游客间的相互影响作用。国外研究同样关注旅游者的动机、体验感受等方面，还深入探讨旅游者与当地居民之间的关系和互动。这表明沉浸式旅游研究越发注重多主体视角，旨在全面理解旅游现象，为提升旅游品质、促进旅游可持续发展提供了理论支持。

2. 环境沉浸与心理疗愈理论应用

先前关于旅游疗愈的研究主要集中在游客对景区的满意度、体验感和老年人康养方面。我们的研究主要在于，通过证明如何和采取什么旅游模式，可以激励消极性人群积极地开展身体心理上的疗愈，从而找到旅游模式或者康养模式如何可以更好地带动消极性人群疗愈。因此，应该将视角从旅游能给游客带来什么转移到怎样的旅游会更有效，并最大限度地利用躺平心态提高游客的沉浸性和调动游客的积极性，从而达到积极性疗愈效果。

3. 心理特质与沉浸体验理论应用

小众旅游模式显著增加了内向型游客的沉浸感，但对外向型游客没有显著影响，而小众模式对内向型游客沉浸感的影响仍然是通过旅游环境氛围来调节的。旅游心理特质和沉浸感之间存在显著的正相关关系，旅游环境氛围特征显著调节了旅游心理特质和沉浸感之间的影响。实验结果一致表明，小众旅游环境氛围会导致沉浸感的提高，环境氛围特征，特别是小众环境会在一定程度上提高旅游心理特质对沉浸感的影响强度。

4. 模仿增强与替代淘汰发现

本研究在智能化发展与劳动力市场、机器学习及人机合作三个领域作出了一定贡献。研究通过分析智能化水平与人性特征之间的关系，探讨了机器学习在劳动力市场中的模仿与增强机制，并首次连接了智能化模仿学习与劳动力替代竞争两大领域。此外，研究扩展了机器学习的应用边界，考察了人机合作在不同任务类型中的表现，揭示了智能化水平与合作效率之间的非线性关系，即在涉及生理特征的任务中合作更紧密，而心理想象力任务则不尽然。最后，研究还强调了行为传递在智能化—人机合作中的调节作用，指出行为传递会直接影响智能化水平与合作效果的关系，强调了在智能化研究中超越传统二元合作框架的重要性，为后续研究提供了有价值的补充。

二、实际应用

1. 环境沉浸与心理疗愈实际贡献

我们的研究结果对旅游业和游客个人有一定的启示。结果表明，当游客在景区旅游过程中，只要心态舒缓下来，才有可能感知到景区提供的内容和服务，并愿意进一步参与旅游，从而更积极地进行身体和心理的疗愈。因此，建议景区在游客到达景点后，提供舒缓性的服务，加大对智慧景区的投入力度，提供更加便捷和迅速的服务，提高顾客对周围环境的沉浸性体验。同时，当景区开设沉浸式活动和服务时，应注重调动游客的积极性，提供积极的情绪信息，让游客在高峰期获得更多更为完整的体验，更有效地减轻在日常生活工作中的负面情绪，从而加深对景区的印象，增加游客重游的概率。

2. 心理特质与沉浸体验实际贡献

随着旅游业的发展和消费者需求的多样化，小众旅游成为了一种趋势。我们的研究结果可以从以下两方面推动小众旅游业的发展：一是促进旅游地的文化传承与发展。旅游者选择目的地的一大动机是体验新文化与自然景观，因此，需融合传统文化与现代元素，创造独特文化体验，加深游客对目的地文化的理解和欣赏。二是推进智慧旅游建设。利用大数据、云计算等现代信息技术，提高旅游服务质量和管理效率，为游客提供更加便捷、个性化的服务体验。小众旅游环境氛围会导致沉浸感的提高，环境氛围特征，特别是小众环境会在一定程度上提高旅游心理特质对沉浸感的影响强度。通过以上方面的努力，不仅可以提升游客的满意度，也有助于实现小众旅游地的可持续发展。

3. 模仿增强与替代淘汰实际贡献

结合智能化学习和人性特征，我们认为智能化发展过程中人机关系的组成影响了人机合作之间的模仿增强和替代淘汰。除了先前智能化导致模仿增强的人机合作的路径依赖模式之外，人机合作关系的某些构成可以导致一种新的互动路径——从劳动力市场的协助到替代的转变。我们发现，机器学习的相对智能化与其在人机合作关系中协作和替代之间存在倒 U 形关系。这种曲线关系被他们的生理特征关系和行为传递关系拉平，被他们在人性特征中的心理想象力关系拉陡。给定两种程度智能化的某种组合，如果人工智能比人类效率更高、成本更低、机会更多，那么这种合作就会更强，但如果人类的创造力不足或生物性局限或具有倦怠学偏好，那么这种合作就会更弱。

第四节　局限和未来研究

随着旅游业的发展和消费者需求的不断变化，国内外对于心理疗愈、小众旅游和智能化旅游的研究仍将继续深入和扩展。通过文献分析国内外相关研究和进展，我们对今后沉浸旅游、心理疗愈、小众旅游和智能化旅游行业发展提出以下几点研究展望。

首先，旅游贡献聚类分析多侧重经济方面，忽视了其他维度，且数据收集和分析方法有待完善。旅游模式案例对失败案例研究不足，模式创新受多种因素制约且地区整合欠缺。旅游态度案例研究方法传统，易产生主观结论，对群体差异和动态变化关注不够。沉浸体验案例缺乏标准，重形式、轻内涵且可持续性较差。旅游疗愈面临效果评估难和专业人才短缺等问题。小众旅游存在基础设施薄弱与宣传不到位、服务质量参差不齐的状况。旅游智能化有技术瓶颈、数据安全隐患及部分游客接受度低。展望未来，需拓展分析维度，加强模式创新与整合，改进研究方法，明确标准，培养人才，完善基础设施与宣传，提升技术水平，保障数据安全，以推动旅游行业更好发展，满足人们多样化的旅游需求。

其次，本研究关注的是消极游客积极疗愈的前因，而不是积极疗愈的后果。例如，旅行中，非躺平心态的游客通常会获得更多的旅游感知和认识，但是从深入和感悟程度来看，他们可能会觉得有些失望，毕竟这可能影响他们后续的身心体验效果。在未来的研究中，这种无感悟的积极性疗愈对消极游客的疗愈后果值得探讨。我们发现，虽然认知偏差对消极性游客的积极性疗愈行为没有显著影响，但它能显著降低具有积极性特征的游客在新冠肺炎疫情后的积极性疗愈。未来的研究可以探讨诱发旅游认知偏差的原因和显著降低积极性游客的积极性购买欲的原因。本研究的样本偏向于青年人群，因此针对康养疗愈、身心疗愈、情绪疗愈等领域，未来研究可以进一步探讨不同人群范围的游客在认知偏差下可能存在的行为差异。

再次，当前研究多聚焦消极游客积极疗愈前因，忽视其后果，对无感悟的积极性疗愈对游客后续身心体验的影响有待探讨；且研究样本偏向青年人群，不同人群在认知偏差下于康养疗愈等领域的行为差异有待进一步研究。展望未来，可加强对旅游地文化传承与发展，将传统文化与现代元素结合，满足游客体验新文化和自然风光的需求，提供更丰富的文化体验。同时，推进智慧旅游建设，利用现代信息技术提高服务水平和管理效率，为游客提供便捷、人性化的服务和体验。不断完善智慧旅游理论体系，创新技术应用，加强数据安全管理，探索可持续商业模式，加大人才培养，促进国际合作，推动智慧旅游迈向新高度。

最后，我们仅在我国旅游行业的非线性旅游景点背景下检验了相关假设。尽管研究结果有力地支持了那些假设，但将其推广到其他线性旅游景点和其他行业（例如智慧化）时必须验证其适用性。研究者可以进一步推进这一新兴的研究范式，考虑智能化和行业特定条件在人机模仿增强和替代淘汰关系中的作用。虽然智能化机器学习视角为理论框架的搭建提供了重要的支撑，但我们也意识到人机合作是一种复杂的"伙伴关系"。例如，研究人员可以探讨智能化如何通过生理增强和超越自动化构建人机壁垒，以防止人机合作的发生。虽然我们研究了在人工智能领域被广泛研究的人机关系的一个重要维度（即人机合作），但仅限于单体智能化设备，比如扫地机、景区讲解系统等，多个或组合的人工智能维度未被纳入研究。研究这些联合或组合的智能化将丰富人们对智能化人机合作的全面认识。实地研究，例如深入的案例研究和访谈，可能会发现一些潜在的和重要的过程，而这些过程是本研究目前不能完全实现的，未来该方向的研究将是必要的。

参考文献

[1] 邹统钎,吴丽云.旅游体验的本质、类型与塑造原则[J].旅游科学,2003(4):
    7-10+41.

[2] 任宣羽.康养旅游:内涵解析与发展路径[J].旅游学刊,2016,31(11):1-4.

[3] 黄清燕,白凯,杜涛.旅游地日常生活的康复性意义研究——以丽江古城为例
    [J].旅游学刊,2022,37(2):14-30.

[4] 吕兴洋,刘涛,谢小凤,等.回忆疗愈:过往旅游经历对老年人不幸福感的治愈
    作用研究[J].旅游学刊,2023,38(6):74-89.

[5] 辜慧英,侯凡跃.表征与抵抗:青年群体的时代焦虑——以"躺平"现象为例[J].
    重庆文理学院学报(社会科学版),2022,41(1):104-113.

[6] 何莽,张紫雅,黎耀奇,等.居民感知价值对康养旅游支持行为的影响研究——
    基于情绪评价理论的视角[J].旅游科学,2022,36(4):18-41.

[7] 花建,陈清荷.沉浸式体验:文化与科技融合的新业态[J].上海财经大学学报,
    2019,21(5):18-32.

[8] 黄震方,张子昂,李涛,等.数字赋能文旅深度融合的理论逻辑与研究框架[J/
    OL].旅游科学:1-13.

[9] 邓萍,陈冰.新冠肺炎疫情影响下的康养旅游意向影响因素实证分析[J].昆明
    理工大学学报:社会科学版,2022,22(5):112-122.

[10] 雷宇.国家形象对入境游客旅游体验的影响研究[D].安徽师范大学,2016:
    38-51.

[11] 曹萍萍,郑瑾,刘小,李铭洋,王欣艳.考虑决策者期望和失望——欣喜感知的
    风险型多属性群决策方法[J].系统科学与数学,2023,43(4):1021-1038.

[12] 刘智强,严荣笑,唐双双.领导创新期望与员工突破性创新投入:基于悖论理
    论的研究[J].管理世界,2021,37(10):226-241.

[13] 李瑛.旅游目的地游客满意度及影响因子分析——以西安地区国内市场为例
    [J].旅游学刊,2008(4):43-48.

[14] 蔡晓芳. 遗址文化游初始阶段的小众旅游发展方式辨析[J]. 旅游纵览(下半月),2015(24):80-82.

[15] DEERY M, JAGO L, FREDLINE L. Sport tourism or event tourism: Are they one and the same?[J]. Journal of Sport&Tourism,2004,9(3):235-245.

[16] 白怡然,刘敏,王庆伟. 山西省红色旅游经典景区网络关注度时空特征及其影响因素分析[J]. 科技和产业,2023,23(15):69-78.

[17] 薛玉梅. 民族村寨村民旅游态度与汉语、文化程度的多因素方差研究——以贵州镇山村为例[J]. 贵州民族大学学报:哲学社会科学版,2014,(1):12-17.

[18] 王蕾,唐任伍. 超大城市治理难题与精细化治理对策[J/OL]. 中国流通经济,1-8[2023-12-21].

[19] 李鑫,刘振会,罗杰,等. 亲环境态度与行为的代际传递效应及其机制[J]. 心理科学进展,2023,31(7):1254-1268.

[20] 李露露,何姣,邓正华,等. 我国环境意识与行为研究热点与未来展望——基于CiteSpace的可视化分析[J]. 山东师范大学学报:自然科学版,2023,38(3):259-269.

[21] 罗治得,史韫途,李撒飞. 黄海湿地游客环境责任行为与环保措施[J]. 合作经济与科技,2023(22):69-71.

[22] 关阳,张徐,苏振. 基于Python数据可视化的国内外游客桂林旅游感知对比分析[J]. 资源开发与市场,2021,37(11):1380-1387+1408.

[23] 雷聪颖,刘敏. 隐喻抽取技术及其在旅游研究中的应用[J]. 首都师范大学学报:自然科学版,2023,44(6):92-98.

[24] 王娜,周翔,卢学英,等. 旅游者环境态度—行为差距影响因素研究——享乐偏好、感知效力、环境行为成本的调节作用[J]. 干旱区资源与环境,2023,37(10):175-182.

[25] 张凌云. 智慧旅游:个性化定制和智能化公共服务时代的来临[J]. 旅游学刊,2012(2):3-5.

[26] 齐珊珊,陈海龙. 中国智慧旅游目的地建设实践和系统框架[J]. 旅游论坛,2022,15(1):4.

[27] 金卫东. 智慧旅游与旅游公共服务体系建设[J]. 旅游学刊,2012(2):2.

[28] 姚占雷,许鑫,李丽梅,等. 网络游记中的景区共现现象分析——以华东地区首批国家5A级旅游景区为例[J]. 旅游科学,2011(2):9.

[29] BRESNAHAN T, BRYNJOLFSSON E, HITT L M. Information Technology, Workplace Organization and the Demand for Skilled Labor: Firm-Level Evidence[J]. Social Science Electronic Publishing,2023,9(1):25-35.

[30] BRYNJOLFSSON E, ROCK D, SYYERSON C. The Productivity J-Curve: How Intangibles Complement General Purpose Technologies[J]. American Economic Journal: Macroeconomics,2021,13:43-43.

[31] CATAPANO R, QUOIDBASH J, MOGILNER C et al. Financial Resources Impact the Relationship between Meaning and Happiness[J]. Research Papers, 2022,24(2):219-225.

[32] HUANG S C, AAKER J. It's the journey, not the destination: How metaphor drives growth after goal attainment[J]. Journal of Personality and Social Psychology,2019,117(4):143-145.

[33] ON K K, IN W W, TSOI M T F, et al., How can we transform travel medicine by leveraging on AI-powered search engines?[J]. Journal of Travel Medicine, 2023,30(4):4-12.

[34] STAPPEN L, BAIRD A, CHRIST L, et al., The MuSe 2021 Multimodal Sentiment Analysis Challenge: Sentiment, Emotion, Physiological-Emotion, and Stress[J]. 2021,11(3):67-72.

[35] BRYNJOLFSSON E, ROCK D, SYYERSON C. Ai and the modern productivity paradox: a clash of expectations and statistics[M], University of Chicago Press,2019.

[36] RAZZAQ A, SHARIF A, OZTURK I, et al., Asymmetric influence of digital finance, and renewable energy technology innovation on green growth in China [J]. Renewable Energy,2023,20:102-113.

[37] LONG F，LI N，WANG Y. Autonomic mobile networks：The use of artificial intelligence in wireless communications[C]//2017 2nd International Conference on Advanced Robotics and Mechatronics（ICARM）.

[38] ZENG Y，WANG L，FEI-FEI Li：Artificial Intelligence is on its way to reshape the world[J]. National Science Review，2017，4（3）：490-492.

[39] RUDD M，AAKER J，NORTON M I. Getting the Most out of Giving：Pursuing Concretely-Framed Prosocial Goals Maximizes Happiness[J]. Research Papers，2013，13（3）：33-45.

[40] RUDD M，AAKER J，NORTON M. Leave Them Smiling：How Concretely Framing a Prosocial Goal Creates More Happiness[J]，ACR North American Advances，2013，11：106-114.

[41] STANCHEVA-TODOROVA E P.，How artificial intelligence is challenging accouting profession[J]. Economy & Business Journal，2018，12（6）：73-79.

[42] BRYNJOLFSSON E，HU Y J，2013，Rahman M S. Competing in the Age of Omnichannel Retailing[J]. MIT Sloan Management Review，2013，54（4）：23-29.

[43] ARAL S，BRYNJOLFSSSON E，VAN ALSTYNE M W. Harnessing the Digital Lens to Measure and Manage Information Work[J]. Social Science Electronic Publishing[2023-08-22].

[44] BRESNAHAN T，BRYNJOLFSSON E，HITT L M. Information Technology，Workplace Organization and the Demand for Skilled Labor：Firm-Level Evidence[J]. Social Science Electronic Publishing[2023-08-22].

[45] ATHEY S，WAGER S. Policy Learning With Observational Data[J]. Econometrica，2021，89（1）：133-161.

[46] ATHEY S，BRYAN K，GANS J S. The Allocation of Decision Authority to Human and Artificial Intelligence[J]. Research Papers，2020，16（5）：47-51.

[47] MODIBA M.，Policy framework to apply artificial intelligence for the management of records at the Council for Scientific and Industrial Research[J]. Collection and Curation，2023，42（2）：53-60.

[48] MAPHATSOE K. Data, AI to increase FMCG profits and save costs[J]. Creamer Media s Engineering News & Mining Weekly, 2020, 10(9):40.

[49] KARRAY S. Periodicity of pricing and marketing efforts in a distribution channel [J]. European Journal of Operational Research, 2013, 228(3):635-647.

[50] SATHEESH M K. Nagaraj S. Applications of Artificial Intelligence on Customer Experience and Service Quality of the Banking Sector[J]. International management review, 2021, 17(7):55-59.

[51] DUBEY R, BRYDE D J, BLOME C, et al. Facilitating artificial intelligence powered supply chain analytics through alliance management during the pandemic crises in the B2B context[J]. Industrial Marketing Management, 2021, 96(3): 11-15.

[52] HANSCHITZ G C, CAMPBELL D. The Innovation of Tax: Epistemic Tax Policy and Online Tax Accounts (Artificial-Intelligence-Based Tax Accounts)[J], Encyclopedia of Creativity, Invention, Innovation and Entrepreneurship, 2019, 24(7):202-233.

[53] MODIBA M. Policy framework to apply artificial intelligence for the management of records at the Council for Scientific and Industrial Research[J]. Collection and Curation, 2023, 42(2):53-60.

[54] Brynjolfsson E, McAfee A. The Second Machine Age: Work, Progress, and Prosperity in a Time of Brilliant Technologies[J]. Business horizons, 2014, 57 (5):685-688.

[55] HUYNH V D, DUONG H L, NGUYEN T N, et al. Vulnerability and resilience of the tourism system in Vietnam during pandemic outbreaks[J]. International Social Science Journal, 2023, 73(248):705-719.

[56] GRACI S. Environmental Commitment in the Tourism Accommodation Industry In Sanya, China[J]. University of Waterloo (Canada), 2022, 11(2):59-63.

[57] LI L Y. China's "smart tourism destination" initiative: A taste of the service-dominant logic[J]. Journal of Destination Marketing & Management, 2013, 5:16-20.

[58] RAFAILOVA G, TODOROVAHAMDAN Z, FILIPOVA H. Development of a Human-Centric Model for Assessment of Smart and Sustainable Tourism Destination[J]. Economic Studies Journal, 2023, 2: 151-171.

[59] TRAN A T, LE G D T, NGUYEN Q H, et al. Design of an AI-based Smart Classroom Management System[J]. Electrical Automation, 2021, 31: 112-119.

[60] WANG, Aizhong. Tourism Product Development in the Pattern of Smart Tourist Consumption[C]// Euro-Asian Conference on Corporate Social Responsibility and Environmental Management.

[61] GARFIELD L. 7 companies that are replacing human jobs with robots[J]. Advances in Information and Communication, 2016, 13: 69-82.

[62] MEIYU H, XIAOZHEN Q, JINMIAO Z. "Replacing Human Labor with Robots" and the New Growth Model of Towns: A Case Study of Shunde District in Foshan City, Guangdong Province[J]. Tropical Geography, 2019, 7(4): 34-55.

[63] RICHARDSON J J. Artificial Intelligence: An Analysis of Potential Applications to Training, Performance Measurement, and Job Performance Aiding[J]. Journal of Engineering Education, 1983, 2(1): 37-47.

[64] PARTEKA A, KORDALSKA A. Linton J . Artificial intelligence and productivity: global evidence from AI patent and bibliometric data[J]. Technovation, 2023, 125: 12-23.

[65] KAUFFMAN S A, ROLI A. What Is Consciousness? Artificial Intelligence, Real Intelligence, Quantum Mind, And Qualia[J]. Bidogical Journal of the Linnean Sciety, 2023, 139(4): 530-538.

[66] TARIQ M U, ABONAMAH A A. Proposed Strategic Framework for Effective Artificial Intelligence Adoption in UAE[J]. Academy of Strategic Management Journal, 2021, 7: 18-32.

[67] STELAND A, PIETERS B E. Cross-Validation and Uncertainty Determination for Randomized Neural Networks with Applications to Mobile Sensors[J]. Machine Learning, 2021, 6: 51-53.

[68] YANJUN Y, WUSHUTING L, HUI T. Study on the Model of AI Teaching As-

sistant System Based on Theory of "Human Nature Structure"[J]. e-Education Research,2019,10:37-41.

[69] GIAMMARINO V, DUNNE M F , MOORE K N , et al. Combining imitation and deep reinforcement learning to accomplish human-level performance on a virtual foraging task.

[70] SUBRAMANIAN A, CHITLANGIA S, BATHS V. Psychological and Neural Evidence for Reinforcement Learning: A Survey[J]. Neural Networks, 2020, 6 (2)49-55.

[71] GROHSJEAN T, KRETSCHMER T, STIEGLITZ N . at CBS, Copenhagen, Denmark, REINFORCEMENT LEARNING IN STRATEGIC DECI-SION-MAKING[J]. [2023-08-22].

[72] VOLODYMYR M, Koray K, David S,et al. Human-level control through deep reinforcement learning[J]. Nature, 2015, 518(7540):529-33.

[73] UMESAKI K, ODAI K. Tunneling Effect in Proton Transfer: Transfer Matrix Approach[J]. The journal of physical chemistry. A,2023,127(4):1046-1052.

[74] IOVINO M, SMITH C. Behavior Trees for Robust Task Level Control in Robot-ic Applications[J]. Humanoid Robots,2023,22(3)71-78.

[75] IOVINO M, SCUKINS E, STYRUD J,et al. A survey of Behavior Trees in ro-botics and AI[J]. Robotics and Autonomous Systems,2022,6:154-160.

[76] LIU B, CUI Z, NANYANGWE C N. How line-manager leadership styles and employee-perceived HRM practices contribute to employee performance: a con-figurational perspective[J]. The leadership and organization development jour-nal, 2023,9(2):23-31.

[77] FAUZI M A, HAWAMDEH S. Knowledge Sharing in Health Community of Practice (CoP) and Online Health Communities (OHCs): A Bibliometric Analy-sis[J]. Journal of Information & Knowledge Management,2023,6(2)101-112.

[78] PADMAVATHY T V, KUMAR M N V, MASI S,et al. Blockchain-Based Inter-

net of Things（IoT）Security for Data Sharing in Smart City Environment[J]. World Scientific Book Chapters，2022，56：161-166.

[79] XU W，DAINOFF M J，GE L，et al. Transitioning to human interaction with AI systems：New challenges and opportunities for HCI professionals to enable human-centered AI[J]. Human-Computer Interaction，2021，8（4）：33-39.

[80] CUI V，YANG H，VERTINSKY I. Attacking your partners：Strategic alliances and competition between partners in product markets[J]. Strat Mgmt J，2018，39：3116-3139.

[81] ECHAMBADI，R.，& Hess，J. D. Mean-centering does not alleviate collinearity problems in moderated multiple regression models[J]. Marketing Science，2007，26：438-445.

[82] LIND，J. T.，&Mehlum，H. With or without U? The appropriate test for a U-Shaped relationship[J]. Oxford Bulletin of Economics and Statistics，2010，72：109-118.

[83] HANNS，R. F. J.，PIETERS，C.，& HE，Z. L. Thinking about U：Theorizing and testing U- and inverse U-shaped relationships in strategy research[J]. Strategic Management Journal，2016，37：1177-1195.

[84] AIA A，CHENG H，LIN X，et al. Survey of On-line Control Strategies of Human-Powered Augmentation Exoskeleton Systems[J]. Advances in Robotics and Automation，2016，5（3）.

致　　谢

在本书即将呈于众人之际，吾等心盈满感恩之情，特以此言致四川旅游学院经济管理学院之师者与同窗。

敬谢经济管理学院之良师。师乃学之明灯，德之楷模。以博闻强识、严谨治学之态，引吾辈入知识之殿堂。于课题研究之中，悉心指点，从选题之斟酌至方法之抉择，自理论之探讨至实践之摸索，皆赖师之睿智与心血。师之教诲，如璀璨星辰，照亮吾等前行之路，使吾辈于学术之浩渺海洋中不断探寻、不断进益。

亦谢会计学、贸易经济学专业之同窗。与君等共研课题，实乃一段充满挑战与收获之征程。吾等共议课题、分享灼见，思想碰撞之际，创新之火光熠熠。相互激励、彼此扶持，共度无数奋斗之日夜。君等之勤勉与拼搏，予吾等以激励，更坚定吾追求真理之信念。此间，吾等不仅获知识之宝藏，亦结深厚之情谊。

再者，感恩经济管理学院实验室之学子。于实验室中，吾等并肩面对诸多艰难险阻，携手攻克技术之难题。合力完成实验任务，精心搜集数据、审慎分析结果，每一步皆凝聚众人之辛勤付出。君等之专业素养与团队精神，令吾等深感钦佩，亦是吾等体悟合作之力量。

此段美好的课题研究经历，将永铭吾心。吾等必倍加珍惜与诸君共度之时光，感恩诸君之付出与陪伴。未来之日，愿与诸君继续奋进，为经济管理学院之发展贡献己力，为学术之进步添砖加瓦。再次向经济管理学院之师者与同窗致以衷心之谢忱。

Thank you for being a friend. Traveled down the road and back again. Your heart is true, you're a pal and a confidant.

罗 枫

2025 年 3 月